Gestão da Produção

UMA ABORDAGEM INTRODUTÓRIA

O GEN | Grupo Editorial Nacional – maior plataforma editorial brasileira no segmento científico, técnico e profissional – publica conteúdos nas áreas de ciências sociais aplicadas, exatas, humanas, jurídicas e da saúde, além de prover serviços direcionados à educação continuada e à preparação para concursos.

As editoras que integram o GEN, das mais respeitadas no mercado editorial, construíram catálogos inigualáveis, com obras decisivas para a formação acadêmica e o aperfeiçoamento de várias gerações de profissionais e estudantes, tendo se tornado sinônimo de qualidade e seriedade.

A missão do GEN e dos núcleos de conteúdo que o compõem é prover a melhor informação científica e distribuí-la de maneira flexível e conveniente, a preços justos, gerando benefícios e servindo a autores, docentes, livreiros, funcionários, colaboradores e acionistas.

Nosso comportamento ético incondicional e nossa responsabilidade social e ambiental são reforçados pela natureza educacional de nossa atividade e dão sustentabilidade ao crescimento contínuo e à rentabilidade do grupo.

IDALBERTO
CHIAVENATO

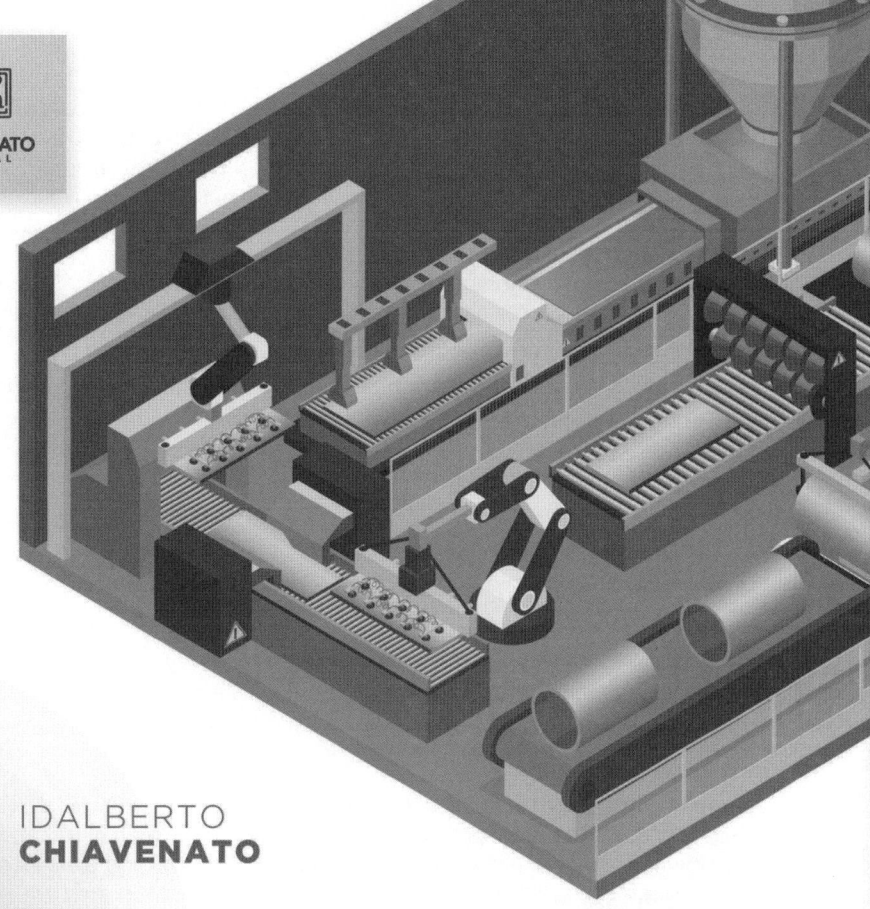

Gestão da Produção

UMA ABORDAGEM INTRODUTÓRIA

4.ª ed.

gen | atlas

- O autor deste livro e a editora empenharam seus melhores esforços para assegurar que as informações e os procedimentos apresentados no texto estejam em acordo com os padrões aceitos à época da publicação, *e todos os dados foram atualizados pelo autor até a data de fechamento do livro*. Entretanto, tendo em conta a evolução das ciências, as atualizações legislativas, as mudanças regulamentares governamentais e o constante fluxo de novas informações sobre os temas que constam do livro, recomendamos enfaticamente que os leitores consultem sempre outras fontes fidedignas, de modo a se certificarem de que as informações contidas no texto estão corretas e de que não houve alterações nas recomendações ou na legislação regulamentadora.
- Data do fechamento do livro: 25/02/2022
- O autor e a editora se empenharam para citar adequadamente e dar o devido crédito a todos os detentores de direitos autorais de qualquer material utilizado neste livro, dispondo-se a possíveis acertos posteriores caso, inadvertida e involuntariamente, a identificação de algum deles tenha sido omitida.
- **Atendimento ao cliente: (11) 5080-0751 | faleconosco@grupogen.com.br**
- Direitos exclusivos para a língua portuguesa
  Copyright © 2022 by
  Editora Atlas Ltda.
  Uma editora integrante do GEN | Grupo Editorial Nacional
  Travessa do Ouvidor, 11
  Rio de Janeiro – RJ – 20040-040
  www.grupogen.com.br
- Reservados todos os direitos. É proibida a duplicação ou reprodução deste volume, no todo ou em parte, em quaisquer formas ou por quaisquer meios (eletrônico, mecânico, gravação, fotocópia, distribuição pela Internet ou outros), sem permissão, por escrito, da Editora Atlas Ltda.
- Capa: Bruno Sales
- Editoração eletrônica: Hera
- Ficha catalográfica

CIP-BRASIL. CATALOGAÇÃO NA PUBLICAÇÃO
SINDICATO NACIONAL DOS EDITORES DE LIVROS, RJ

C458g
4. ed.

Chiavenato, Idalberto, 1936-
Gestão da produção : uma abordagem introdutória / Idalberto Chiavenato. - 4. ed. - Barueri [SP] : Atlas, 2022.

Inclui bibliografia e índice
ISBN 978-65-5977-253-7

1. Gestão de produção. I. Título.

22-76088	CDD: 658.5
	CDU: 658.5

Gabriela Faray Ferreira Lopes - Bibliotecária - CRB-7/6643

Respeite o direito autoral

À Rita.

Se a vida é feita de pares que se completam mutuamente – como o homem e a mulher, o Sol e a Lua, o Norte e o Sul, o calor e o frio, o claro e o escuro, o côncavo e o convexo, a alegria e a tristeza –, então eu não tenho a menor dúvida: fomos feitos um para o outro.

Parabéns!

Além da edição mais completa e atualizada do livro *Gestão da Produção – uma abordagem introdutória*, agora você tem acesso à Sala de Aula Virtual do Prof. Idalberto Chiavenato.

Chiavenato Digital é a solução que você precisa para complementar seus estudos.

São diversos objetos educacionais, como vídeos do autor, mapas mentais, estudos de caso e muito mais!

Para acessar, basta seguir o passo a passo descrito na orelha deste livro.

Bons estudos!

Confira o vídeo de apresentação da plataforma pelo autor.

uqr.to/hs6d

Sempre que o ícone ![CHIAVENATO DIGITAL] aparece, há um conteúdo disponível na Sala de Aula Virtual.

CHIAVENÁRIO
Glossário interativo com as principais terminologias utilizadas pelo autor.

SAIBA MAIS
Conteúdos complementares colaboram para aprofundar o conhecimento.

EXERCÍCIOS
Ferramentas para estimular a aprendizagem.

CHIAVENATO DIGITAL

TENDÊNCIAS EM GP
Atualidades e novos paradigmas da Administração são apresentados.

CASOS PARA DISCUSSÃO
[RECURSO EXCLUSIVO PARA PROFESSORES]
Situações-problema sugerem discussões e aplicações práticas dos conteúdos tratados.

SOBRE O AUTOR

Idalberto Chiavenato é Doutor e Mestre em Administração pela City University Los Angeles (Califórnia, EUA), especialista em Administração de Empresas pela Escola de Administração de Empresas de São Paulo da Fundação Getulio Vargas (FGV EAESP), graduado em Filosofia e Pedagogia, com especialização em Psicologia Educacional, pela Universidade de São Paulo (USP), e em Direito pela Universidade Presbiteriana Mackenzie.

Professor honorário de várias universidades do exterior e renomado palestrante ao redor do mundo, foi professor da FGV EAESP. Fundador e presidente do Instituto Chiavenato e membro vitalício da Academia Brasileira de Ciências da Administração. Conselheiro e vice-presidente de Assuntos Acadêmicos do Conselho Regional de Administração de São Paulo (CRA-SP).

Autor de 48 livros nas áreas de Administração, Recursos Humanos, Estratégia Organizacional e Comportamento Organizacional publicados no Brasil e no exterior. Recebeu três títulos de *Doutor Honoris Causa* por universidades latino-americanas e a Comenda de Recursos Humanos pela ABRH-Nacional.

PREFÁCIO

A Gestão da Produção (GP) constitui o núcleo de toda atividade empresarial e, sem exagero, a própria finalidade da existência de cada negócio. Em suas origens, toda empresa nasceu para produzir algo – seja um produto, seja um serviço – e, com isso, obter o retorno de seu trabalho, garantir sua sobrevivência e criar condições para seu sucesso e crescimento sustentável.

O objetivo primário de uma empresa é, basicamente, produzir algo capaz de satisfazer às necessidades da sociedade, do mercado ou do consumidor. Na verdade, toda empresa é criada para satisfazer alguma necessidade da sociedade ou para atender a alguma solicitação do mercado. Esse costuma ser o seu objetivo primário e fundamental. Ao redor dele, a empresa define sua missão organizacional e sua visão de futuro. Mas, ao fazer isso, a empresa busca também agregar valor àquilo que faz, ou, em outros termos, gerar riqueza por meio de seus processos produtivos que acrescentam ou ampliam o significado de materiais e matérias-primas em produtos acabados. Assim, o objetivo secundário a partir desse crescente valor agregado é a obtenção de lucro ou retorno do investimento aplicado em capital e trabalho. Outros objetivos vão se agregando ao negócio até chegar à missão da empresa e à sua visão de futuro. Porém, preliminarmente, cada negócio visa à produção de alguma coisa. É por meio do fenômeno da produção que se desdobram todos os demais objetivos da empresa.

Na 4ª edição, este livro recebeu o título de *Gestão da Produção* para envolver os princípios e os conceitos básicos dessa área tão importante no cenário empresarial. Nossa intenção foi escrever um livro introdutório e, simultaneamente, atualizar alguns conceitos básicos dessa disciplina em função do enorme avanço tecnológico que tem caracterizado essa tão importante área de atividade.

Idalberto Chiavenato

SUMÁRIO

Capítulo 1

O FENÔMENO DA PRODUÇÃO, 1

INTRODUÇÃO, 2

1.1 **SOCIEDADE DE ORGANIZAÇÕES, 2**

1.2 **EMPRESAS, 3**
   1.2.1 Empresas na Era Digital, 4

1.3 **FATORES DE PRODUÇÃO E RECURSOS EMPRESARIAIS, 5**
   1.3.1 Ativos tangíveis e intangíveis, 6

1.4 **COMPETÊNCIAS ESSENCIAIS DA EMPRESA, 10**

1.5 **CONCEITO DE GESTÃO DA PRODUÇÃO, 11**
   1.5.1 Objetivos da Gestão da Produção, 12
   1.5.2 A longa jornada da Gestão da Produção, 14

1.6 **A ERA INDUSTRIAL, 14**

1.7 **A ERA DA INFORMAÇÃO, 15**

1.8 **OS RELACIONAMENTOS DA GESTÃO DA PRODUÇÃO, 16**
   1.8.1 Componentes internos da Gestão da Produção, 16
   1.8.2 Relacionamentos internos da Gestão da Produção, 18
   1.8.3 Relacionamentos externos da Gestão da Produção, 19
   1.8.4 Compromissos da Gestão da Produção, 19

QUESTÕES PARA REVISÃO, 20

REFERÊNCIAS, 22

Capítulo 2

PRODUTOS/SERVIÇOS, 23

INTRODUÇÃO, 23

2.1 **O LONGO CAMINHO NO PROJETO DO PRODUTO/SERVIÇO, 24**

2.2 **CLASSIFICAÇÃO DOS PRODUTOS/SERVIÇOS, 26**
   2.2.1 Classificação em bens ou serviços, 26
   2.2.2 Classificação de produtos/serviços concretos ou abstratos, 28

2.3 COMPONENTES DOS PRODUTOS/SERVIÇOS, 29
    2.3.1 Composição do produto/serviço, 30
    2.3.2 Embalagem, 30
    2.3.3 Qualidade, 31
    2.3.4 Custo, 32
    2.3.5 Tempo, 32

2.4 CICLO DE VIDA DOS PRODUTOS/SERVIÇOS, 33

2.5 MATRIZ BCG, 35

2.6 DESENVOLVIMENTO DE PRODUTOS/SERVIÇOS, 38

QUESTÕES PARA REVISÃO, 40

REFERÊNCIAS, 42

Capítulo 3
SISTEMAS DE PRODUÇÃO, 43

INTRODUÇÃO, 43

3.1 EMPRESAS COMO SISTEMAS ABERTOS, 44

3.2 SISTEMAS DE PRODUÇÃO, 47

3.3 SISTEMA DE PRODUÇÃO SOB ENCOMENDA, 49
    3.3.1 Planejamento do sistema de produção sob encomenda, 49
    3.3.2 Características do sistema de produção sob encomenda, 49

3.4 SISTEMA DE PRODUÇÃO EM LOTES, 50
    3.4.1 Características do sistema de produção em lotes, 51

3.5 SISTEMA DE PRODUÇÃO CONTÍNUA, 51
    3.5.1 Características do sistema de produção contínua, 52

3.6 COMPARATIVO ENTRE OS TRÊS SISTEMAS DE PRODUÇÃO, 52

3.7 A CONTRIBUIÇÃO JAPONESA AOS SISTEMAS DE PRODUÇÃO, 54
    3.7.1 *Kaizen*, 54
    3.7.2 Controle Estatístico da Qualidade, 54
    3.7.3 Controle Total da Qualidade, 55
    3.7.4 *Kanban*, 56
    3.7.5 *Just-in-Time*, 56

3.8 REAÇÃO NORTE-AMERICANA, 57
    3.8.1 *Downsizing*, 57
    3.8.2 Reengenharia de processos, 58
    3.8.3 *Benchmarking*, 58
    3.8.4 6-Sigma, 58

3.9 MODERNIZAÇÃO DOS SISTEMAS DE PRODUÇÃO, 59
    3.9.1 Células de produção, 59
    3.9.2 CAD/CAM, 59
    3.9.3 *Manufacturing Resource Planning*, 60
    3.9.4 Competição baseada no tempo, 60
    3.9.5 Intercâmbio eletrônico de dados, 60
    3.9.6 Foco em serviços, 61

3.9.7 Consórcio modular, 61
3.9.8 O Sistema produtivo na Indústria 4.0, 61

QUESTÕES PARA REVISÃO, 62

REFERÊNCIAS, 63

Capítulo 4
TRAÇADO DO SISTEMA DE PRODUÇÃO, 65

INTRODUÇÃO, 65

4.1 IMPACTO DA TECNOLOGIA, 65
4.1.1 Formas de operação produtiva, 66
4.1.2 Meios de reduzir a incidência de mão de obra, 68
4.1.3 Versatilidade da tecnologia utilizada, 69
4.1.4 Combinações de produto × tecnologia, 70
4.1.5 Tipos de tecnologia, 71

4.2 LOCALIZAÇÃO, 74

4.3 CAPACIDADE INSTALADA E CAPACIDADE DE PRODUÇÃO, 75
4.3.1 Métricas para medir a capacidade de produção, 76

4.4 ARRANJO FÍSICO E LEIAUTE, 77
4.4.1 Leiaute por produto, 78
4.4.2 Leiaute por processo, 78
4.4.3 Leiaute posicional, 80
4.4.4 Leiaute celular, 80
4.4.5 Objetivos do leiaute, 80
4.4.6 Arranjo físico, 81
4.4.7 Arranjo físico e sistemas de produção, 84

4.5 MANUTENÇÃO, 85
4.5.1 Manutenção preventiva, 86
4.5.2 Manutenção corretiva, 87
4.5.3 *Housekeeping*, 88

QUESTÕES PARA REVISÃO, 90

REFERÊNCIAS, 91

Capítulo 5
PLANEJAMENTO E CONTROLE DA PRODUÇÃO, 93

INTRODUÇÃO, 93

5.1 CONCEITO DE PLANEJAMENTO E CONTROLE DA PRODUÇÃO, 93

5.2 FINALIDADE E FUNÇÕES DO PLANEJAMENTO E CONTROLE DA PRODUÇÃO, 95
5.2.1 Rede de relações do Planejamento e Controle da Produção, 96
5.2.2 O Planejamento e Controle da Produção e o sistema de produção adotado pela empresa, 97

5.3 AS QUATRO FASES DO PLANEJAMENTO E CONTROLE DA PRODUÇÃO, 99
5.3.1 Projeto de produção, 99

5.3.2 Coleta de informações, 100
5.3.3 Planejamento da produção, 101
    5.3.3.1 Formulação do plano de produção, 102
    5.3.3.2 Implementação do plano de produção por meio da programação da produção, 103
    5.3.3.3 Execução do plano de produção por meio da emissão de ordens, 105
5.3.4 Controle da produção, 106

5.4 MANUFACTURING RESOURCE PLANNING, 107

5.5 O PLANEJAMENTO E CONTROLE DA PRODUÇÃO NA ERA DA INDÚSTRIA 4.0 – O USO DE ADVANCED PLANNING AND SCHEDULING, 108

QUESTÕES PARA REVISÃO, 109

REFERÊNCIAS, 111

Capítulo 6
GESTÃO DE MATERIAIS, 113

INTRODUÇÃO, 113

6.1 CONCEITOS BÁSICOS, 114
  6.1.1 Conceito de recursos, 114
  6.1.2 Conceito de gestão de materiais, 115
  6.1.3 Conceito de suprimentos, 115
  6.1.4 Conceito de compras, 115
  6.1.5 Conceito de movimentação de materiais, 115

6.2 FLUXO DE MATERIAIS, 115

6.3 CLASSIFICAÇÃO DE MATERIAIS, 117
  6.3.1 Matérias-primas, 117
  6.3.2 Materiais em processamento, 118
  6.3.3 Materiais semiacabados, 118
  6.3.4 Materiais acabados, 118
  6.3.5 Produtos acabados, 118

6.4 PROGRAMAÇÃO DE MATERIAIS, 120

6.5 COMPRAS, 120
  6.5.1 Análise das ordens de compras recebidas, 121
  6.5.2 Pesquisa, identificação e seleção dos fornecedores, 122
  6.5.3 Negociação das ordens de compras com o fornecedor selecionado, 122
  6.5.4 Acompanhamento do fornecimento e da entrega das ordens de compras (*follow-up*), 122
  6.5.5 Recebimento do material das ordens de compras, 122

6.6 ESTOQUES, 123
  6.6.1 Tipos de estoque, 126
    6.6.1.1 Estoques de matérias-primas, 126
    6.6.1.2 Estoques de materiais em processamento, 126
    6.6.1.3 Estoques de materiais semiacabados, 127

6.6.1.4 Estoques de materiais acabados ou componentes, 127
6.6.1.5 Estoque de produtos acabados, 127

6.7 *MATERIAL REQUIREMENT PLANNING*, 128

6.8 LOGÍSTICA, 128
6.8.1 Uma breve história da logística, 129
6.8.2 Logística como fluxo de materiais e produtos, 130
6.8.3 Componentes do sistema logístico, 130
6.8.4 Cadeia de valor, 132
6.8.5 Armazenagem, 133
6.8.6 *Supply Chain Management*, 133

QUESTÕES PARA REVISÃO, 136

REFERÊNCIAS, 137

Capítulo 7
CONTROLES DE PRODUÇÃO, 139

INTRODUÇÃO, 139

7.1 NOÇÃO DE CONTROLE, 140
7.1.1 Objetivos do controle, 140
7.1.2 Fases do controle, 140

7.2 CONTROLE DA PRODUÇÃO, 142
7.2.1 Padrões de quantidade, 143
7.2.2 Padrões de qualidade, 145
7.2.3 Padrões de tempo, 145
7.2.4 Padrões de custo, 146

7.3 CONTROLE DE ESTOQUES, 150
7.3.1 Registros de estoque, 150
7.3.2 Classificação ABC, 151

7.4 CONTROLE DE QUALIDADE, 153
7.4.1 Programas de melhoria da qualidade, 153
7.4.2 Círculos de controle de qualidade, 155
7.4.3 Programa de zero defeito, 155
7.4.4 Técnicas de CQ, 156
7.4.5 Tipos de CQ, 159

7.5 A QUALIDADE E A INDÚSTRIA 4.0, 159

QUESTÕES PARA REVISÃO, 160

REFERÊNCIAS, 162

BIBLIOGRAFIA, 165

ÍNDICE ALFABÉTICO, 167

1. O FENÔMENO DA PRODUÇÃO

O QUE VEREMOS ADIANTE

- Sociedade de organizações.
- Empresas.
- Fatores de produção e recursos empresariais.
- Competências essenciais da empresa.
- Conceito de Gestão da Produção (GP).
- A Era Industrial.
- A Era da Informação.
- Os relacionamentos da GP.

O mundo contemporâneo requer uma contínua, intensa e incessante produção de bens e de serviços para que as pessoas possam se alimentar, vestir, repousar, educar-se, movimentar-se, viver, enfim. Torna-se necessário produzir e abastecer continuamente um mercado que não para de exigir preço e qualidade e cujas necessidades se tornam cada vez mais complexas e sofisticadas a cada dia que passa. Para tanto, pessoas, cidades, estados, países e continentes estão continuamente intercambiando produtos e serviços, em que uma parte vende o excedente daquilo que sabe produzir e a outra compra segundo suas necessidades aquilo que tem pouco ou que não sabe ou pode produzir. Esse intenso mecanismo de trocas e intercâmbios depende necessariamente de organizações capazes de criar, projetar, produzir e colocar no mercado uma infinidade de produtos e serviços que possam atender continuamente a todas essas necessidades. Uma constelação de organizações atua nesse imenso torvelinho de trocas. Uma verdadeira teia produtiva que leva muitas nações do mundo ao desenvolvimento econômico e à constante e ininterrupta melhoria da qualidade de vida de seus cidadãos. Esse desenvolvimento econômico é o resultado da excelência de empresas que sabem produzir e abastecer a sociedade de bens e serviços necessários ao seu bem-estar, desenvolvimento e melhoria de vida.

INTRODUÇÃO

Produzir é um complexo processo de criação de valor. Contudo, quase tudo o que se produz na sociedade moderna é feito geralmente em empresas. Aliás, as empresas constituem um conjunto integrado de processos.

> Aumente seus conhecimentos sobre **A empresa é um conjunto de processos** na seção *Saiba mais* GP 1.1

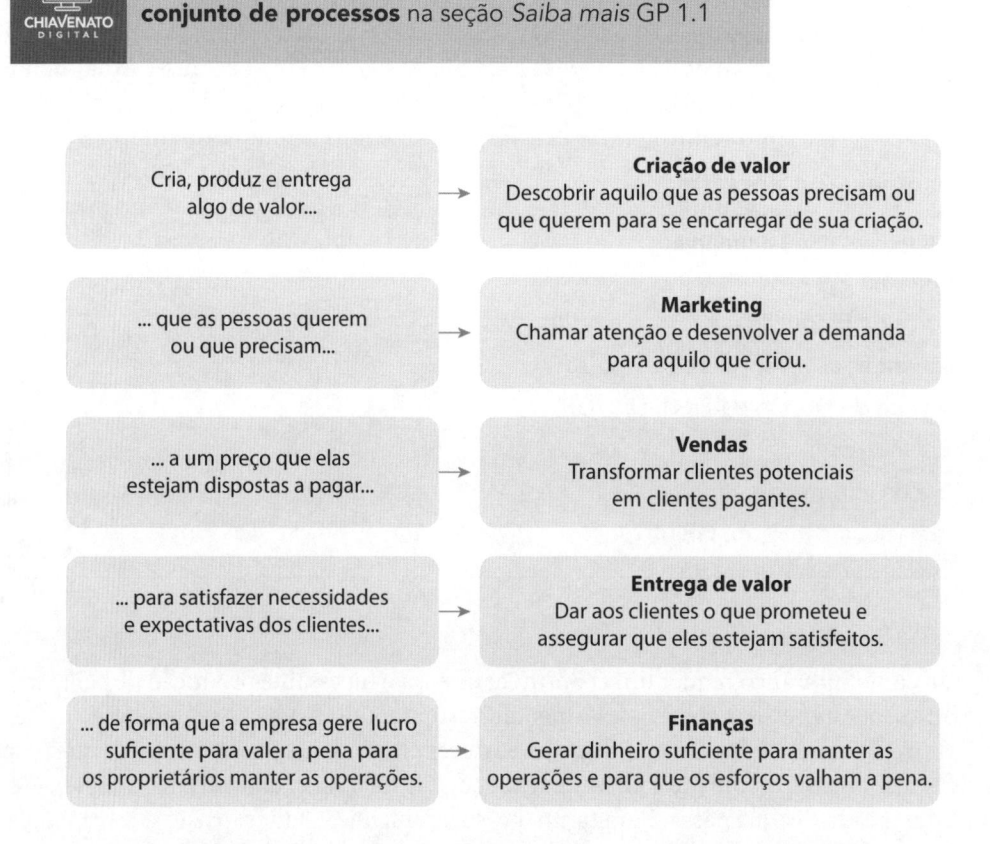

Cria, produz e entrega algo de valor... →	**Criação de valor** Descobrir aquilo que as pessoas precisam ou que querem para se encarregar de sua criação.
... que as pessoas querem ou que precisam... →	**Marketing** Chamar atenção e desenvolver a demanda para aquilo que criou.
... a um preço que elas estejam dispostas a pagar... →	**Vendas** Transformar clientes potenciais em clientes pagantes.
... para satisfazer necessidades e expectativas dos clientes... →	**Entrega de valor** Dar aos clientes o que prometeu e assegurar que eles estejam satisfeitos.
... de forma que a empresa gere lucro suficiente para valer a pena para os proprietários manter as operações. →	**Finanças** Gerar dinheiro suficiente para manter as operações e para que os esforços valham a pena.

Figura 1.1 A empresa como um conjunto integrado de processos.

1.1 SOCIEDADE DE ORGANIZAÇÕES

A moderna sociedade em que vivemos é uma sociedade constituída de organizações. Afinal, vivemos em uma sociedade de organizações. Quase tudo o que o ser humano necessita – senão tudo – é criado e produzido em organizações. Além disso, o ser humano moderno passa a maior parte do tempo e de sua vida dentro de organizações. É nelas que o homem nasce, cresce, come, aprende, pratica esportes e lazer, faz suas orações, trabalha e ganha sua vida, compra, gasta, cuida de sua saúde e de seu dinheiro. O homem depende das organizações para tudo – inclusive para nascer e até para morrer. As organizações são tão numerosas e tão diversificadas que quase não percebemos sua onipresença e sua enorme influência em nossas vidas. Elas se apresentam de variadas formas como indústrias, supermercados, lojas, escolas e universidades, hospitais, bancos e financeiras, clubes, repartições públicas, empresas estatais, pequenos negócios etc. O exército, a igreja e as entidades filantrópicas também são organizações. Atualmente, avultam as organizações não governamentais (ONGs) – o chamado terceiro setor. São organizações não lucrativas que se dedicam a causas sociais, culturais, filantrópicas, ecológicas etc. O que nos interessa neste livro são um tipo especial de organização: as empresas e, principalmente, aquelas que fabricam produtos ou prestam serviços à sociedade.

Em suma, as organizações são constituídas de um sofisticado conjunto de recursos como edifícios, instalações, máquinas, equipamentos, dinheiro etc. Contudo, esses recursos – embora sumamente importantes – são inertes e estáticos; não têm vida própria. Atualmente, as organizações dependem necessariamente de um conjunto integrado de competências para alcançar o máximo rendimento desses recursos, como veremos adiante. No fundo, as organizações são entidades sociais, verdadeiros conjuntos integrados de pessoas. Sem pessoas, as organizações simplesmente não funcionam. Mas um aspecto é fundamental: as organizações não existem ao acaso: elas são criadas e organizadas para produzir alguma coisa. A produção de algo é o objetivo primário de toda e qualquer organização. E elas também não operam ao acaso: precisam ser administradas. É a gestão que conduz as empresas ao sucesso e à sua excelência operacional.

1.2 EMPRESAS

As empresas são exemplos de organizações. Na realidade, elas são organizações sociais porque são constituídas de pessoas que trabalham em conjunto em uma complexa divisão do trabalho organizacional. Uma definição mais apurada diria que as empresas são organizações sociais que reúnem e utilizam recursos para atingir determinados objetivos. As empresas são organizações sociais que exploram dado negócio visando alcançar um objetivo determinado e específico. O objetivo final pode ser o lucro ou o atendimento de certas necessidades e demandas da sociedade, sem a preocupação prévia com o lucro.

Como todo organismo vivo, as empresas nascem, crescem e até podem morrer. Elas são essencialmente dinâmicas, passam por mudanças, têm ciclos de prosperidade ou de dificuldade e necessitam de constante renovação para se adaptar às mudanças ambientais em um mundo de negócios globalizado e competitivo. À medida que são bem-sucedidas em relação aos seus objetivos, as empresas tendem a sobreviver. Se o sucesso é maior, elas tendem a crescer. Sobrevivência e crescimento são as principais decorrências do sucesso empresarial.

Quanto ao que produzem, as empresas são classificadas em empresas primárias (ou extrativas), secundárias (ou transformadoras) e terciárias (ou prestadoras de serviços).

- **Empresas primárias ou extrativas**: são empresas que desenvolvem atividades extrativas, como as empresas agrícolas, pastoris, de pesca, de mineração, de prospecção e extração de petróleo, as salinas etc. São chamadas primárias porque se dedicam basicamente à obtenção e à extração de matérias-primas, o elemento primário de toda a produção. Exemplos: Petrobras, Vale, Pescal, Mineração Morro Velho, Agropastoril Santa Amália, Fazenda Santo Amaro etc.
- **Empresas secundárias ou de transformação**: são empresas que processam as matérias-primas e as transformam em produtos acabados. São chamadas empresas produtoras de bens (ou mercadorias), isto é, produtos tangíveis ou manufaturados. Aqui se classificam as

indústrias em geral, quaisquer que sejam seus produtos finais. Exemplos: Petrobras, Vale, Philips, Cia. Siderúrgica Nacional (CSN), Cimento Votorantim, IBM do Brasil, General Motors (GM), Fiat, Ambev etc.

- **Empresas terciárias ou prestadoras de serviço**: são empresas que executam e prestam serviços especializados. Entre elas estão bancos, financeiras, comércio em geral, hospitais, escolas e universidades, serviços de comunicações (TV, rádio, imprensa, telefonia, internet etc.) e toda a extensa gama de serviços envolvendo contabilistas, engenheiros, médicos, dentistas, consultores etc. Exemplos: Bradesco, Casas Bahia, Hospital Beneficência Portuguesa, Universidade Mackenzie, Vivo, WMcMcCann Publicidade, Jornal do Brasil, TV Globo, ABC Assessoria Contábil, Elektro etc. As empresas terciárias apresentam uma enorme variedade e batem de longe a quantidade das empresas primárias e secundárias.

- **Empresas do terceiro setor**: são organizações que reúnem participantes que se dedicam a determinada missão cultural, filantrópica, social ou ecológica, como as ONGs, e outras, como Peaceworld, Instituto Ayrton Senna, Fundação Roberto Marinho, Fundação Bradesco etc.

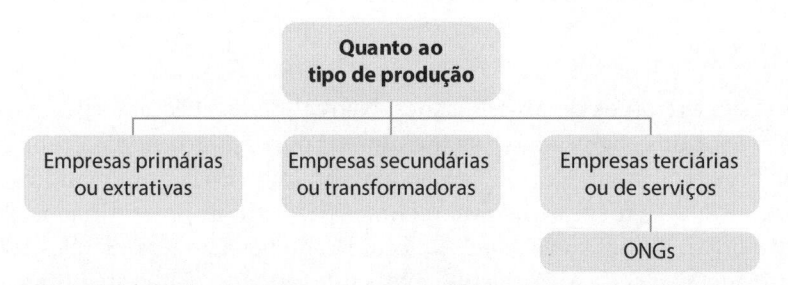

Figura 1.2 Classificação das empresas quanto ao tipo de produção.

As três classificações de empresas – primárias, secundárias ou terciárias – não se excluem. Pode existir uma empresa que é primária (extrativa e prospectiva), secundária (refinadora) e terciária (distribuidora), como a Petrobras e a Vale. Todavia, em cada classificação, o processo produtivo encerra características próprias, como veremos adiante.

1.2.1 Empresas na Era Digital

Para entender um pouco do avanço da tecnologia nos últimos anos, vamos voltar para dezembro de 1969, quando surgiu a primeira rede de computadores construída entre a Universidade da Califórnia em Los Angeles, Stanford Research Institute, Universidade de Utah e Universidade da Califórnia em Santa Bárbara. Essa rede foi denominada ARPANET.

Em 1972, foi rebatizada de DARPANET – a letra D era para referenciar o Pentágono (*Defense*), afinal era quem financiava o investimento da ligação entre os computadores.

Foi em 1990 que o Departamento de Defesa substituiu a APARNET pelo que hoje conhecemos como internet, que foi difundida a partir da criação do *World Wide Web* (www). Nessa década, surgiram vários portais, como AOL e Yahoo!, os *sites* de busca Google e Cadê, *e-mails* gratuitos (Hotmail) etc.

Todavia, o efetivo uso ocorreu a partir dos anos 2000, do que ficou conhecido como Internet 2.0. Houve uma grande evolução da *web*, principalmente de sua velocidade. Os computadores ficaram mais baratos, surgiu a banda larga e seu uso foi amplamente difundido.

Foram desenvolvidos novos *softwares* e linguagens de computação. Com a evolução dos dispositivos móveis, surgiram os aplicativos, que ajudaram a revolucionar a indústria de serviços.

Esse breve histórico foi inserido somente para contextualizar nosso leitor sobre a velocidade com que as mudanças ocorreram e ocorrem nos últimos anos. Saímos, rapidamente, de processos ainda originados de uma Era Industrial para a Era Digital. Se considerarmos que o uso comercial da internet no mundo data dos anos 1990, mas com uso mais efetivo a partir da Internet 2.0, em cerca de 30 anos presenciamos o que conhecemos como a Quarta Revolução Industrial. Mudou drasticamente, em tão pouco tempo, a maneira com que as pessoas se relacionam e a forma com que as empresas produzem.

Novos negócios surgiram. Hoje, presenciamos a economia compartilhada – empresas que utilizam a tecnologia para fazer a gestão dos carros de aluguel, aplicativos para entrega de encomendas e refeições, compartilhamento de residências, empresas que mudaram o uso do automóvel particular etc.

A automação nos processos produtivos passou a exigir novas competências do trabalhador, que teve que se reinventar e se aprimorar para atender às novas tecnologias na produção, bem como saber utilizar novos *softwares* integrados, como os *Enterprise Resource Planning* (ERP).

Muitas empresas tradicionais passaram a copiar modelos utilizados pelas chamadas *startups* (empresas que utilizam a tecnologia como base de seu negócio), por exemplo, montando equipes multidisciplinares, denominadas de *squads* (esquadrão), com o objetivo de agilizar a solução de problemas, pensar em processos e produtos inovadores etc.

E para onde as empresas caminham? Primeiramente, para uma cultura digital, obrigatoriamente. Devem estar preparadas para as transformações digitais em todos os seus processos. Muito ainda virá com a tecnologia 5G, a Internet das Coisas (IoT) e a Inteligência Artificial (IA), que irão transformar ainda mais os processos produtivos, as empresas e a sociedade.

> Aumente seus conhecimentos sobre **O que é uma empresa?** na seção *Saiba mais* GP 1.2

1.3 FATORES DE PRODUÇÃO E RECURSOS EMPRESARIAIS

Os economistas clássicos salientam que todo processo produtivo depende de três fatores de produção: natureza, capital e trabalho, todos eles integrados por um quarto fator denominado empresa. A natureza fornece os insumos necessários, as matérias-primas, a energia etc. O capital fornece o dinheiro necessário para comprar os insumos e pagar os empregados. O trabalho é realizado pela mão de obra que transforma, por meio de operações manuais ou de máquinas e equipamentos, os insumos em produtos acabados ou serviços prestados. E a empresa, como fator integrador, garante que a integração dos três fatores de produção seja a mais lucrativa possível. Essa concepção de fatores de produção funcionou bem durante toda a Era Industrial, que se estendeu desde a Revolução Industrial, em meados do século 17, até o início da década de 1990, com o surgimento da Era da Informação. Atualmente, os tradicionais fatores produtivos estão no limite de sua exaustão em termos de aumento de eficiência e produtividade. A riqueza das nações e das organizações passou a depender do conhecimento, à medida que este proporciona habilidades e competências, como veremos adiante.

Era Industrial

- Natureza
- Capital
- Trabalho

Empresa

Era da Informação

- Conhecimento
- Habilidades
- Competências

- Natureza
- Capital
- Trabalho

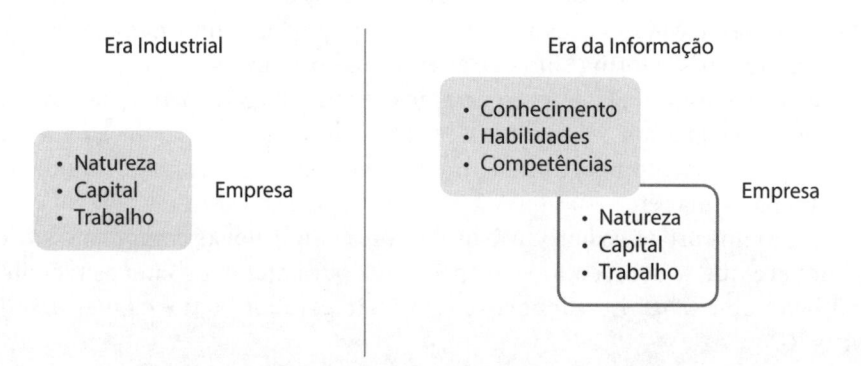

Empresa

Figura 1.3 Os antigos e os novos fatores de produção.

1.3.1 Ativos tangíveis e intangíveis

Atualmente, em vez de fatores de produção, preferimos tratar dos recursos empresariais que correspondem a cada um desses fatores de produção. Um recurso é um meio pelo qual a empresa extrai, transforma ou produz algo. As empresas requerem recursos para poderem funcionar adequadamente. Os principais recursos empresariais são:[1]

- **Recursos físicos ou materiais**: correspondem genericamente ao fator de produção que os economistas denominam natureza. Os recursos materiais ou físicos são prédios e edifícios, instalações, máquinas e equipamentos, ferramentas, matérias-primas e todos os insumos tangíveis que ingressam no processo produtivo. Nas indústrias, constituem as fábricas e tudo o que nelas estiver contido. Nas empresas de serviços, constituem prédios, instalações, máquinas e equipamentos etc.
- **Recursos financeiros**: correspondem, grosso modo, ao fator de produção denominado capital. Os recursos financeiros correspondem ao capital e abrangem as receitas, as contas a receber, o dinheiro em bancos, o faturamento, os investimentos, enfim qualquer forma de dinheiro ou crédito que a empresa possua.
- **Recursos humanos (RH)**: correspondem, grosso modo, ao fator de produção denominado trabalho, com a diferença de que englobam todas as pessoas que trabalham na empresa em todos os níveis hierárquicos, desde o presidente até o operário.

- **Recursos mercadológicos**: não correspondem a nenhum fator de produção apontado pelos economistas. Os recursos mercadológicos geralmente estão fora da empresa – são os clientes, os consumidores, os usuários dos produtos ou serviços da empresa. Para abordá-los, a empresa utiliza propaganda, promoção, canais de distribuição, equipes de vendas e uma parafernália de meios.
- **Recursos administrativos**: correspondem ao fator de produção que os economistas denominam empresa e que atua como integrador e sincronizador de todos os demais recursos empresariais.

É importante lembrar que os recursos financeiros formam o capital financeiro da empresa, enquanto os recursos materiais – com seus prédios, edifícios, instalações, máquinas, equipamentos, materiais etc. – formam o capital econômico da empresa. Boa parte dos recursos financeiros é disponível, enquanto quase sempre os recursos materiais fazem parte do ativo imobilizado. Tanto o capital financeiro quanto o capital econômico são avaliados em moeda corrente do país.

Todos os recursos empresariais são importantes para o funcionamento da empresa e para o alcance de seus objetivos. A falta de qualquer um dos recursos empresariais impossibilita ou dificulta o processo de produção da empresa. Por outro lado, nem todos os recursos são necessariamente propriedade da empresa. Em outras palavras, as empresas utilizam recursos próprios ou de terceiros.

Os norte-americanos têm uma terminologia própria para denominar os recursos empresariais: *materials* & *machinery*, *money*, *man*, marketing e *management*. O Quadro 1.1 permite uma melhor visualização.

Quadro 1.1 Recursos empresariais[2]

Recursos	Fator de produção	Terminologia norte-americana	Exemplos
Físicos ou materiais	Natureza	*Materials & machinery*	Edifícios, instalações, prédios, máquinas, equipamentos, matérias-primas etc.
Financeiros	Capital	*Money*	Capital, dinheiro, créditos, financiamentos, caixa etc.
Humanos	Trabalho	*Man*	Todas as pessoas, desde o presidente até o operário
Mercadológicos	–	*Marketing*	Clientes e usuários e os meios para influenciá-los: vendas, promoção, propaganda etc.
Administrativo	Empresa	*Management*	Planejamento, organização, direção, controle das atividades

Na prática, os recursos empresariais são administrados por diferentes áreas da empresa, conforme é demonstrado no Quadro 1.2.

Quadro 1.2 Recursos empresariais e respectivas áreas da empresa[3]

Recursos empresariais	Áreas de especialização
Físicos e materiais	Administração da Produção, Produção ou Operações
Financeiros	Administração Financeira, Finanças
Humanos	Administração de RH, Gestão de Pessoas
Mercadológicos	Administração Mercadológica, Marketing ou Comercialização
Administrativos	Administração Geral, Presidência ou Diretoria-Geral

Assim, é comum encontrar empresas que têm suas áreas organizadas conforme a Figura 1.4.

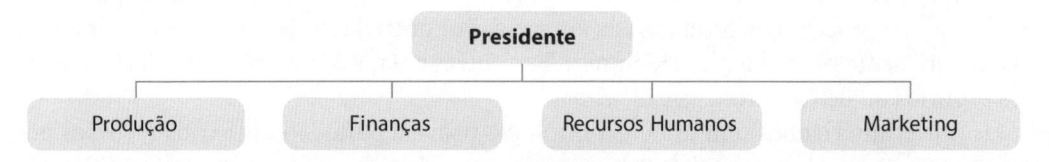

Figura 1.4 Principais áreas da empresa.

Para administrar cada um dos recursos empresariais, há uma área específica correspondente na empresa – dirigida por um executivo, conforme a Figura 1.5.

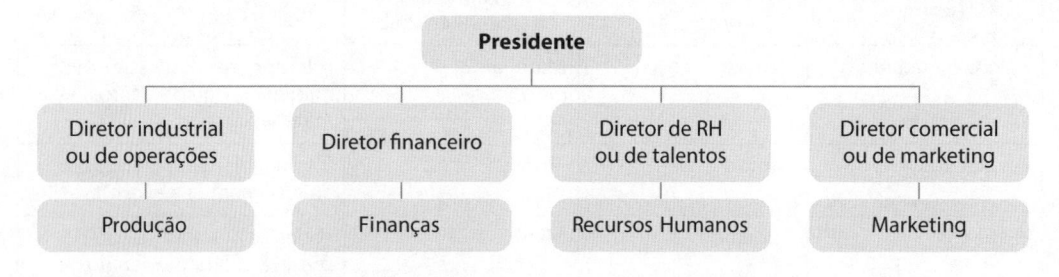

Figura 1.5 Gestão dos recursos empresariais.

Quando a empresa é do ramo industrial – isto é, do ramo primário ou secundário –, o diretor responsável pela produção recebe, geralmente, o nome de Diretor Industrial. Porém, quando a empresa é do ramo terciário, o diretor que cuida da produção ou operações pode receber denominações bastante diferentes, como Diretor de Operações ou Diretor Técnico. Em um hospital, recebe o nome de Diretor Clínico; em escolas e universidades, Diretor Pedagógico ou Diretor de Ensino; em alguns bancos, Diretor de Operações; nas empresas de transporte, Diretor de Tráfego; em clubes esportivos, Diretor de Esportes; e assim por diante.

Quadro 1.3 Denominações da área de Gestão da Produção (GP)

Tipo de empresa	Denominação da área de GP
Indústria	Diretoria Industrial
Hospital	Diretoria Clínica
Universidade	Diretoria Pedagógica
Bancos e financeiras	Diretoria de Operações
Empresas de transporte	Diretoria de Tráfego
Clubes esportivos	Diretoria de Esportes
Jornal ou revista	Diretoria Editorial

O importante é que, nas empresas industriais – sejam primárias, sejam secundárias –, a atividade produtiva costuma receber o nome de produção, enquanto nas organizações de serviços – ramo terciário – recebe o nome de operações. Daí abordarmos o tema produção sob a denominação de produção e operações. A GP trata exatamente da atividade produtiva tanto em indústrias quanto no ramo terciário.

Quadro 1.4 Classificação de recursos organizacionais[4]

Recursos tangíveis (ativos tangíveis)	■ Edifícios ■ Máquinas e equipamentos ■ Instalações ■ Matérias-primas ■ Ferramentas e utensílios
Recursos intangíveis (Ativos intangíveis)	■ Competências essenciais ■ Conhecimento corporativo ■ *Know-how* ■ Cultura organizacional ■ Relações com clientes e fidelização dos clientes ■ Marcas e patentes ■ Confiabilidade e reputação ■ Capacidade de inovação
Recursos terceirizados	■ Serviços externos de propaganda ■ Serviços externos de segurança ■ Serviços externos de contabilidade e auditoria ■ Serviços externos de computação ■ Gestão terceirizada de frota de veículos

Aumente seus conhecimentos sobre **A gestão** na seção *Saiba mais* GP 1.3

1.4 COMPETÊNCIAS ESSENCIAIS DA EMPRESA

No decorrer da Era Industrial, os recursos organizacionais eram sumamente importantes para o processo produtivo. Máquinas, instalações, edifícios, matérias-primas, mão de obra e capital eram indispensáveis – e continua assim até hoje.

Contudo, na Era da Informação, está surgindo um novo componente organizacional mais importante: as competências essenciais que cada empresa consegue reunir, desenvolver e aplicar. As competências essenciais de uma empresa significam aquilo que ela sabe fazer melhor do que ninguém e que representam sua vantagem competitiva em mercados altamente competitivos. Ser competitivo significa ter condições de concorrer com outras empresas que produzem determinado produto ou serviço em determinado mercado. Nos mercados competitivos de hoje, essas condições mudam a cada instante em função do desempenho de cada empresa, das estratégias utilizadas e, sobretudo, da inovação que muda tudo. Muitas empresas conseguem melhorar sua capacidade competitiva, aumentam sua participação no mercado e derrubam as outras que muitas vezes são expulsas do mercado por não saber manter ou desenvolver tal capacidade em um mundo de negócios em intensa mudança. Uma incessante e maluca corrida onde cada vencedor acaba perdendo para outros vencedores. O sucesso nunca é definitivo; apenas provisório e efêmero.

As competências essenciais representam as vantagens competitivas de uma empresa. O primeiro passo é saber o que a empresa sabe fazer bem e melhor do que as outras e diagnosticar quais são suas competências essenciais. O segundo passo, após esse diagnóstico, é concentrar-se naquilo que ela sabe fazer bem. O terceiro passo é melhorar cada vez mais tais competências. O quarto passo é transferir para terceiros aquilo que a empresa não tem condições de fazer bem e barato. A terceirização é uma alternativa para que a empresa possa se concentrar em suas competências essenciais. Algumas empresas sabem projetar bem, outras produzem com excelência, outras se concentram em vender. Há aquelas que sabem assistir o cliente – assistência técnica – e aquelas que sabem fazer pesquisas e desenvolver novos produtos. Cada qual na sua. Dificilmente uma empresa consegue fazer bem e barato uma multiplicidade de tarefas. Ao abrir demasiadamente o leque de atividades, a empresa pode acabar fazendo mediocremente uma variedade de coisas, quando poderia fazer de maneira excelente uma pequena parte delas.

Competências organizacionais
- Competitividade
- Lucratividade
- Sustentabilidade
- Imagem e reputação

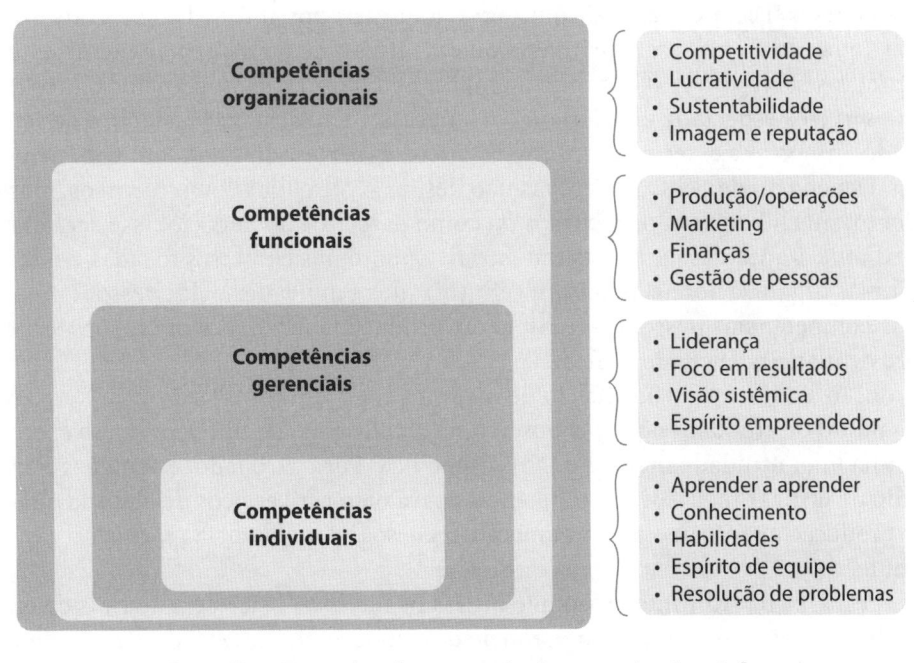

Competências funcionais
- Produção/operações
- Marketing
- Finanças
- Gestão de pessoas

Competências gerenciais
- Liderança
- Foco em resultados
- Visão sistêmica
- Espírito empreendedor

Competências individuais
- Aprender a aprender
- Conhecimento
- Habilidades
- Espírito de equipe
- Resolução de problemas

Figura 1.6 Exemplos de competências organizacionais.[5]

SAIBA MAIS — O que é uma empresa de classe mundial?

Empresa de classe mundial é a empresa que tem capacidade competitiva em mercados globais. Empresas como as japonesas Toyota, Toshiba, Sony, a europeia Philips, as norte-americanas Motorola, Xerox, Apple, HP, Microsoft e outras são organizações presentes e ativas em todo o mundo dos negócios. Uma empresa de classe mundial é aquela que ultrapassa a concorrência em vários aspectos e, por isso, é imitada pelas outras empresas graças à excelência de suas práticas e operações.

1.5 CONCEITO DE GESTÃO DA PRODUÇÃO

Nesse contexto, a Gestão da Produção (GP) utiliza recursos físicos e materiais da empresa: máquinas, equipamentos, instalações, matérias-primas, prédios ou edifícios e a tecnologia indispensável para que todos esses ativos tangíveis possam ser integrados em uma atividade conjunta e coordenada. Os recursos físicos ou materiais podem estar na indústria, na fábrica ou oficina, no campo agrícola, no barco de pesca e nas instalações portuárias, na loja, na agência bancária, no prédio escolar ou na oficina de propaganda.

São os recursos físicos e materiais que dão à empresa a possibilidade de extrair matérias-primas (quando a empresa é primária ou extrativa), de transformar matérias-primas em produtos/serviços (P/S) (quando a empresa é secundária ou transformadora) ou de prestar serviços especializados (quando a empresa é terciária ou prestadora de serviços). Contudo, vimos que esses recursos são estáticos e inertes. Eles não têm vida nem inteligência. Dependem de pessoas. Pessoas não devem ser tratadas como recursos, mas como os talentos que lidam com os recursos ou como parceiros do negócio. Isso será discutido mais adiante. Tanto nas empresas industriais quanto nas empresas focadas em serviços, os recursos organizacionais precisam ser utilizados e aplicados pelas pessoas – por meio de suas competências pessoais – para gerar produção em umas e operações em outras, sempre de maneira eficiente e eficaz.

Produção significa transformação de insumos em produtos ou serviços. Na verdade, é um conjunto de atividades que proporcionam a conversão de um bem tangível em outro que tenha uma utilidade maior ou mais específica. Por outro lado, operações têm o significado de utilizar recursos e competências para oferecer serviços de elevada qualidade. Tanto produção quanto operações requerem recursos e competências para gerar resultados incomuns.

A GP é a área da Administração que utiliza os recursos físicos e materiais da empresa que realizam o processo produtivo por meio de competências essenciais. Assim, é a GP que executa a produção ou as operações da empresa. É por meio da GP que a empresa extrai as matérias-primas, transforma-as para produzir o produto acabado ou presta serviços especializados ao mercado.

1.5.1 Objetivos da Gestão da Produção

A GP não funciona ao acaso. Ela precisa ser planejada para atender simultaneamente a dois objetivos: alcançar eficiência e eficácia no processo produtivo. Eficiência e eficácia são dois conceitos importantíssimos na GP.[6]

- **Eficiência**: significa a utilização adequada dos recursos empresarias, a eficiência com os meios – métodos, procedimentos, normas, programas, processos etc. Reside basicamente em fazer coisas corretamente, isto é, da melhor maneira possível. Eficiência significa realizar um magnífico trabalho em si. Produzir com eficiência significa utilizar métodos e procedimentos adequados de trabalho, executar corretamente a tarefa, aplicar da melhor maneira possível os recursos da empresa.
- **Eficácia**: está relacionada aos fins, isto é, aos objetivos que a empresa pretende alcançar por meio de suas operações. Reside basicamente em fazer coisas que são importantes e relevantes para o resultado, ou seja, para os objetivos. Produzir com eficácia significa executar aquelas tarefas que são importantes para o negócio.

Quadro 1.5 Eficiência e eficácia[7]

Eficiência	Eficácia
Relacionada com os meios	Relacionada com os fins
Relacionada com métodos e procedimentos	Relacionada com resultados a alcançar
Busca a melhor aplicação dos recursos	Busca o melhor alcance dos objetivos
Busca a execução correta da tarefa	Busca a tarefa mais importante para o resultado
Exemplos de eficiência: ■ Resolver problemas ■ Fazer corretamente as coisas ■ Jogar futebol com arte	Exemplos de eficácia: ■ Atingir as metas ■ Conquistar resultados ■ Marcar gols e ganhar a partida

A GP busca fazer com que a produção seja eficiente e eficaz simultaneamente. Eficiência e eficácia juntas recebem o nome de excelência, mas tudo é muito relativo. Muitas vezes, a produção chega a ser eficiente, mas não alcança a necessária eficácia. Isso acontece quando a execução das tarefas é bem-feita, mas não chega a atingir as metas de produção desejadas pela empresa. Outras vezes, a produção não é eficiente, mas se torna eficaz porque se traduz em bons resultados. Isso acontece quando as tarefas são realizadas de maneira precária, mas os resultados atingidos satisfazem as metas estabelecidas pela empresa.

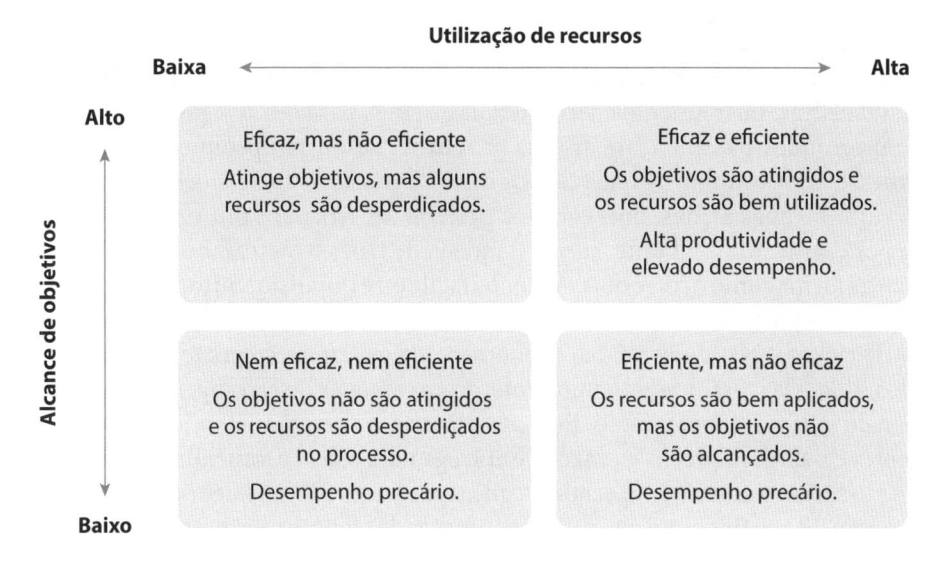

	Utilização de recursos Baixa	Utilização de recursos Alta
Alcance de objetivos Alto	Eficaz, mas não eficiente Atinge objetivos, mas alguns recursos são desperdiçados.	Eficaz e eficiente Os objetivos são atingidos e os recursos são bem utilizados. Alta produtividade e elevado desempenho.
Alcance de objetivos Baixo	Nem eficaz, nem eficiente Os objetivos não são atingidos e os recursos são desperdiçados no processo. Desempenho precário.	Eficiente, mas não eficaz Os recursos são bem aplicados, mas os objetivos não são alcançados. Desempenho precário.

Figura 1.7 Juntando eficiência com eficácia.[8]

Como melhorar a eficiência? Dois aspectos são importantes quando se trata de eficiência:

1. **Racionalização**: é a técnica que procura os métodos e processos mais adequados ao trabalho. Por meio da racionalização, pode-se desenhar um processo produtivo mais rápido e eficiente, com menores custos de produção, redução de estoques, redução de trabalho na produção etc.
2. **Produtividade**: é uma decorrência da eficiência. À medida que a produção é eficiente, ela alcança maiores níveis da produtividade. Produtividade é a relação ótima entre insumos e resultados, isto é, entre custos e benefícios, entre recursos aplicados e o volume produzido. Uma máquina é mais produtiva que outra à medida que consegue produzir maior quantidade de peças no mesmo período de tempo. Um operário é mais produtivo do que outro quando produz mais no mesmo período de tempo e utilizando os mesmos recursos de produção. Aumentar a produtividade significa aumentar a produção sem aumentar o volume de recursos, isto é, sem aumentar o número de máquinas ou operários. A produtividade pode ser elevada por meio da racionalização, de novas tecnologias, da mecanização, do treinamento do pessoal, da melhor organização do trabalho etc. É a produtividade que permite a competitividade da empresa. Uma empresa é competitiva em relação às outras quando consegue produzir produtos de melhor qualidade, maior utilidade e com custos menores. A competitividade é a melhor arma para a empresa lidar com seus concorrentes e sobressair-se no mercado.

1.5.2 A longa jornada da Gestão da Produção

Produzir algo para vestir, alimentar-se ou se defender sempre foi uma atividade humana tão velha que vem desde os tempos da caverna. Desde a Era da Pedra Polida, o trabalho de produção passou a ocupar o maior tempo do homem pré-histórico: o *homo faber* e, muito depois, o *homo sapiens*. Ao longo de milênios, o ser humano conseguiu produzir, cada vez melhor, utensílios, instrumentos, ferramentas e armas para seu uso pessoal. Mais adiante, o homem produtor passou a trocar seus produtos por outros produtos feitos por outros produtores. Era o escambo, o comércio por meio de trocas de mercadorias. Uma ferramenta tinha o valor de duas armas, dois cabritos podiam ser trocados por um pedaço de tecido, e assim por diante. Mais adiante, surgiu a moeda de troca e o escambo foi substituído pelo comércio da forma como ocorre hoje. A moeda facilitou e impulsionou fortemente o comércio. Contudo, ainda predominava a Era da Agricultura: a atividade humana mais importante na geração da riqueza. Na Idade Média, o fenômeno de urbanização provocou o aparecimento de feudos, cidadelas fortificadas como proteção aos ataques de estrangeiros. Com os feudos, o artesanato teve forte incremento. Em suas oficinas, os artesãos atendiam a especificações dos clientes e definiam preços e prazos de entrega para suas encomendas. Com o tempo, os artesãos passaram a contratar aprendizes que, após longo período de trabalho, tornavam-se novos artesãos. A partir daí surgiram as corporações de ofício, os germes dos atuais sindicatos.

1.6 A ERA INDUSTRIAL

Em meados do século 18, com a invenção da máquina a vapor por James Watt e sua aplicação na produção, surgiu a Revolução Industrial. A atividade humana foi sendo gradualmente substituída pela máquina e os artesãos que trabalhavam em suas oficinas foram engolidos pelas fábricas. Teve início a Era Industrial, na qual a produção fabril passou a exigir escala de produção, padronização dos produtos e, posteriormente, racionalização dos processos de produção. E, em seguida, a padronização de componentes, como foi o caso da produção de espingardas com peças intercambiáveis, que representou enorme vantagem para o exército. Não tardou a surgirem os primeiros projetos de produtos, com desenhos e croquis de produtos e processos fabris, de equipamentos e instalações.

Mas foi no início do século 20, com o surgimento da chamada Administração Cientifica, que Frederick Winslow Taylor chamou a atenção para o enorme desperdício que ocorria na produção industrial. Foi a época em que o foco na manufatura se tornou mais intenso e começou a luta pela eficiência e produtividade. Henry Ford iniciou a linha de montagem seriada e a produção em massa de automóveis, reduzindo drasticamente custos e oferecendo carros a preços populares. A ideia era produzir grandes volumes de produtos padronizados sem nenhuma variação para simplificar o processo produtivo.[9] Não tardou a surgir a Engenharia Industrial, trazendo novos conceitos de produção, tais como: arranjo físico das instalações, processos e fluxo de produção, estudo de tempos e movimentos e produtividade da mão de obra, planejamento e controle da produção (PCP), manutenção, abastecimento e estoques etc.

A Era Industrial passou por uma forte reformulação no decorrer do século 19, com um enorme incremento na produção industrial, o surgimento do capitalismo industrial e uma impressionante sequência de invenções que logo se transformaram em produtos comerciais.

No início da década de 1960, a indústria japonesa começou a dar uma fenomenal virada, aproveitando intensamente as lições de Deming e Duran – os dois gurus – no que tange à qualidade e à produtividade.

1.7 A ERA DA INFORMAÇÃO

No início da década de 1990, o mundo começou a entrar em uma nova era, totalmente diferente da anterior: a Era da Informação. Vários aspectos caracterizam a nova era em que vivemos, entre eles:[10]

- **Conhecimento como principal recurso produtivo**: cada produto passa a ser o resultado de conhecimento agregado, e não mais de matérias-primas transformadas. Os telefones celulares são exemplos disso.
- **Mudança cada vez mais rápida e profunda**: o cenário de previsibilidade e manutenção típico da Era Industrial transformou-se em um cenário de mudança, transformação e imprevisibilidade. Nada é definitivo. Tudo é mutável e provisório. Isso também se aplica a produtos e serviços.
- **Globalização**: o mundo tornou-se uma aldeia global em que os concorrentes estão em todos os lugares possíveis criando novos produtos e serviços e utilizando estratégias diferentes para produzi-los e vendê-los.
- **Tecnologia da Informação (TI)**: computador, televisão e telecomunicações formam um triunvirato que se denomina TI e é capaz de unir e integrar o mundo globalizado em questão de segundos.
- **Foco no cliente**: cada vez mais é o cliente quem decide o sucesso de uma empresa. O foco internalizado na produção está migrando para o foco externalizado no cliente.

Contudo, focar o cliente já não é mais suficiente. Agora, é preciso satisfazê-lo e encantá-lo para poder fidelizá-lo. Para tanto, é preciso conhecê-lo profundamente e pensar da mesma maneira que ele pensa. A customização é um exemplo. Representa a produção direcionada para o cliente ou consumidor de acordo com suas exigências, oferecendo um produto inteiramente sob medida para cada um. É exatamente o contrário da produção em massa.

- **Foco em serviços**: produzir produtos já não é mais suficiente. É preciso, agora, prestar serviços por meio deles. O produto deve ser oferecido por meio de serviços correlatos – assistência técnica, ajuda na instalação, informações sobre suas características e instalação, pós-venda etc. As empresas industriais estão se transformando em empresas de serviços.
- **Ética e responsabilidade social**: as empresas estão se tornando cada vez mais transparentes e responsáveis pelo contexto social em que atuam.
- **Qualidade de vida no trabalho**: está havendo uma forte conscientização de que o trabalho deve ser agradável, divertido, motivador e recompensador. As empresas estão se tornando gradativamente um lugar melhor para se trabalhar.

Todos esses aspectos estão impactando poderosamente a vida das empresas.

> Aumente seus conhecimentos sobre **Organizações de excelência operacional** na seção *Saiba mais* GP 1.4

1.8 OS RELACIONAMENTOS DA GESTÃO DA PRODUÇÃO

A GP está focada no máximo aproveitamento dos recursos físicos e materiais da empresa no sentido de buscar um sistema de produção eficiente e eficaz. Em geral, a GP se estrutura de acordo com o sistema de produção adotado e com a tecnologia empregada, no sentido de aproveitar a proximidade dos recursos naturais e dos mercados consumidores. Assim, muitas indústrias possuem fábricas espalhadas por várias regiões para economizar transporte de matérias-primas ou para aproveitar a proximidade de empregados, por exemplo. Muitas empresas terciárias possuem várias lojas, filiais ou agências bancárias, por exemplo, para maior contato com clientes e usuários. Geralmente, por esses motivos, a GP tem uma estrutura descentralizada para aproveitar a proximidade de parceiros, do mercado ou para obter vantagens estratégicas.

1.8.1 Componentes internos da Gestão da Produção

A estrutura organizacional descentralizada é aquela em que os órgãos componentes estão espalhados territorialmente.

Os componentes mais importantes da GP são os elencados a seguir:

- **Desenvolvimento do produto**: é a área da GP que cuida do planejamento e do desenvolvimento do produto, suas especificações, características da embalagem, sua melhor adequação ao uso do consumidor etc. Pode receber o nome de Engenharia de

Produto, quando o produto for tecnicamente complexo. Nas empresas do ramo terciário, o desenvolvimento do produto fica subordinado à área de Marketing, como ocorre em bancos, lojas de departamentos e na maioria das empresas de serviços.

- **Engenharia Industrial**: é a área da GP que cuida das seguintes atividades: arranjo físico e *layout*, processo produtivo, tempos e movimentos (estudos de eficiência do trabalho) etc. Nas empresas do ramo terciário, essas atividades são fornecidas pelo órgão de Organização e Métodos (O&M).
- **PCP**: é a área da GP responsável por planejar e controlar a produção de acordo com a demanda e levando em conta a capacidade produtiva da empresa.
- **Produção propriamente dita**: também denominada manufatura, é a área da GP que cuida das operações de produção e, portanto, da transformação de matérias-primas em produtos acabados. Quando se trata de empresas do ramo primário, é a área que cuida da extração ou prospecção da matéria-prima. Quando se trata de empresas do ramo terciário, é a área que cuida da produção dos serviços e operações que a empresa presta ao mercado.
- **Administração de materiais**: é a área da GP que cuida da busca, do aprovisionamento e do abastecimento dos materiais e matérias-primas necessários à produção dos bens ou serviços da empresa. Nessa área, estão incluídos Compras, Suprimentos e Logística.
- **Controle de qualidade**: é a área da GP que cuida da inspeção dos produtos e serviços executados, bem como dos processos produtivos para verificar se estão de acordo com as especificações da Engenharia de Produto.
- **Manutenção**: é a área da GP que cuida da preservação dos recursos físicos e materiais da empresa, isto é, de prédios, instalações, máquinas, equipamentos. Muitas vezes, cabe à manutenção a ampliação e os estudos de modificações dos recursos físicos e materiais.

A Figura 1.8 permite uma visualização simplificada dos componentes que formam uma estrutura convencional da GP.

```
                    Administração da
                 produção e operações
   ┌──────┬───────┬──────┬──────┬──────┬──────┬──────┐
Desenvolvimento  Engenharia  Planejamento  Produção  Gestão de  Controle de  Manutenção
de produtos      industrial  e controle    (manufatura)  materiais  qualidade
                             da produção
```

Figura 1.8 Componentes principais da GP.

Em muitas empresas do ramo secundário, alguns desses órgãos componentes podem ser ampliados ou reduzidos (ou ainda eliminados), conforme o P/S produzido, o sistema de produção empregado e a tecnologia utilizada. Algumas empresas que utilizam tecnologia de ponta (tecnologia sofisticada e em constante desenvolvimento) utilizam um órgão de Pesquisa e Desenvolvimento (P&D) para pesquisar e desenvolver produtos, processos e tecnologias relacionadas ao desenvolvimento e à criação de novos e inovadores produtos e serviços, bem como ferramentas tecnológicas relacionadas com o processo produtivo.

1.8.2 Relacionamentos internos da Gestão da Produção

Para poder funcionar da melhor maneira possível e alcançar seus objetivos de eficiência e eficácia, a GP mantém um dinâmico inter-relacionamento com os demais órgãos da empresa:

- **P&D**: a GP recebe da área de P&D o projeto do produto com suas especificações, componentes e materiais, bem como proporciona retroação quanto ao projeto no sentido de melhorá-lo cada vez mais.
- **Marketing**: a GP se relaciona com a área mercadológica da empresa de diversas maneiras. Em primeiro lugar, a produção geralmente é realizada para atender à previsão de vendas que a área mercadológica estabelece. Assim, o maior cliente interno da GP é a área mercadológica da empresa. Em segundo lugar, enquanto a GP produz, a área mercadológica comercializa. Ambas as áreas devem trabalhar em íntimo inter-relacionamento. Contudo, na maior parte das empresas, existe um profundo conflito entre a GP e a área de Marketing quando ambas não estão bem inter-relacionadas: em geral, a área mercadológica culpa a área de produção quando vende e não consegue entregar os produtos ainda não acabados, e a área de produção acusa a área mercadológica quando produz e a produção fica armazenada no depósito de produtos acabados.
- **Finanças**: a GP se relaciona com a área financeira da empresa para poder estabelecer os critérios de compras (financiamento das compras) e do suprimento de matérias-primas (financiamento da estocagem dos materiais), bem como valores, custos e investimentos.
- **RH**: a GP se relaciona com a área de RH da empresa para obter recrutamento e seleção de pessoas, treinamento de pessoal, condições de higiene e segurança do trabalho, pagamento de salários e concessões de benefícios, bem como todo o apoio e suporte na gestão das pessoas.

Figura 1.9 Inter-relacionamentos da GP.

Esses inter-relacionamentos mostram o grau de dependência mútua entre as diversas áreas da empresa para poderem alcançar os objetivos empresariais da melhor maneira possível. Contudo, o papel da área de Produção e Operações constitui quase sempre o núcleo de energia da empresa, o coração que pulsa e abastece todo o organismo empresarial. Aquele que é responsável pelo produto ou serviço que é parte integrante e fundamental da missão do negócio. Afinal, a empresa existe para oferecer algo de valor ao mercado, algo que traga a satisfação de necessidades e expectativas. Se isso não ocorrer, todo o trabalho empresarial fica sem sentido, sem clientes, sem retorno e sem futuro algum.

1.8.3 Relacionamentos externos da Gestão da Produção

Não é surpresa que a GP mantenha íntimos relacionamentos com o exterior da empresa. São contatos vitais para o sucesso em suas operações internas, tais como:

- **Fornecedores**: o contato permanente com fornecedores de insumos – tais como matérias-primas, materiais, componentes, tecnologias, máquinas, equipamentos, logística e transporte externos, água e energia elétrica, serviços de manutenção, serviços diversos (como consultoria externa, propaganda, auditoria etc.) – é fundamental, pois a GP depende muito desses insumos altamente diferenciados e necessários.
- **Distribuidores**: no sentido de agilizar as entregas de produtos acabados ou serviços oferecidos ao mercado.
- **Clientes e consumidores**: no sentido de ouvir e entender as expectativas e necessidades da clientela da empresa e tomar as devidas providências de melhorias ou mesmo corretivas, já que o foco básico da GP é o cliente, e não mais o foco no produto, tal como acontecia antigamente.

1.8.4 Compromissos da Gestão da Produção

Ao lado da missão organizacional, a GP deve obrigatoriamente atender a vários compromissos e responsabilidades de ordem financeira (sustentabilidade econômica da empresa para assegurar sua viabilidade econômica e financeira), social (sustentabilidade social) e ambiental (sustentabilidade ecológica).

- **Valores**: a GP deve pôr em prática valores organizacionais que possam nortear o comportamento das pessoas que dela participam:
  - **Vocação de serviço**: pois o cliente é a razão de ser da empresa, e a satisfação do cliente é fundamental para o sucesso do negócio.
  - **Coerência**: porque deve fazer exatamente aquilo que diz, nunca abaixo disso.
  - **Excelência**: porque faz as coisas com profissionalidade, agilidade, eficiência e eficácia.
  - **Proximidade**: e abertura, porque lhe agrada compartilhar, escutar o cliente, sentir que está fazendo o melhor.
  - **Inovação**: porque mira um futuro melhor, antecipando-se para ser cada dia melhor e mais bem-sucedida.
- **Compromissos públicos**: a GP deve ajudar a empresa a realizar certos compromissos, por exemplo:
  - Cumprir com toda a legislação e obrigações regulatórias nacionais e internacionais.
  - Assegurar que as normas e os regulamentos internos se fundamentem em critérios éticos alinhados com os princípios e valores da empresa.
  - Atuar contra qualquer forma de discriminação em razão de gênero, etnia, idade, nacionalidade, incapacidade, religião ou ideologia.
  - Incrementar os canais adequados para o tratamento de qualquer queixa, reclamação ou denúncia e garantindo sempre sua confidencialidade.
  - Identificar e avaliar continuamente os riscos que afetem os colaboradores, o negócio ou os *stakeholders*.

- **Compromissos internos**: a GP também precisa necessariamente atender a certas obrigações relacionadas com seu público interno, ou seja, seus colaboradores:
  - Proteger a saúde de seus colaboradores em seu trabalho.
  - Oferecer formação e desenvolvimento de competências, além de proporcionar aos colaboradores as oportunidades e as ferramentas necessárias.
  - Fomentar a igualdade de oportunidades e não permitir ações que suponham discriminação direta ou indireta.
  - Observar rigorosamente as medidas de segurança e higiene no trabalho, evitando pôr em risco a saúde e a integridade física dos colaboradores.
  - Proteger a informação pessoal e respeitar sua privacidade.
  - Assegurar que os processos de seleção, promoção interna, formação, avaliação do desempenho, retribuição e recompensas estejam baseados em critérios de competência, criação de valor e mérito profissional.
- **Papel do gestor de produção**: a GP exige que o gestor assuma certas responsabilidades e compromissos pessoais e profissionais:
  - Ser uma referência pessoal e profissional para sua equipe e colaboradores por meio de uma conduta de liderança apoiadora e de total integridade.
  - Ser um constante exemplo dos princípios e valores adotados pela empresa, bem como em todos os compromissos assumidos com os clientes e demais *stakeholders*.
  - Assegurar que todos os colaboradores tenham continuamente oportunidades de aprendizado, conhecimento, habilidades e atitudes que os conduzam ao crescimento individual ao mesmo tempo em que incrementem o capital humano da empresa.

É isso aí. Para que o fenômeno da produção na empresa seja algo bonito de se ver, maravilhoso para se sentir, agradável de nele participar e excelente para se gerir, torna-se necessário abordá-lo tanto do ponto de vista técnico e racional quanto do ponto de vista humano e social, sem se esquecer de sua finalidade precípua e fundamental: servir ao cliente, encantá-lo e fidelizá-lo, e, com isso, proporcionar vantagens competitivas para a organização.

QUESTÕES PARA REVISÃO

1. Defina organização.
2. O que se pretende dizer com sociedade de organizações?
3. Defina organização social.
4. Qual é o papel das organizações?
5. Defina empresa.
6. Classifique as empresas quanto à propriedade.
7. Qual é a diferença entre empresas públicas, privadas e mistas?
8. Classifique as empresas quanto ao seu tamanho.
9. Qual é a diferença entre empresas grandes, médias e pequenas?
10. Defina miniempresa, microempresa e empresa individual.

11. Classifique as empresas quanto ao tipo de produção.
12. O que são empresas primárias?
13. O que são empresas secundárias?
14. O que são empresas terciárias?
15. O que são fatores de produção?
16. O que são recursos?
17. Quais são os principais recursos empresariais?
18. A que áreas correspondem os principais recursos empresariais?
19. Defina recursos materiais ou físicos.
20. Defina recursos financeiros.
21. Defina recursos humanos.
22. Defina recursos mercadológicos.
23. Defina recursos administrativos.
24. Explique a terminologia norte-americana utilizada para os recursos empresariais.
25. Faça a correspondência entre fatores de produção e recursos empresariais.
26. O que é capital financeiro?
27. O que é capital econômico?
28. Conceitue GP.
29. Defina eficiência.
30. Defina eficácia.
31. Como conciliar eficiência com eficácia?
32. O que é produtividade?
33. O que é racionalização?
34. O que é competitividade?
35. Descreva a estrutura organizacional da GP.
36. Explique o órgão de Desenvolvimento de Produto.
37. Explique o órgão de Engenharia Industrial.
38. Explique o órgão de PCP.
39. Explique o órgão de produção propriamente dita.
40. Explique o órgão de Administração de Materiais.
41. Explique o órgão de Controle de Qualidade.
42. Explique o órgão de Manutenção.
43. Quando o órgão de Desenvolvimento de Produto fica subordinado à área de Marketing?
44. Explique o órgão de O&M.
45. Explique o órgão de P&D.
46. Quais são os inter-relacionamentos da GP com as demais áreas?
47. Por que a GP se inter-relaciona com a área financeira?

48. Por que a GP se inter-relaciona com a área de RH?
49. Por que a GP se inter-relaciona com a área mercadológica?
50. Explique os conflitos entre as áreas de Produção e de Marketing.

REFERÊNCIAS

1. CHIAVENATO, I. *Recursos Humanos*: o capital humano das organizações. 11. ed. São Paulo: Atlas, 2020.
2. CHIAVENATO, I. *Recursos Humanos*: o capital humano das organizações, *op. cit.*
3. CHIAVENATO, I. *Recursos Humanos*: o capital humano das organizações, *op. cit.*
4. CHIAVENATO, I.; SAPIRO, A. *Planejamento estratégico*: da intenção aos resultados. 4. ed. São Paulo: Atlas, 2020.
5. CHIAVENATO, I. *Gestão de pessoas*: o novo papel da gestão do talento humano. 5. ed. São Paulo: Atlas, 2020.
6. CHIAVENATO, I. *Introdução à Teoria Geral da Administração*: uma visão abrangente da moderna administração das organizações. 10. ed. São Paulo: Atlas, 2020.
7. CHIAVENATO, I. *Introdução à Teoria Geral da Administração*: uma visão abrangente da moderna administração das organizações, *op. cit.*
8. CHIAVENATO, I. *Administração nos novos tempos*: os novos horizontes em administração. 4. ed. São Paulo: Atlas, 2020.
9. CHIAVENATO, I. *Introdução à Teoria Geral da Administração*: uma visão abrangente da moderna administração das organizações, *op. cit.*
10. CHIAVENATO, I. *Introdução à Teoria Geral da Administração*: uma visão abrangente da moderna administração das organizações, *op. cit.*

2 PRODUTOS/SERVIÇOS

O QUE VEREMOS ADIANTE

- O longo caminho no projeto dos produtos/serviços (P/S).
- Classificação dos P/S.
- Componentes dos P/S.
- Ciclo de vida dos P/S.
- Matriz BCG.
- Desenvolvimento dos P/S.

Todo dia, milhares e milhares de pessoas utilizam produtos e serviços das mais variadas características para atender às suas mais variadas necessidades e desejos. Todo esse enorme volume de produtos e serviços é oferecido nos mercados por uma infinidade de organizações que os criam, projetam, produzem ou operam de maneira incessante e continuada. Cada empresa concentra todo seu *know-how* e suas competências para produzir melhor e mais barato do que as outras. Isso é competição. A competição significa utilizar vantagens competitivas – como qualidade, preço, características, facilidade de manuseio, embalagem adequada, custos baixos – para conquistar a clientela. Uma verdadeira maratona para derrubar o concorrente e ficar em primeiro lugar na preferência do cliente. O produto ou serviço oferecido é a principal arma dessa feroz e renhida luta que ocupa todos os espaços da empresa.

INTRODUÇÃO

A empresa – como um todo – trabalha para produzir determinado produto ou prestar certo serviço ao mercado. É um esforço contínuo e conjugado. O produto produzido ou o serviço prestado constitui o resultado final de todas as operações da empresa. É a consequência final de um conjunto integrado e sistêmico de atividades recorrentes e cotidianas. Se apreciarmos a empresa como um sistema aberto, o produto ou serviço representa a principal saída ou resultado (*output*) do sistema, conforme representado na Figura 2.1.

Figura 2.1 Empresa como um sistema aberto.[1]

O produto ou o serviço representa aquilo que a empresa sabe fazer e produzir. E, se possível, melhor do que nenhuma outra empresa. Constitui a própria vocação da empresa e parte de sua missão de servir à sociedade. O produto ou serviço representa todo o arsenal de conhecimentos e competências que a empresa consegue criar, reunir, integrar, desenvolver e transformar em resultado de suas operações. Porém, raramente a empresa produz um único produto ou um único serviço. O que ocorre frequentemente é a produção de uma extensa linha de produtos ou de serviços para atender a uma gama enorme e diferenciada de necessidades do mercado e aproveitar totalmente as vantagens do esquema de produção e comercialização. Em função disso, a empresa pode criar, desenvolver e produzir uma ampla matriz de produtos e serviços. Esta é sua finalidade: criar, produzir e oferecer algo de valor para o mercado. Mas não qualquer coisa, e sim o melhor possível. Qualidade, hoje, é uma obrigação, e não mais apenas uma vantagem competitiva.

Na realidade, cada produto ou cada serviço apresenta características próprias, como marca, embalagem, tamanho, custo, qualidade, preço, funcionalidade etc. Como veremos adiante, a Gestão da Produção (GP) deve, simultaneamente, adequar-se inteiramente às características do produto/serviço (P/S) produzido e proporcionar condições para seu contínuo desenvolvimento rumo à inovação. Deveria ser sempre assim.

2.1 O LONGO CAMINHO NO PROJETO DO PRODUTO/SERVIÇO

Ao longo dos tempos, as empresas cuidaram de projetar e desenvolver seus P/S de maneiras diferentes:[2]

- Na Idade Média, os artesãos – nossos ancestrais em termos de criadores de produtos – atendiam às necessidades específicas de seus clientes, que determinavam exatamente o que queriam em relação a características, formas e conteúdo do produto que encomendavam. Até certo ponto, era o consumidor que definia as características do produto que o artesão deveria produzir em sua oficina.
- Com o surgimento da Era Industrial, a produção em escala maior provoca a necessidade de padronização dos produtos e, posteriormente, dos processos de produção. A fábrica passou a requerer condições de reduzir custos, melhorar a qualidade e produzir com maior rapidez. Com isso, o consumidor perdeu o comando sobre as características do produto que passou para o projetista, que nem sempre consultava o mercado para definir as especificações do produto.

- No início do século 20, surge a produção em massa – produção em linha de montagem de grandes volumes de produtos padronizados – com a preocupação de aumentar a produtividade e reduzir os custos de produção. Henry Ford justificava essa preocupação ao dizer que todo cliente pode ter um automóvel de qualquer cor desde que ela seja preta. Os engenheiros projetavam o produto segundo seus padrões internos de custos, produtividade e qualidade (aqui entendida como a aderência às especificações do produto), transferindo ao órgão de vendas o desafio de colocar o produto no mercado. Nessa época, surgiu a Engenharia Industrial como instrumento de racionalização do trabalho, medição de tempos, estabelecimento de padrões e projeto do produto e de sua produção. A base do sistema era produzir em larga escala para proporcionar lucros e retornos imediatos.

- Logo após a Segunda Guerra Mundial, as empresas japonesas criaram estratégias para exportação de seus produtos tendo por base o conceito de qualidade como o atendimento às necessidades do cliente. A qualidade deixou de ser um atributo internamente definido para se tornar um atributo preferido pelos consumidores. É o cliente que define a qualidade de um produto por meio da sua preferência e satisfação pelo seu uso. Aos poucos, as empresas passaram a antes pesquisar o mercado para depois definir as características de seus produtos e adequá-los às expectativas e necessidades do consumidor. A base do sistema passou a ser ouvir a voz do mercado e conhecer o que o cliente quer, prefere e deseja. O cliente passou a ser tratado como um rei que decide aquilo que quer comprar e define o sucesso do produto e da empresa que o produz. Então, para ser competitiva, a empresa precisa antes conhecer o cliente e suas características e necessidades específicas, para, então, projetar o produto que ele desejaria comprar. Identificar as necessidades do cliente para então satisfazê-las e ultrapassá-las passam a ser os dois critérios fundamentais da competitividade. Concorrer com sucesso frente aos concorrentes depende de inteligentemente focar o cliente e suas aspirações. Até certo ponto voltamos à era dos antigos artesãos que produziam para atender especificamente ao pedido de seus clientes.

Foco na manufatura (+)

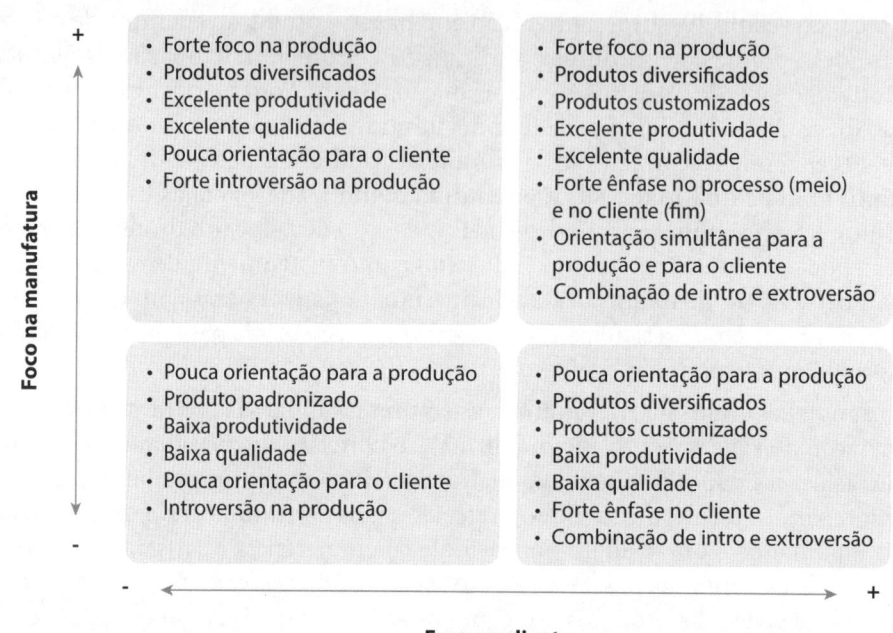

- Forte foco na produção
- Produtos diversificados
- Excelente produtividade
- Excelente qualidade
- Pouca orientação para o cliente
- Forte introversão na produção

- Forte foco na produção
- Produtos diversificados
- Produtos customizados
- Excelente produtividade
- Excelente qualidade
- Forte ênfase no processo (meio) e no cliente (fim)
- Orientação simultânea para a produção e para o cliente
- Combinação de intro e extroversão

- Pouca orientação para a produção
- Produto padronizado
- Baixa produtividade
- Baixa qualidade
- Pouca orientação para o cliente
- Introversão na produção

- Pouca orientação para a produção
- Produtos diversificados
- Produtos customizados
- Baixa produtividade
- Baixa qualidade
- Forte ênfase no cliente
- Combinação de intro e extroversão

Foco no cliente

Figura 2.2 Da introversão na manufatura para a extroversão no cliente.

2.2 CLASSIFICAÇÃO DOS PRODUTOS/SERVIÇOS

Existe uma infinidade de tipos de P/S. Por essa razão, existem algumas classificações que facilitam sua compreensão e comparação. Usaremos dois tipos de classificação: a classificação em bens (produtos) ou serviços e a classificação em P/S concretos ou abstratos. Vejamos cada uma delas.

2.2.1 Classificação em bens ou serviços

A classificação mais simples e mais conhecida distingue os produtos como bens (ou mercadorias) e serviços.

- **Bens ou mercadorias**: são produtos físicos tangíveis e visíveis, como um pão, uma lâmpada, um eletrodoméstico, uma mesa, um automóvel, uma máquina, um cigarro etc. Os bens podem ser tocados, vistos, ouvidos ou degustados, por serem compostos de materiais físicos e visíveis. Têm cores, tamanhos e ocupam espaço. Os bens podem ser destinados ao consumo ou à produção de outros bens ou serviços.
  - **Bens de consumo**: quando os bens são destinados direta ou indiretamente ao consumidor ou usuário final, são chamados de bens de consumo. São as roupas, os produtos de higiene, os eletrodomésticos, os alimentos etc. Os bens de consumo podem ser desdobrados em duráveis, semiduráveis e perecíveis (ou não duráveis).

- **Bens de consumo duráveis:** são aqueles cujo consumo pode ser feito ao longo do tempo ou cuja utilização pode ser feita regularmente durante um prazo relativamente longo. Sua permanência em estoque pode ser prolongada, pois em nada altera suas características. É o caso dos eletrodomésticos, dos automóveis, dos móveis e utensílios domésticos etc., que podem ser usados durante anos a fio.
- **Bens de consumo perecíveis (ou não duráveis):** são aqueles cuja duração é restrita no tempo, porque podem se deteriorar. Geralmente, têm um prazo definido de vida útil e não podem permanecer estocados durante muito tempo. É o caso dos alimentos que devem ser consumidos rapidamente (como as frutas, as carnes, os legumes, os peixes etc.) ou os produtos com vida útil predeterminada (como os laticínios, os remédios, os filmes fotográficos etc.) Logicamente, os bens de consumo perecíveis devem chegar rapidamente às mãos do consumidor para seu uso, antes que se deteriorem ou que percam suas qualidades básicas. Os bens semiduráveis são aqueles que devem ser consumidos durante um prazo menor do que os bens duráveis, pois seu uso acarreta desgaste do produto. Sua estocagem, contudo, pode ser prolongada no tempo. É o caso do vestuário e dos calçados.
- **Bens de produção:** quando os bens são destinados à produção de outros bens ou serviços, são chamados de bens de produção ou bens de capital. Recebem também o nome de bens industriais. É o caso de máquinas operatrizes, prensas, teares, transportadores, tratores, computadores, empilhadeiras etc. Ninguém leva para casa uma prensa hidráulica para consumir. Quem deve comprá-la é uma empresa industrial para então produzir outros bens ou mercadorias. Os bens de produção são utilizados para a produção de outros bens ou serviços, como as máquinas de escrever, de calcular, os caminhões, as linhas de montagem, as máquinas e equipamentos industriais etc.

Muitas vezes, um mesmo bem pode ser orientado para o consumo ou para a produção. Se uma pessoa compra um automóvel para seu próprio uso, temos um bem de consumo; mas, se o automóvel é utilizado como táxi, temos um bem de produção de serviços. Se ela compra um computador para a comunicação com terceiros, temos um bem de consumo; mas se o computador é utilizado em um escritório de empresa, temos um bem de produção. E assim por diante.

Quando um bem de produção integra o patrimônio da empresa e faz parte do seu ativo fixo, passa a ser chamado de bem de capital. Todavia, nem sempre os bens de produção pertencem efetivamente à empresa. Eles podem ser alugados ou arrendados (*leasing*), como é o caso dos prédios ou edifícios, dos computadores, das frotas de caminhões ou ônibus, de determinadas máquinas e equipamentos industriais etc. e que, embora trabalhem no interior da empresa, não fazem parte de seu patrimônio ou de seu capital.

As empresas que produzem bens ou mercadorias são geralmente denominadas indústrias ou empresas industriais. Elas estão voltadas para o mercado de consumo (quando produzem bens de consumo) ou para o mercado industrial (quando produzem bens de produção). As empresas industriais podem ser primárias ou secundárias, conforme vimos no capítulo anterior.

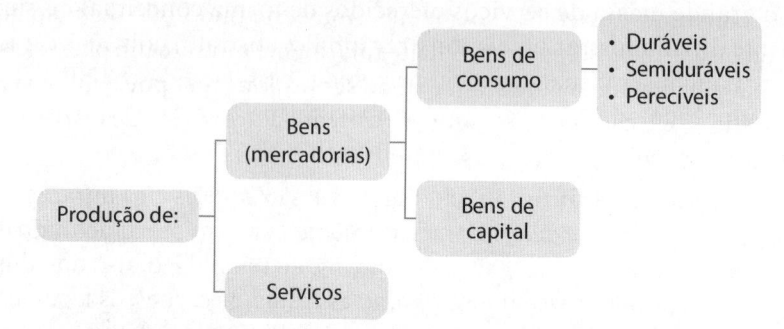

```
Produção de: ┬── Bens         ┬── Bens de      ── • Duráveis
             │   (mercadorias)│   consumo        • Semiduráveis
             │                │                  • Perecíveis
             │                └── Bens de
             │                    capital
             └── Serviços
```

Figura 2.3 Classificação de bens e serviços quanto à sua destinação.

- **Serviços**: além dos bens ou mercadorias, existem os serviços. Os serviços são atividades especializadas que as empresas oferecem ao mercado. São produtos que nem sempre se pode manipular com as mãos. Podem assumir uma enorme variedade de características e de especializações. É o caso da propaganda, advocacia, consultorias, hospitais, bancos, financeiras, escolas e universidades, clubes, transportes, segurança, logística, energia elétrica, comunicações, rádio e televisão, jornais e revistas etc. Há uma variedade considerável de empresas prestadoras de serviços, cuja missão é oferecer atividades especializadas ao mercado.

As empresas que produzem serviços são geralmente denominadas empresas não industriais ou empresas de serviços. Recebem ainda o nome de empresas terciárias, conforme vimos no capítulo anterior.

Para abranger a totalidade das empresas – sejam elas produtoras de produtos, sejam prestadoras de serviços –, muitas vezes nos referimos a P/S como resultantes das operações das empresas. Bens (ou mercadorias) ou serviços (atividades especializadas) são os P/S (resultado) das empresas. Constituem a consequência de suas atividades e operações de produção. Assim, produção é a atividade de produzir, enquanto o P/S é o resultado dessa atividade produtiva. Não devemos omitir que as empresas – como todos os demais tipos de organizações – existem para produzir alguma coisa.

2.2.2 Classificação de produtos/serviços concretos ou abstratos

Outra classificação procura separar os produtos concretos dos produtos abstratos:[3]

- **Produto concreto**: é o P/S que pode ser descrito com grande precisão, identificado com grande especificidade, medido e avaliado. É o produto fisicamente palpável e tangível, como o automóvel, as utilidades domésticas e a grande massa de produtos ou serviços fisicamente visíveis e identificáveis. É relativamente fácil mostrar e demonstrar um P/S concreto por meio da imagem e do som, pois suas características físicas são aparentes. O P/S concreto pode ser comparado quanto a sua qualidade, seu acabamento, sua cor ou textura, seu tamanho, sua embalagem etc. Os produtos concretos são também denominados artigos ou mercadorias.
- **Produto abstrato**: é o P/S que não permite descrição precisa nem identificação e especificação adequadas. É o P/S que não tem correspondente físico, como o ensino ou a educação, os serviços de rádio, informação e propaganda falada, boa parte da atividade

política e a grande massa de serviços oferecidos de forma conceitual ou simbólica. É relativamente difícil mostrar ou demonstrar um P/S abstrato, pois suas características nem sempre podem ser visualizadas ou percebidas com facilidade. O P/S abstrato não pode ser comparado ou apreciado quanto a sua forma, cor, tamanho, características físicas, acabamento etc.

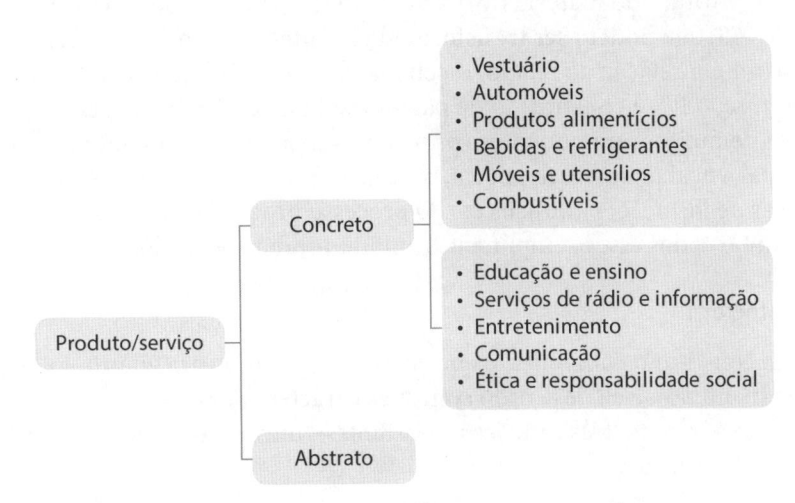

Produto/serviço
- Concreto
  - Vestuário
  - Automóveis
  - Produtos alimentícios
  - Bebidas e refrigerantes
  - Móveis e utensílios
  - Combustíveis
  - Educação e ensino
  - Serviços de rádio e informação
  - Entretenimento
  - Comunicação
  - Ética e responsabilidade social
- Abstrato

Figura 2.4 Classificação do P/S quanto à sua configuração.

As empresas que produzem P/S concretos têm mais facilidade em avaliar as características e a qualidade de seus produtos. Por outro lado, as empresas que produzem P/S abstratos têm enorme dificuldade em avaliar as características e a qualidade, porque estas não se apresentam facilmente em seus produtos. É o caso das agências de propaganda, hospitais, bancos, financeiras, escolas e universidades, bem como da maioria das empresas do ramo terciário.

2.3 COMPONENTES DOS PRODUTOS/SERVIÇOS

Dá-se o nome de componentes aos diversos aspectos que proporcionam as características físicas dos P/S, da mesma maneira que o conjunto das partes constitui o sistema. Assim, o P/S é mais do que a soma dos componentes, pois a reunião destes deve produzir o efeito de sinergia.

Todo P/S – com exceção dos abstratos – apresenta dois tipos de dimensões: as dimensões tangíveis e as intangíveis.

1. **Dimensões tangíveis**: são proporcionadas pelas características físicas do P/S, como tamanho, cor, textura, resistência, volume, qualidade etc. As dimensões tangíveis podem ser vistas e comprovadas fisicamente. A máquina fotográfica pode ser apresentada como um corpo composto por objetiva e acessórios com características mensuráveis e definidas.

2. **Dimensões intangíveis**: são características do P/S que não podem ser comprovadas e que variam para cada pessoa em função da utilidade que o P/S representa e dos benefícios que traz a cada pessoa. A máquina fotográfica pode ser um objeto de estimação e de boas lembranças ao registrar a família ou um meio de autoexpressão e de criatividade artística, ou, ainda, um bem de produção para determinado profissional.

Para a GP, os componentes representam apenas as dimensões tangíveis do P/S e que devem ser a ele incorporadas no decorrer de seu processo produtivo. Assim, os componentes do P/S podem ser:

2.3.1 Composição do produto/serviço

Todo P/S é constituído de matérias-primas. Matéria-prima é todo material que é parte integrante do P/S, que poderá ser transformada ou alterada. É o caso do trigo em relação à farinha, do fio em relação ao tecido, da chapa de aço em relação ao automóvel etc.

Quase sempre, o P/S é constituído de partes e subpartes. Uma geladeira, por exemplo, é constituída de muitos componentes (partes ou subpartes), como: motor e compressor, corpo principal, encaixe do *freezer*, porta, rede de tubulações, circuito elétrico, termostato, peças plásticas de forração, parafusos etc. O processo produtivo é, em essência, o trabalho de reunir e juntar todos esses componentes em um produto acabado.

2.3.2 Embalagem

A embalagem constitui o componente que envolve o produto para guardá-lo ou protegê-lo da melhor maneira possível, de acordo com suas características.

A embalagem apresenta três funções importantes: funções técnicas, funções logísticas e funções de comunicação.

1. **Funções técnicas**: a embalagem atende a funções técnicas quando é projetada para guardar o produto e protegê-lo para resistir a quedas ou choques e preservá-lo contra a umidade ou intempéries, principalmente quando o produto é frágil ou sujeito a deterioração quando exposto a ambientes diferentes.
2. **Funções logísticas**: a embalagem atende a funções logísticas quando é projetada para facilitar o manuseio, transporte, empilhamento ou estocagem do produto. A preocupação aqui está voltada para a movimentação do produto, principalmente quando é de grande tamanho e peso.
3. **Funções de comunicação**: a embalagem atende a funções de comunicação quando procura melhorar o visual e a apresentação externa do produto, para dar melhor impressão e diferenciá-lo dos demais produtos concorrentes quando exposto em prateleiras ou em vitrines. A preocupação aqui está voltada para o *merchandising* (apresentação visual do produto ao consumidor). O desenho atraente e prático da embalagem passou a ser importante elemento de comunicação e de diferenciação do produto para ressaltá-lo em relação aos produtos concorrentes.

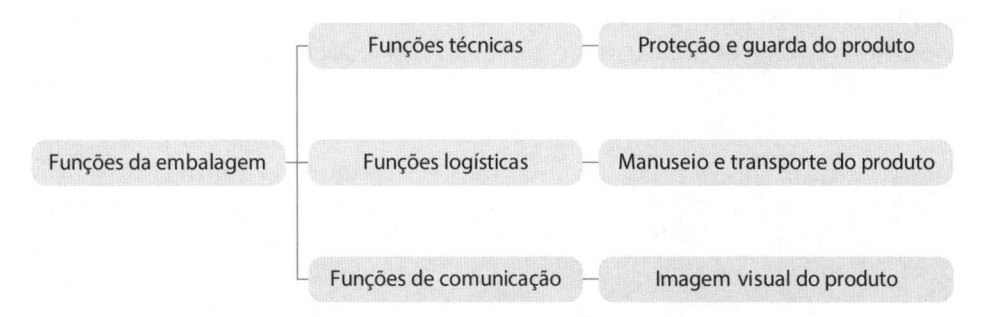

```
Funções da embalagem
├── Funções técnicas     ── Proteção e guarda do produto
├── Funções logísticas   ── Manuseio e transporte do produto
└── Funções de comunicação ── Imagem visual do produto
```

Figura 2.5 Três funções básicas da embalagem.

As funções técnicas e logísticas constituem, basicamente, problemas de engenharia, enquanto as funções de comunicação constituem problemas de marketing.

Existem vários tipos de embalagens que dependem das características do produto:

- **Embalagem de madeira ou de papelão**: quando a embalagem é feita de caixas, caixotes de madeira ou papelão duro ou ondulado. Exemplos: embalagens de geladeiras e fogões, de aparelhos de som e TV, de bonecas e brinquedos, de sapatos etc.
- **Tambores metálicos**: servem para produtos líquidos de todo o tipo, produtos sólidos, pastosos, fluidos, semifluidos, em pó, granulados etc. Apresentam grande resistência e durabilidade, podendo ser reutilizados indefinidamente em alguns casos. Sua desvantagem está no custo mais elevado. Exemplos: tambores de gasolina ou de produtos petroquímicos, latas de óleo, de tinta, de lubrificantes, de graxa ou de limpeza, de leite em pó, de aveia etc.
- **Recipientes plásticos**: constituem o tipo de embalagem mais diversificado e com enormes variações. Quando fechados, podem se destinar ao transporte e ao armazenamento de líquidos ou pós. Quando abertos, podem servir a produtos em estado sólido. Têm a vantagem do custo mais baixo, do menor peso e de grande versatilidade quanto a formatos, desenhos e tamanhos. Exemplos: recipientes de produtos químicos em líquido ou em pó, embalagens de cola para papel, madeira ou plásticos, pasta dental, creme para barbear, embalagens de produtos de beleza, de produtos alimentícios, garrafas plásticas de refrigerante etc.
- **Embalagens convencionais de vidro**: como garrafas para cerveja ou refrigerantes, garrafas de água mineral, de produtos de limpeza etc.

2.3.3 Qualidade

A qualidade do P/S constitui o componente mais difícil de definir ou comprovar, principalmente quando for abstrato e de difícil definição. Quando o P/S é concreto e físico, a qualidade pode ser medida e avaliada com mais facilidade. Assim, torna-se importante distinguir entre qualidade intrínseca e qualidade extrínseca.

- **Qualidade intrínseca**: é a qualidade inerente ao P/S, isto é, aquela que existe objetiva e concretamente e que pode ser avaliada e mensurada por meio de padrões e especificações. A qualidade intrínseca é determinada pelo produtor do P/S e depende da adequação e da conformidade com medidas e especificações previamente definidas.

- **Qualidade extrínseca**: é a qualidade que a pessoa subjetivamente percebe ou imagina. Ela é constituída pelos aspectos extrínsecos que cada pessoa acha que o P/S tem. A qualidade extrínseca é imaginada pelo consumidor ou usuário do P/S. Ela significa a aceitabilidade de um P/S pelo mercado.

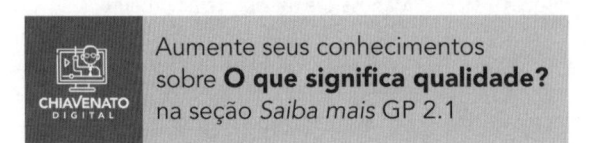

> Aumente seus conhecimentos sobre **O que significa qualidade?** na seção *Saiba mais* GP 2.1

Um elevado nível de qualidade intrínseca tem pouco valor se não for acompanhado de uma percepção subjetiva por parte do consumidor ou usuário.

2.3.4 Custo

Custo é a soma dos encargos assumidos pela empresa para obter recursos (ou fatores de produção) utilizados na produção e na distribuição do P/S. É o volume de despesas decorrentes da produção de um produto. Esses encargos vão desde a aquisição dos recursos físicos (máquinas, equipamentos, materiais, matérias-primas, tecnologia etc.) até sua conversão em P/S acabado e sua posterior colocação no mercado.

Assim, o custo de um P/S pode ser desdobrado em custo de produção e custo de distribuição (ou custo de comercialização). O custo de produção envolve custos diretos e indiretos.

- **Custos diretos de produção**: são aqueles diretamente vinculados ao processo produtivo: matéria-prima e mão de obra direta.
- **Custos indiretos de produção**: são aqueles indiretamente vinculados ao processo produtivo: salários dos supervisores (pessoal indireto), energia elétrica, aluguel etc.

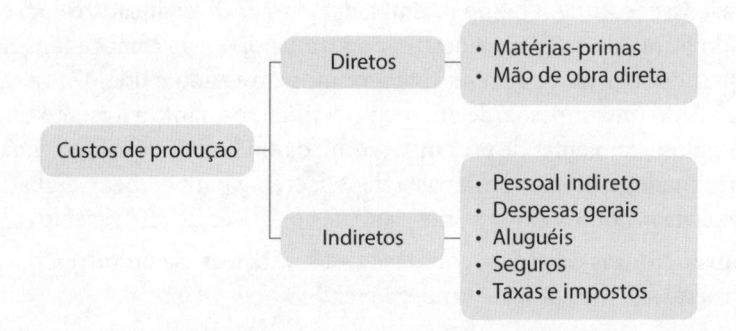

Custos de produção
- Diretos
  - Matérias-primas
  - Mão de obra direta
- Indiretos
  - Pessoal indireto
  - Despesas gerais
  - Aluguéis
  - Seguros
  - Taxas e impostos

Figura 2.6 Custos de produção de um P/S.

Os custos de distribuição referem-se às despesas da administração de vendas, às despesas financeiras e às despesas da administração geral.

2.3.5 Tempo

As empresas que atendem às necessidades de seus consumidores mais rapidamente do que seus concorrentes tendem a crescer mais depressa e de maneira lucrativa. Esse é o princípio básico da competição baseada no tempo e na rapidez de resposta de uma empresa ao oferecer mais depressa ao mercado produtos ou serviços inovadores e que fazem a diferença.

A competição baseada no tempo requer uma organização e processos de produção mais flexíveis, adaptáveis, ágeis e rápidos no sentido de mudar produtos e serviços a fim de satisfazer prontamente o cliente, concorrer, crescer e revigorar constantemente.

A competição baseada no tempo, na agilidade e na rapidez de mudança se baseia nos seguintes aspectos:

- Ela começa com empresas industriais, mas seus princípios também se aplicam a qualquer tipo de organização.
- A competição baseada no tempo é mais poderosa quando fornecedores e clientes a utilizam para redefinir como farão negócios.
- A redução de custos pode ser alcançada por meio do repensar como utilizar a rapidez para melhor servir clientes e conseguir sua fidelização.

Assim, a composição do P/S envolve os principais aspectos que formam o composto a ser considerado pela GP.

> **SAIBA MAIS** — Como produzir um produto único e diferenciado
>
> A permanência de um produto duradouro e sustentável no mercado e que vença a competição depende basicamente de dois fatores:
>
> 1. Características e atributos únicos que dificultam a cópia e a imitação pelas empresas rivais, seja em tecnologia, embalagem, *design* ou experiência para o consumidor.
> 2. Capacidade diferenciada de criar coerência e sinergia dentro da empresa com um ótimo alinhamento entre a estratégia de negócios e o portfólio de produtos.

Muitas vezes, a inovação transforma as maiores fraquezas de uma empresa nas maiores forças dela. O primeiro passo é rever as ideias da gestão de topo da empresa. Toda companhia deve possuir um líder que seja inovador, que tenha verdadeira paixão pelo seu trabalho e que participe de decisões sobre novos produtos que sejam difíceis de copiar.

2.4 CICLO DE VIDA DOS PRODUTOS/SERVIÇOS

Todo P/S tem um tempo estimado de vida no mercado: nasce, cresce, amadurece, envelhece e morre. Alguns P/S têm uma existência mais longa, enquanto outros permanecem durante pouco tempo no mercado. É o que chamamos de ciclo de vida de um P/S. O ciclo de vida está relacionado ao tempo em que um P/S consegue permanecer ativo no mercado. A vida de um P/S pode ser definida em um ciclo composto de quatro fases: introdução, crescimento, maturidade e declínio. Vejamos cada uma dessas quatro fases do ciclo de vida do P/S:

1. **Introdução**: corresponde ao nascimento do P/S, isto é, quando ele é criado, desenvolvido e lançado no mercado. É a fase inicial de introdução. Nessa fase, a produção e as vendas são pequenas e crescem lentamente, pois o P/S ainda é desconhecido. Os investimentos em propaganda e promoção são intensos. É a fase do pioneirismo, em que a GP verifica as falhas de projeto e de processo, acerta os problemas de qualidade,

elimina os problemas de matéria-prima etc. Quase sempre é uma fase que traz despesas para a empresa, as quais são assumidas como um investimento inicial para impulsionar o produto no mercado.

2. **Crescimento**: é a segunda fase do ciclo, na qual o mercado se familiariza com o P/S e a GP aprende gradativamente como melhor produzi-lo. Ocorre uma aceleração positiva nas vendas e, consequentemente, na produção. O investimento efetuado na criação e no desenvolvimento do P/S e na sua fase de introdução e lançamento começa a ser paulatinamente recuperado. Essa fase de crescimento é também denominada fase de aceitação do P/S pelo mercado.

3. **Maturidade**: ocorre quando o P/S já penetrou suficientemente no mercado e atinge um patamar elevado de vendas e de produção que se mantém inalterado. Quando o P/S atinge sua fase de maturidade, o mercado começa a ficar saturado e os concorrentes já estão lançando outras opções similares. Cada empresa concorrente procura aumentar sua participação no mercado reinvestindo parte de seu lucro. É chamada de fase de saturação do P/S.

4. **Declínio**: é a fase em que as vendas e a produção começam a decair progressivamente. À medida que são lançados novos produtos e inovações e o consumidor começa a mudar, tende a ocorrer um declínio nas vendas do produto de todos os concorrentes. As vendas e a produção caem, os lucros diminuem e as empresas deixam de produzir o P/S, partindo para outras criações e desenvolvimentos. É também chamada de fase da obsolescência.

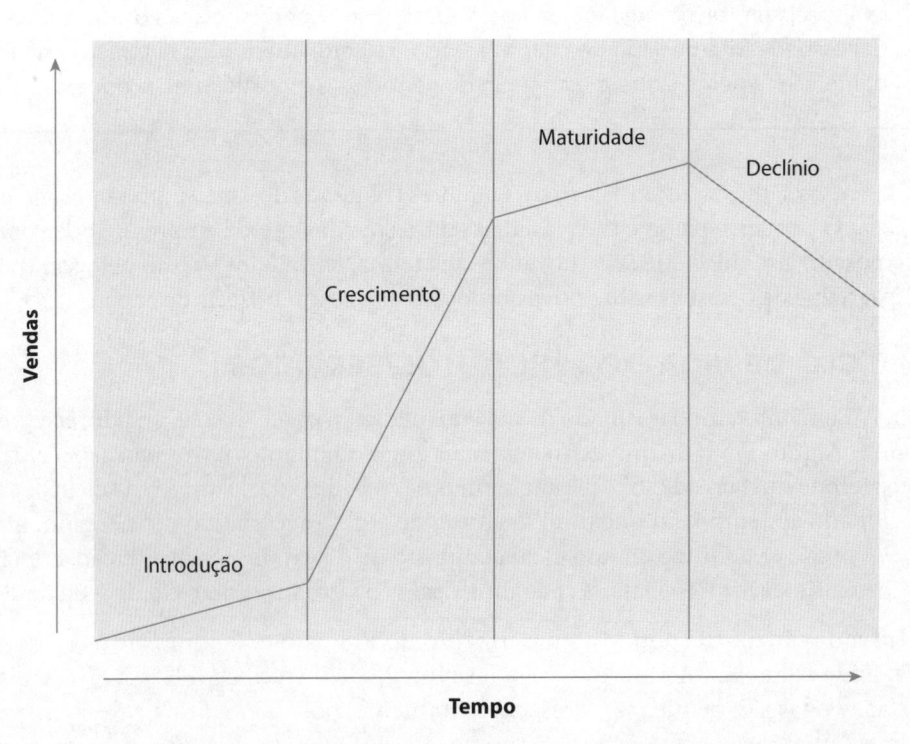

Figura 2.7 Curva do ciclo de vida de um produto.

O ciclo de vida do P/S costuma ser representado por uma curva em forma de S, denominada curva do ciclo de vida, conforme a Figura 2.7. A curva do ciclo de vida de um P/S tem enorme aplicação prática pelas seguintes razões:

- A GP é geralmente hesitante na fase de introdução, quando o P/S ainda não é bem conhecido e seu processo produtivo ainda provoca muitas surpresas. Na fase de crescimento, reduz-se a incerteza sobre sua produção e ainda se procura aumentar a eficiência. É na fase de maturidade que a GP alcança seu melhor período, quando a produção do P/S já é bem conhecida e explorada, e a eficiência atinge sua melhor marca. Na fase de declínio, já não vale mais a pena investir em eficiência. Há que se pensar em melhoria, desenvolvimento ou inovação para buscar outros produtos que ocupem o lugar do velho.

- Pelas razões anteriores, o custo do P/S é geralmente mais elevado em sua fase de introdução. Na fase de crescimento, esse custo começa a baixar gradativamente até alcançar seu nível mais baixo na fase de maturidade. A fase de declínio – pelo seu menor volume de produção – pode elevar sensivelmente o custo unitário do P/S.

- Alguns P/S apresentam um ciclo de vida extremamente longo no tempo, como no caso dos automóveis, eletrodomésticos, serviços bancários e serviços hospitalares. Outros P/S apresentam um ciclo de vida extremamente rápido, como no caso da moda feminina, que sofre grandes mudanças a cada estação do ano. O telefone celular mostra como surgem inovações capazes de tornar rapidamente obsoletos certos modelos ou produtos do mercado.

- O ciclo de vida de alguns P/S pode ser alongado e estendido no tempo por meio de algumas providências ou modificações. É para isso que existe o desenvolvimento de P/S. Pesquisa e desenvolvimento (P&D) é uma atividade utilizada pelas empresas exatamente para ampliar o ciclo de vida dos produtos no longo prazo. Há uma série de técnicas para influenciar o ciclo de vida a fim de retardar a fase de declínio.

> Aumente seus conhecimentos sobre **Ciclo de vida da empresa** na seção *Saiba mais* GP 2.2

2.5 MATRIZ BCG

Além da definição do ciclo de vida do P/S, existe também a preocupação em saber qual é a participação relativa de cada P/S no portfólio da empresa. Afinal, a empresa vive por causa da vida de seus produtos ou serviços. A Matriz BCG constitui uma análise gráfica desenvolvida por Bruce Henderson[4] para a empresa de consultoria Boston Consulting Group por volta de 1970. É também denominada análise de portfólio de produtos ou de unidades de negócios e serve para alocar recursos em atividades de gestão de marcas e produtos na área de marketing.[5] Ou melhor, serve para definir prioridades para avançar naquilo que tem melhores oportunidades de mercado.

A matriz BCG é um gráfico de dupla entrada que envolve duas dimensões:

1. **Taxa de crescimento do mercado**: no eixo *y*, em escala linear, para determinar o crescimento do mercado em relação ao crescimento de seu maior concorrente em termos de percentagem. Quanto maior o crescimento do mercado, maior é a oportunidade de

um produto também crescer em vendas e, consequentemente, em produção e tornar a empresa mais rica.

2. **Participação do produto no mercado**: no eixo x, em escala logarítmica (base 10), em relação ao maior concorrente em termos de percentagem. Quanto maior a participação de mercado (*market share*) de um produto ou quanto mais rápido o produto cresce, melhor para a empresa.

A Matriz BCG decorrente dessas duas dimensões é apresentada na Figura 2.8.

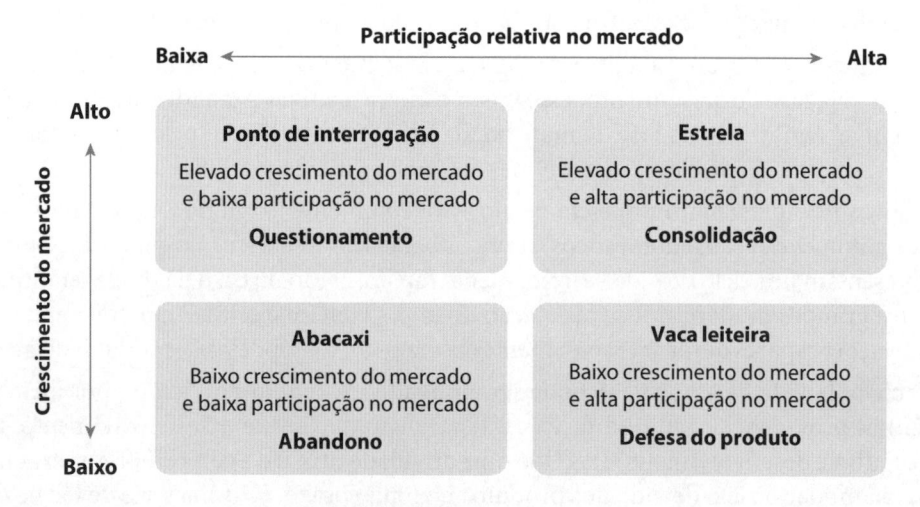

Figura 2.8 Matriz BCG.

Vejamos os significados de cada produto da Matriz BCG:

- **Estrela**: é um produto que exige elevados investimentos e que tem referências no mercado, gerando receitas ainda não muito elevadas e com taxas de crescimento potencialmente elevadas. O fluxo de caixa fica em equilíbrio entre entradas e saídas de dinheiro. Todavia, a participação de mercado deve ser mantida, pois pode se transformar em uma vaca leiteira se o mercado diminuir.
- **Vaca leiteira**: é um produto cujos lucro e volume de geração de caixa são elevados. Como o mercado já está maduro e estabilizado e com baixo crescimento, não são necessários grandes investimentos. O produto deve ser ordenhado para dar suporte a outros produtos que precisam de mais recursos. Assim, pode constituir a base principal de faturamento da empresa, já que ele tem participação elevada de mercado.
- **Ponto de interrogação**: também conhecido como produto em questionamento ou criança problemática. É um produto que tem o pior fluxo de caixa, exige elevados investimentos e pouco retorno sobre ativos, além de baixa participação de mercado. Pode absorver grandes investimentos e depois tornar-se um verdadeiro abacaxi para a empresa. Contudo, por estar em um mercado de alto crescimento, pode vir a se tornar um produto estrela, daí a interrogação a seu respeito.

- **Abacaxi**: também conhecido como cão, vira-lata ou animal de estimação. Tem pouca importância. É um produto que deve ser evitado ou cuja importância deve ser minimizada. Sua baixa participação de mercado gera poucos lucros associados a um baixo investimento devido ao crescimento de mercado quase nulo. Sua avaliação deve ser feita no sentido de posicioná-lo de maneira mais rentável e atrativa para a empresa ou até abandoná-lo quando a rentabilidade não seja possível. Assim, deve-se tomar cuidado com planos de recuperação do produto e até preferir sua retirada do mercado.

De modo geral, toda empresa precisa ter uma carteira de produtos (portfólio de produtos) com diferentes taxas de crescimento e diferentes participações no mercado. A composição desse portfólio deve ter a função de equilíbrio entre fluxos de caixa. Henderson salienta que produtos de alto crescimento exigem injeções de dinheiro em caixa para crescer, enquanto produtos de baixo crescimento devem gerar excesso de caixa. Ambos são necessários simultaneamente e a matriz deve ajudar no processo decisório da empresa sobre onde investir mais ou investir menos e de onde esperar retornos mais significativos.

Para Henderson, são necessárias quatro regras para determinar o fluxo de caixa de um produto:[6]

1. Margens e geração de caixa são funções da participação no mercado. Altas margens e alta participação no mercado andam juntas. Trata-se de uma observação comum explicável pelo efeito da curva de experiência.
2. Crescimento requer entrada de ativos financeiros. O caixa adicionado requerido para elevar a participação no mercado é uma função de índices de crescimento.
3. Elevada participação de mercado deve ser ganha ou construída. A construção de participação de mercado requer incremento adicional de investimento.
4. Nenhum produto cresce indefinidamente no mercado. O retorno do crescimento deve vir quando o crescimento diminui ou nunca virá. Esse retorno é caixa que não poderá ser reinvestido naquele produto.

Além disso, Henderson salienta o seguinte:

- O valor de um produto depende de liderar a participação em seu mercado antes que seu crescimento diminua.
- Cada produto pode eventualmente ser um gerador de caixa, caso contrário, ele é destituído de valor.
- Somente uma empresa diversificada e com um portfólio balanceado pode usar suas forças para realmente capitalizar suas oportunidades de crescimento.

A Matriz BCG tem a vantagem de não apresentar uma só estratégia para todos os produtos, bem como equilibrar a carteira de negócios e produtos em geradores e tomadores de caixa. O posicionamento de um produto ou linha de produtos em cada quadrante exige uma ação diferente da empresa, como se pode ver no Quadro 2.1.

Quadro 2.1 Posicionamento dos produtos e respectivas ações da empresa

Portfólio	Estrela	Vaca leiteira	Ponto de interrogação	Abacaxi
Crescimento do mercado Participação de mercado Características do produto Objetivos estratégicos	Expansão rápida Participação alta Exige investimentos Transformar em vaca leiteira	Pequena expansão Participação elevada Altamente rentável Colher lucros	Expansão rápida Participação em queda Demanda investimentos Desenvolver ou retirar do mercado	Expansão em queda Participação em queda Consome recursos Retirar ou sobreviver

A Matriz BCG permite uma representação visual simples dos produtos e serviços da empresa e de suas posições relativas no mercado para facilitar o processo decisório a respeito do que fazer com cada um deles.

2.6 DESENVOLVIMENTO DE PRODUTOS/SERVIÇOS

Dá-se o nome de desenvolvimento de P/S à área que cuida de todos os estudos e pesquisas sobre criação, adaptação, melhorias e aprimoramentos dos P/S produzidos pela empresa. É por meio do desenvolvimento de P/S que surgem as inovações: produtos e serviços novos, modificações parciais ou totais nos atuais P/S, novas características, diferentes componentes etc. Esse desenvolvimento faz com que produtos e serviços sejam constantemente reciclados e adaptados às novas necessidades do mercado. Isso permite que a cada ano surjam novos modelos de automóveis, eletrodomésticos, moda e vestuário, novos supermercados, novas lojas, novas agências bancárias, novos serviços bancários, apesar do fato de esses P/S serem sempre os mesmos em suas individualidades.

O órgão de desenvolvimento de P/S recebe diferentes denominações de acordo com o tipo de empresa e com o tipo de P/S produzido.

- Nas empresas do ramo primário, o desenvolvimento costuma receber o nome de Pesquisa e Desenvolvimento. O órgão de P&D se encarrega de pesquisar e desenvolver novas matérias-primas, novas características de materiais etc. Utiliza, geralmente, um laboratório de pesquisas, com pessoal familiarizado com a tecnologia utilizada.
- Nas empresas do ramo secundário, o desenvolvimento pode receber o nome de Engenharia de Produtos quando está mais voltado para os aspectos técnicos do produto e mais preocupado com sua produção. Nesse caso, fica subordinado à GP. Porém, quando está mais voltado para os aspectos comerciais e mercadológicos do produto, recebe o nome de Criação e Desenvolvimento e se subordina à área de Marketing ou Comercialização. Qualquer que seja o nome adotado pela empresa ou sua subordinação, trata-se da área que se encarrega de criar e desenvolver novos produtos e de inovar os produtos atuais.

- Nas empresas do ramo terciário, as denominações para o desenvolvimento variam enormemente, pois se trata de desenvolvimento de serviços. Pode se subordinar à área de Produção ou Operações ou à área mercadológica da empresa, dependendo da complexidade do P/S ou das exigências do mercado. Em alguns bancos, recebe o nome de Desenvolvimento de Produtos, e em outros, Organização e Métodos (O&M).

```
                    Produção ou
                     marketing
                         |
               Desenvolvimento de
                produtos/serviços
         _____|_____
        |                |                |
     Empresas         Empresas         Empresas
    primárias        secundárias       terciárias
```

- Empresas primárias
  - Pesquisa e Desenvolvimento
  - Pesquisa e tecnologia

- Empresas secundárias
  - Engenharia de produto
  - Criação e desenvolvimento

- Empresas terciárias
  - Desenvolvimento de produtos
  - Novos produtos

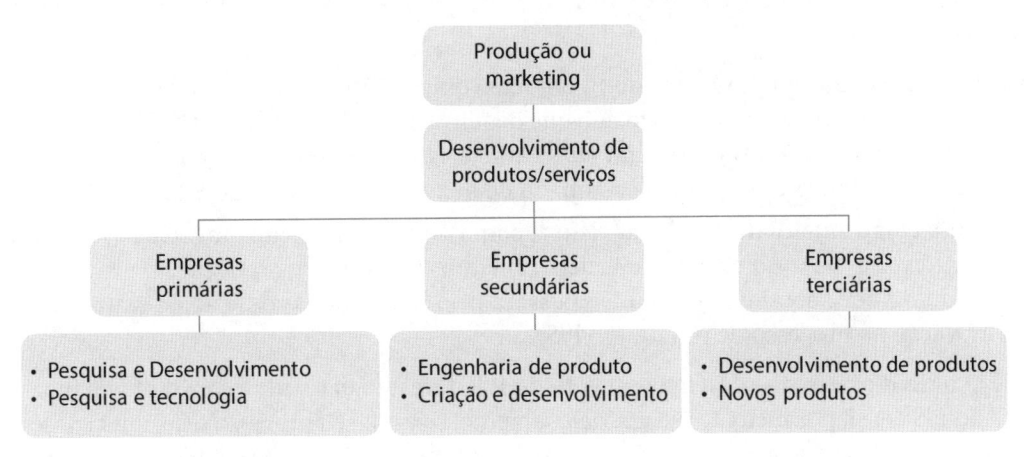

Figura 2.9 Denominações do órgão de desenvolvimento de P/S.

O lançamento de um novo P/S requer um longo trabalho de pesquisa e desenvolvimento que envolve várias fases que seguem representadas na Figura 2.10, apenas para melhor visualização.

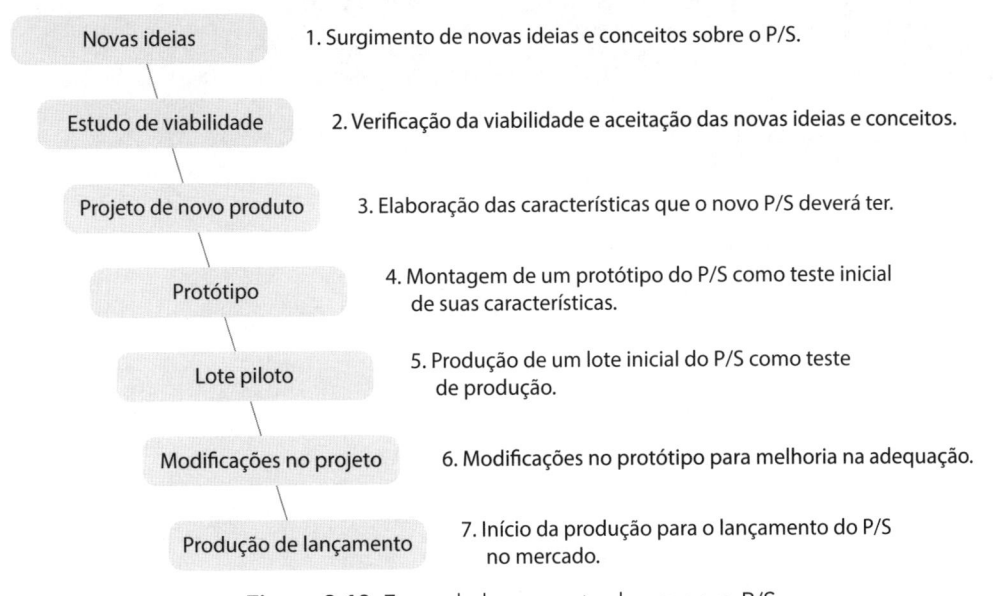

Novas ideias	1. Surgimento de novas ideias e conceitos sobre o P/S.
Estudo de viabilidade	2. Verificação da viabilidade e aceitação das novas ideias e conceitos.
Projeto de novo produto	3. Elaboração das características que o novo P/S deverá ter.
Protótipo	4. Montagem de um protótipo do P/S como teste inicial de suas características.
Lote piloto	5. Produção de um lote inicial do P/S como teste de produção.
Modificações no projeto	6. Modificações no protótipo para melhoria na adequação.
Produção de lançamento	7. Início da produção para o lançamento do P/S no mercado.

Figura 2.10 Fases do lançamento de um novo P/S.

> Acesse conteúdo sobre **Inovação** na seção *Tendências em GP* 2.1

O órgão de desenvolvimento de P/S precisa informar aos órgãos direta ou indiretamente relacionados com sua produção sobre como produzi-los. Para tanto, preocupa-se com dois aspectos importantes: com o produto em si e com o processo de produzi-lo. No primeiro caso, a preocupação é desenhar o produto e, no segundo caso, a preocupação é planejar como produzi-lo.

1. **O P/S em si mesmo**: isto é, o produto com seus componentes e características, como resultado final do processo produtivo. É o que denominamos especificações do P/S. Trata-se, aqui, de desenhar o produto, criar suas características e estabelecer seus componentes. O desenho do P/S é comumente chamado de *design*. É a inovação no P/S.
2. **O P/S como sujeito da produção**: isto é, como deverá ser produzido, quais as etapas e trajetória de sua produção. É o que denominamos processo de produção. O processo de produção deve detalhar como o P/S passará pelo sistema de produção da empresa. É a inovação no processo de produzir o P/S.

Em ambos os casos, o desenvolvimento do P/S deve atender a uma constante melhoria, seja no P/S em si, por meio de seu aperfeiçoamento, seja em seu processo de produção, com o aumento da eficiência e da eficácia, seja ainda por meio da inovação, ao oferecer produtos e serviços inteiramente novos e diferentes.

A natureza e as características do produto ou serviço influenciam poderosamente o sistema produtivo.

> Acesse conteúdo sobre **As empresas que aprendem** na seção *Tendências em GP* 2.2

QUESTÕES PARA REVISÃO

1. O que constitui o P/S para a empresa?
2. Quais são as classificações possíveis dos P/S?
3. Explique a classificação de bens ou serviços.
4. O que são bens? Explique.
5. Conceitue bens de consumo.
6. Conceitue bens de consumo duráveis.
7. Conceitue bens de consumo perecíveis ou não duráveis.
8. Conceitue bens de consumo semiduráveis.
9. Conceitue bens de produção.
10. Quando os bens de produção são bens de capital?
11. Quando um bem pode ser de consumo ou de produção?
12. Conceitue bens de capital.

13. Qual é a denominação das empresas que produzem bens ou mercadorias?
14. Qual é a diferença entre mercado de consumo e mercado industrial?
15. Conceitue serviços.
16. Qual é a denominação das empresas que produzem serviços?
17. Conceitue produto concreto. Dê exemplos.
18. Conceitue produto abstrato. Exemplifique.
19. Defina componentes dos P/S.
20. Quais são as dimensões dos P/S?
21. Conceitue dimensões tangíveis. Exemplifique-as.
22. Conceitue dimensões intangíveis. Exemplifique-as.
23. Quais são os principais componentes dos P/S?
24. Conceitue o que são partes ou subpartes dos P/S.
25. Conceitue embalagem.
26. Quais são as principais funções da embalagem?
27. Defina as funções técnicas da embalagem.
28. Defina as funções logísticas da embalagem.
29. Defina as funções de comunicação da embalagem.
30. Quais são os principais tipos de embalagem?
31. Explique as embalagens de madeira ou papelão.
32. Explique as embalagens em tambores metálicos.
33. Explique as embalagens em tambores plásticos.
34. Explique as embalagens convencionais de vidro.
35. Conceitue qualidade.
36. Qual é a diferença entre qualidade intrínseca e qualidade extrínseca?
37. Conceitue o custo do P/S.
38. O que é custo de produção?
39. Quais são os custos diretos de produção?
40. Quais são os custos indiretos de produção?
41. Defina o ciclo de vida dos P/S.
42. Quais são as quatro fases do ciclo de vida do P/S?
43. Explique a fase de introdução.
44. Explique a fase de crescimento.
45. Explique a fase de maturidade.
46. Explique a fase de declínio.
47. Como se comporta o custo do P/S em cada uma das fases?
48. Como é o volume de produção em cada uma dessas fases?
49. As fases do ciclo de vida são iguais para todos os P/S?

50. Como se pode influenciar o ciclo de vida de um P/S?
51. Defina desenvolvimento de P/S.
52. Quais são as denominações que pode receber o órgão de desenvolvimento de P/S de uma empresa do ramo primário?
53. Quais são as denominações que pode receber o órgão de desenvolvimento de P/S em uma empresa do ramo secundário?
54. Quais são as denominações que pode receber o órgão de desenvolvimento de P/S em uma empresa do ramo terciário?
55. Explique o que é desenho de produto.
56. Explique o que é processo de produção.
57. Explique as fases de lançamento de um novo P/S.

REFERÊNCIAS

1. CHIAVENATO, I. *Introdução à Teoria Geral da Administração*: uma visão abrangente da moderna administração das organizações. 10. ed. São Paulo: Atlas, 2020.
2. CHIAVENATO, I. *História da Administração*. São Paulo: Saraiva, 2003.
3. CHIAVENATO, I. *Introdução à Teoria Geral da Administração*: uma visão abrangente da moderna administração das organizações, *op. cit.*
4. HENDERSON, B. D. As origens da estratégia. *In*: MONTGOMERY, C. A.; PORTER, M. (orgs.). *Estratégia*: a busca da vantagem competitiva. Rio de Janeiro: Campus, 1998. p. 3-9.
5. CHIAVENATO, I.; SAPIRO, A. *Planejamento estratégico*: da intenção aos resultados. 4. ed. São Paulo: Atlas, 2020.
6. HENDERSON, B. D. The product portfolio. *Boston Consulting Group*, 1º jul. 1970. Disponível em: https://www.bcgperspectives.com/content/classics/strategy_the_product_portfolio/. Acesso em: 19 out. 2021.

3 SISTEMAS DE PRODUÇÃO

O QUE VEREMOS ADIANTE

- Empresas como sistemas abertos.
- Sistemas de produção.
- Sistemas de produção sob encomenda.
- Sistemas de produção em lotes.
- Sistema de produção contínua.
- Comparativo entre os três sistemas de produção.
- Contribuição japonesa aos sistemas de produção.
- Reação norte-americana.
- Modernização dos sistemas de produção.

Para produzir com eficiência e eficácia, torna-se necessário escolher e definir um sistema de produção que seja o mais adequado ao produto/serviço (P/S) que se pretende produzir. Isso significa buscar os meios mais adequados para produzir determinado produto ou operar determinado serviço. É o que se chama de racionalidade: buscar os meios apropriados para alcançar determinados objetivos. Toda empresa possui sua própria racionalidade, isto é, a escolha dos meios necessários para alcançar os fins desejados. A racionalidade envolve equipamentos, métodos e processos de trabalho que sejam os melhores para produzir algo.

INTRODUÇÃO

As empresas constituem uma das mais complicadas e sofisticadas invenções do ser humano. Em geral, ficamos fascinados com produtos – como o telefone celular, a nave espacial, o computador de última geração –, mas nos esquecemos que eles são o resultado do trabalho organizacional. Se o produto é maravilhoso e complexo, o que dizer da organização que o criou, projetou e produziu? As organizações são máquinas maravilhosas de invenção – elas são as invenções mais sofisticadas que o ser humano construiu e que lhe permite inventar tudo o mais. Cada organização tem características próprias, sua individualidade, seus recursos, suas pessoas, seus produtos ou serviços, enfim, sua marca.

3.1 EMPRESAS COMO SISTEMAS ABERTOS

As empresas são organizações sociais. Como todos os organismos vivos, as organizações funcionam como sistemas. Um sistema é um conjunto integrado de partes inter-relacionadas que existem para atingir determinado objetivo ou cumprir determinado propósito. Cada parte do sistema pode ser um órgão, departamento ou subsistema. Em outras palavras, todo sistema é constituído de vários subsistemas, cada qual especializado em determinada atividade. Por outro lado, todo sistema é parte integrante de um sistema maior (o suprassistema ou macrossistema). Dependendo da focalização que se queira utilizar, uma empresa pode ser considerada um sistema composto de vários departamentos (subsistemas) e fazer parte de um sistema maior (macrossistema), que é a própria sociedade da qual faz parte. Assim, todo sistema pode ser considerado um subsistema de um sistema maior ou um macrossistema constituído de vários sistemas de acordo com o interesse da focalização.

Os principais componentes de um sistema são:[1]

- **Entradas (*inputs*) ou insumos:** constituem tudo o que ingressa em um sistema para permitir que ele funcione. As entradas podem ser energia, informação, matérias-primas, ou seja, todo e qualquer recurso que alimente o sistema. As entradas vêm do ambiente externo.
- **Saídas (*outputs*) ou resultados:** constituem aquilo que o sistema produz e devolve ao ambiente externo.
- **Processamento (*throughput*) ou transformação:** é o trabalho que o sistema (ou seus subsistemas) realiza com as entradas para poder proporcionar as saídas. É o próprio funcionamento interno do sistema.
- **Retroação (*feedback*) ou realimentação:** é a influência que as saídas do sistema exercem sobre as suas entradas no sentido de ajustá-las ou regulá-las ao funcionamento do sistema. Existem dois tipos de retroação:
  - **Retroação positiva**: acelera ou aumenta as entradas para ajustá-las, quando estão maiores.
  - **Retroação negativa**: retarda ou diminui as entradas para ajustá-las às saídas, quando estas são menores.

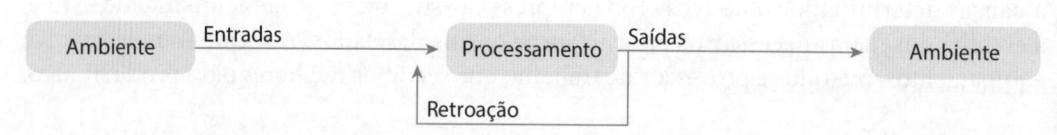

Figura 3.1 Sistema e seus componentes.

Os sistemas podem ser classificados em sistemas fechados ou abertos.[2]

- **Sistemas fechados**: também chamados de sistemas mecânicos, funcionam dentro de relações predeterminadas de entradas/saídas (causa e efeito). Determinadas entradas produzem determinadas saídas. É o caso de máquinas e equipamentos: certo volume de entradas de matérias-primas produz determinada saída de produtos acabados; determinada voltagem de entrada produz uma saída de tantas rotações por minuto no motor.

Por isso, os sistemas fechados ou mecânicos são denominados determinísticos, pois suas relações de entradas/saídas podem ser equacionadas matematicamente. Além do mais, nos sistemas fechados existem poucas entradas e poucas saídas, que são bem conhecidas e determinadas. Todos os mecanismos tecnológicos (como o computador, a máquina, o motor etc.) são sistemas fechados. Outro aspecto importante nos sistemas fechados é que eles alcançam seus objetivos de uma única e exclusiva maneira. A tecnologia procura fazer com que essa seja a melhor maneira possível.

- **Sistemas abertos**: também chamados de sistemas orgânicos, são bem mais complexos. Eles funcionam dentro de relações de entradas/saídas (relações de causa e efeito) desconhecidas e indeterminadas, e mantêm um intercâmbio intenso, complexo e indeterminado com o meio ambiente. Nos sistemas abertos, existe uma infinidade de entradas e de saídas indeterminadas e que não são bem conhecidas, o que provoca a complexidade e a dificuldade de se mapear o sistema. Por isso, os sistemas abertos ou orgânicos são também denominados probabilísticos, pois as relações de entradas/saídas estão sujeitas à probabilidade, e não à certeza. Todos os sistemas vivos (os organismos vivos, o ser humano, as organizações sociais, a empresa etc.) são sistemas abertos. Outro importante aspecto dos sistemas abertos é que eles podem alcançar seus objetivos por meio de uma multiplicidade de maneiras diferentes. É o que os biólogos denominam equifinalidade, a capacidade de chegar aos resultados finais de maneiras variadas e diferentes. Por meio da equifinalidade, os fins podem ser alcançados de vários meios diferentes. O segredo está em escolher o melhor caminho para chegar ao destino projetado.

Em todo sistema, as saídas de cada subsistema constituem as entradas de outros subsistemas, de modo que cada subsistema se torna dependente dos demais. Isso significa que as entradas de um subsistema dependem das saídas de outros subsistemas, e assim por diante. Essas inter-relações de saídas-entradas entre as partes são as comunicações ou interdependências que ocorrem dentro do sistema. Em todo o sistema, há uma complexa rede de comunicações entre os subsistemas: as interdependências entre os subsistemas fazem com que o sistema sempre funcione com uma totalidade. Quanto mais intensa a rede de comunicações, tanto mais coeso será o sistema, a ponto de seu funcionamento total ser maior do que a soma de suas partes. É o que se denomina sinergia. A sinergia é um efeito multiplicador em que as partes (ou subsistemas) se auxiliam mutuamente para que o resultado global seja muito maior do que a soma das partes. É o que se denomina entropia. A entropia é um efeito de perda das inter-relações entre as partes, fazendo com que o resultado global seja muito menor do que a soma das partes.

Imaginemos uma indústria (empresa secundária) que se dedica à produção de tecidos com um macrossistema. Para seu funcionamento, concorrem vários sistemas: financeiro, comercial, humano e de produção. Seu sistema de produção poderia ser entendido como um sistema constituído de vários subsistemas (ou seções), como na Figura 3.2.

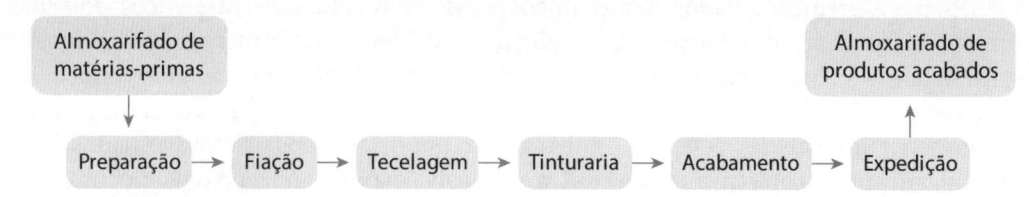

```
Almoxarifado de          Almoxarifado de
matérias-primas          produtos acabados
      ↓                         ↑
Preparação → Fiação → Tecelagem → Tinturaria → Acabamento → Expedição
```

Figura 3.2 Sistema de produção de uma indústria têxtil.

No sistema de produção mostrado na Figura 3.2, cada subsistema tem suas entradas e saídas, de tal modo que as saídas de um subsistema constituem as entradas do subsistema seguinte, e assim por diante. Existe, portanto, uma interdependência entre os diversos subsistemas, fazendo com que cada um dependa do outro para poder funcionar. No caso anterior, à medida que a matéria-prima caminha de uma seção para a outra, ela é acrescida do resultado do trabalho de cada seção.

Da mesma forma, há também uma interdependência entre os diversos sistemas. A empresa – como um sistema – depende de vários fornecedores para garantir suas entradas e depende também dos clientes e consumidores para garantir suas saídas.

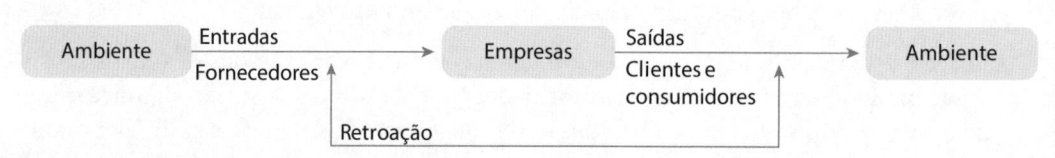

```
                 Entradas                   Saídas
Ambiente   →                 Empresas   →                →   Ambiente
                 Fornecedores ↑           Clientes e     ↑
                                          consumidores
                              └── Retroação ──┘
```

Figura 3.3 A empresa e suas interdependências com o ambiente.[3]

Na realidade, as empresas são sistemas abertos em constante e complexo intercâmbio com seu ambiente externo. As empresas obtêm recursos do ambiente externo por meio de suas entradas, processam e transformam esses recursos internamente e devolvem por meio de suas saídas o resultado desse processamento e transformação ao ambiente. A relação entradas/saídas fornece a indicação da eficiência ao sistema. Isso significa que, quanto maior o volume de saídas para determinado volume de entradas, mais eficiente será o sistema. Por outro lado, a eficácia do sistema reside na relação entre suas saídas e o alcance dos objetivos que o sistema almeja alcançar. Isso significa que, quanto mais suas saídas ou resultados alcancem os objetivos propostos, mais eficaz será o sistema.

> **SAIBA MAIS** — **A organização vista como um sistema humano**
>
> Para melhor compreensão do sistema aberto, vamos comparar a empresa com o corpo humano. Como sabemos, somos formados por uma séria de sistemas e, cada sistema, por um conjunto de órgãos. Então, temos, por exemplo, o sistema respiratório, o sistema nervoso, o sistema digestivo, o sistema neurológico etc. Todavia, ao olharmos o corpo humano como um todo, esses sistemas passam a ser analisados como subsistemas que, em total sinergia, compõem o sistema maior, que é o corpo. Ocorre que, por serem interdependentes e interagentes, quando um dos subsistemas não está funcionando bem, pode ocorrer problemas em um ou mais subsistemas, ocasionando, inclusive, a morte do corpo. Nas empresas, o conceito é análogo. Elas são formadas por várias áreas, cujo conjunto forma subsistemas que se interagem, a fim de manter a organização viva por meio da geração de seus produtos e/ou serviços. Quando um subsistema não vai bem, o impacto pode ser grande, causando diversos problemas nos outros subsistemas (Financeiro, Gestão Humana, Produção etc.), podendo levar a empresa à sua falência. Imagine que a empresa não consiga conquistar novos clientes (subsistema de Vendas com problemas) e, além disso, o subsistema de Relacionamento com Clientes não consegue melhorar a retenção. O resultado é a pouca entrada de novos clientes e a saída de vários. Esse desequilíbrio poderá ocasionar sérios problemas no sistema maior, que é a empresa. Portanto, o funcionamento de todos os subsistemas de uma empresa deve estar harmônico e em sinergia para que possa manter sua sustentabilidade e desenvolvimento.

3.2 SISTEMAS DE PRODUÇÃO

De agora em diante, focalizaremos a produção – e não mais a empresa – como um sistema em funcionamento. Cada empresa adota um sistema de produção para realizar suas operações e produzir seus produtos ou serviços da melhor maneira possível e, com isso, garantir sua eficiência e eficácia. O sistema de produção é a maneira pela qual a empresa organiza seus órgãos e realiza suas operações de produção, adotando uma interdependência lógica entre todas as etapas do processo produtivo, desde o momento em que os materiais e as matérias-primas saem do almoxarifado até chegar ao depósito como produto acabado, conforme a Figura 3.4.

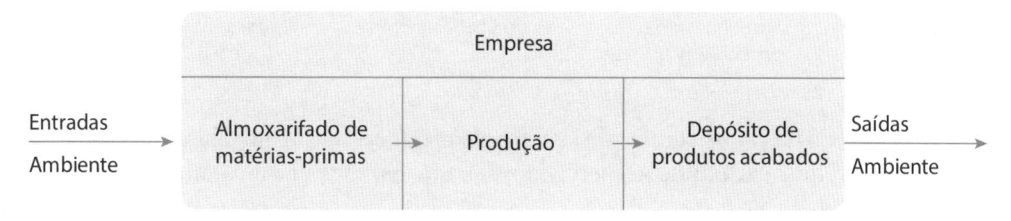

Figura 3.4 As interdependências do almoxarifado, produção e depósito no sistema de produção.

Na realidade, para que isso aconteça, as entradas e os insumos que vêm dos fornecedores ingressam na empresa por meio do almoxarifado de materiais e matérias-primas, sendo ali estocados até sua eventual utilização pela produção. A produção processa e transforma os materiais e as matérias-primas em produtos acabados para serem estocados no depósito até sua entrega aos clientes e consumidores. A interdependência entre o almoxarifado, a produção e o depósito é muito grande: qualquer alteração em um deles provoca influências sobre os demais, como se fossem vasos comunicantes. Eles são os três subsistemas do sistema de produção intimamente inter-relacionados e interdependentes.

TENDÊNCIAS EM GP

Almoxarifado e depósito de produtos acabados: dois museus em extinção

Há um princípio muito discutido em Gestão: tudo o que está parado ou inerte não produz valor. Isso se aplica a matérias-primas, materiais e produtos acabados quando estão estacionados definitiva ou provisoriamente em algum lugar ocupando algum espaço que poderia ser aproveitado para produzir algo de valor. Em função desse princípio, a maioria das empresas está tentando eliminar ou reduzir a função de dois órgãos que foram importantes no decorrer da Era Industrial, mas cuja função hoje é criticada: o almoxarifado e o depósito de produtos acabados. Na Era da Informação, as empresas estão tentando acabar com eles abrindo suas fronteiras externas em relação aos seus fornecedores e aos seus distribuidores. Isso significa que os fornecedores e os distribuidores estão adentrando em seus processos de produção para participar ativamente deles e não mais entregar insumos ou receber produtos acabados. Isso traz várias vantagens: aproveitamento do espaço desocupado para atividade produtiva, redução de esperas de insumos, redução do tempo de distribuição, que passa a ser direta, eliminação de pessoal dedicado a esses dois órgãos e terceirização de boa parte de seu processo produtivo. Isso provoca enorme redução de custos e de tempo, bem como permite à área produtiva se dedicar mais intensamente ao seu trabalho: produzir valor.

Quadro 3.1 Interdependência entre os três subsistemas

Subsistemas	Almoxarifado de matérias-primas	Produção	Depósito de produtos acabados
Função principal	Recebe e estoca matérias-primas e as fornece à produção	Transforma as matérias-primas	Estoca os produtos acabados e os fornece aos clientes

Basicamente, os três subsistemas do sistema de produção – o almoxarifado, a produção e o depósito – devem trabalhar de maneira coordenada, balanceada, ajustada e perfeitamente integrada.

Existem três tipos de sistemas de produção: a produção sob encomenda, a produção em lotes e a produção contínua. Vejamos cada um deles detalhadamente.

3.3 SISTEMA DE PRODUÇÃO SOB ENCOMENDA

É o sistema de produção utilizado pela empresa que produz somente após ter recebido o pedido ou a encomenda de seus produtos. Apenas após o contrato ou a encomenda de determinado produto é que a empresa vai produzi-lo para o cliente. Em primeiro lugar, a empresa oferece o produto ou serviço ao mercado. Quando recebe o pedido ou o contrato de compra é que ela se prepara para produzir. Aí o plano oferecido para a cotação do cliente – como o orçamento preliminar ou a cotação para a concorrência pública ou particular – passa a ser utilizado para planejar o trabalho a ser realizado com o fim de atender ao cliente.

3.3.1 Planejamento do sistema de produção sob encomenda

O planejamento geralmente envolve os seguintes aspectos:

- **Relação das matérias-primas necessárias**: uma lista ou relação de todos os materiais e matérias-primas necessários para se executar o trabalho encomendado.
- **Relação da mão de obra especializada**: uma relação completa do trabalho a ser realizado, dividido em número de horas para cada funcionário especializado.
- **Processo de produção**: um plano detalhado da sequência cronológica, indicando quando cada tipo de mão de obra ou cada tipo de máquina deverá trabalhar e quando cada tipo de material ou matéria-prima deverá estar disponível para ser utilizado no trabalho.

O exemplo mais simples de produção sob encomenda é o da oficina ou da produção unitária. É o sistema no qual a produção é feita por unidades ou por pequenas quantidades – cada produto a seu tempo –, sendo modificado à medida que o trabalho é realizado. O processo de produção é pouco padronizado e pouco automatizado. Os operários utilizam uma variedade de ferramentas e instrumentos. A produção envolve uma operação de mão de obra intensiva, isto é, muita mão de obra e muita atividade artesanal.

É o caso da produção de navios, geradores e motores de grande porte, aviões, locomotivas, construção civil e industrial, confecções sob medida etc. A empresa somente produz após ter efetuado um contrato ou pedido de venda de seus produtos. É a encomenda ou o pedido efetuado que irá definir como a produção deverá ser planejada e controlada.

3.3.2 Características do sistema de produção sob encomenda

O sistema de produção sob encomenda apresenta as seguintes características:

- **Cada produto é único e específico**: geralmente, cada produto é único e de grande tamanho e complexidade, exigindo muito tempo para sua construção, como é o caso de navios, edifícios, fábricas etc., com características exclusivas solicitadas pelo cliente. Cada pedido ou contrato costuma ser considerado um produto específico, exigindo a identidade do produto ao longo de toda a produção.
- **Cada produto exige uma variedade de máquinas e equipamentos**: a construção do produto exige uma variedade de máquinas universais, dispositivos de transporte e de equipamentos, bem como uma oficina-base na qual são manufaturadas as partes daquilo que será o produto final, isto é, seus componentes. Por exemplo, a oficina, no caso da construção de navios, é o pátio de construção. No caso de construção civil, é o canteiro

de obras. No caso de uma agência de propaganda, é a equipe de trabalho que atende a determinada empresa. No caso de um hospital, é uma equipe médica que atende a determinado paciente que se interna.

- **Cada produto exige uma variedade de operários especializados**: sua produção exige vários tipos de operários especializados capazes de executar cada uma das partes que compõem o produto final. Há uma demanda fluente de mão de obra especializada no local onde o trabalho será realizado. Isso significa que eletricistas, soldadores, carpinteiros, marceneiros, encanadores, ferramenteiros, torneiros, mecânicos etc. nem sempre têm serviço constante. O mesmo ocorre com a equipe de propaganda ou com a equipe de médicos.
- **Cada produto tem uma data definida de entrega**: há necessidade de se programar a entrega conforme os pedidos individuais, o que significa um compromisso de produção. As datas devem ser atendidas, fazendo com que o produto seja entregue ao cliente conforme os prazos por ele solicitados.
- **É difícil fazer previsões de produção**: cada produto exige um trabalho complexo e demorado que é diferente dos demais produtos. Cada produto exige um plano de produção específico.
- **O sistema de produção sob encomenda requer administradores e especialistas altamente competentes**: como supervisores de oficina-base, os administradores e os especialistas devem ser capazes de assumir sozinhos todas as atividades de cada contrato ou pedido, como o planejamento da produção, de mão de obra e dos custos. O sucesso da produção sob encomenda depende da habilidade do administrador ou especialista encarregado de cada contrato ou encomenda. A eficiente construção do edifício depende da habilidade do engenheiro de obras, assim como o atendimento da empresa-cliente depende do médico chefe da equipe hospitalar. É vital, portanto, que o plano de produção seja muito bem compreendido pelos especialistas que irão executá-lo na prática.

3.4 SISTEMA DE PRODUÇÃO EM LOTES

Sistema de produção em lotes é o sistema utilizado por empresas que produzem uma quantidade limitada de um tipo de produto de cada vez. Essa quantidade limitada é denominada lote de produção. Cada lote de produção é dimensionado para atender a determinado volume de vendas previsto para determinado período de tempo. Terminado um lote de produção, a empresa inicia imediatamente a produção de outro lote, e assim por diante. Cada lote recebe uma identificação, como número ou código. Além do mais, cada lote exige um plano de produção específico. Ao contrário do que ocorre no sistema de produção sob encomenda, no qual o plano de produção é feito após o recebimento do pedido ou da encomenda, na produção em lotes o plano de produção é feito antecipadamente e a empresa pode melhor aproveitar seus recursos com maior grau de liberdade. Em algumas indústrias, são processados simultânea e paralelamente vários lotes de produção, alguns no início, outros no meio, enquanto outros se findam. Os operários trabalham, geralmente, em linhas de montagem ou operando máquinas que podem desempenhar uma ou mais operações sobre o produto. É o caso da produção que requer máquinas operadas pelo homem e linhas de produção ou de montagens padronizadas.

O sistema de produção em lotes é utilizado por uma infinidade de indústrias: têxteis, de cerâmica, de eletrodomésticos, de motores elétricos, de brinquedos etc.

3.4.1 Características do sistema de produção em lotes

O sistema de produção em lotes apresenta as seguintes características:

- A fábrica é capaz de produzir produtos com diferentes características. Uma indústria têxtil é capaz de produzir uma extensa variedade de tecidos com diferentes padronagens e características. Cada tipo de tecido é produzido em um lote de produção, e sua produção é interrompida para entrar em um lote seguinte, que deverá ser um tecido diferente. O tecido anterior poderá ou não voltar a ser produzido em algum lote futuro.
- As máquinas são agrupadas em baterias do mesmo tipo. O trabalho passa de uma bateria para a outra em lotes de produção intermitentemente. Cada bateria de máquinas constitui um departamento ou seção. Em geral, ocorre falta de equilíbrio na capacidade de produção de diferentes departamentos envolvidos. Isso significa que cada departamento tem uma capacidade de produção que nem sempre é igual a dos demais departamentos da empresa. O plano de produção deve levar em conta esse desequilíbrio entre departamentos, programando turnos de trabalho diferentes para compensá-los por meio de diferentes números de horas trabalhadas – se a limitação é constituída pelo fator mão de obra – para regularizar ou homogeneizar o processo produtivo como um todo.
- Em cada lote de produção, as máquinas e as ferramentas devem ser modificadas, adaptadas e arranjadas para atender aos diferentes produtos.
- A produção em lotes permite uma utilização regular e plana da mão de obra, sem grandes picos de produção.
- A produção em lotes exige grandes áreas de estocagem de produtos acabados e um grande estoque de materiais em processamento ou em vias.
- A produção em lotes impõe a necessidade de um plano de produção bem-feito e que possa integrar novos lotes de produção à medida que outros sejam completados. Em outros termos, o plano de produção deve ser constantemente replanejado e atualizado. No fundo, o sucesso do processo produtivo depende diretamente do plano de produção.

3.5 SISTEMA DE PRODUÇÃO CONTÍNUA

O sistema de produção contínua é utilizado por empresas que produzem determinado produto, sem modificações, por um longo período de tempo. O ritmo de produção é acelerado e as operações são executadas sem interrupção ou mudança. Como o produto é sempre o mesmo ao longo do tempo e o processo produtivo não sofre mudanças, o sistema pode ser aperfeiçoado continuamente.

É o caso das indústrias fabricantes de automóveis, papel e celulose, cimento, eletrodomésticos da linha branca (como geladeiras, máquinas de lavar roupa, secadoras etc.), enfim, produtos que são mantidos em linha durante muito tempo e sem grandes modificações.

A produção contínua é possível quando o número de máquinas necessárias para produzir o artigo final na taxa de tempo exigida excede o número de operações detalhadas para a produção de cada produto. O plano de produção coloca cada processo produtivo em sequência linear para que o material de produção se movimente de uma máquina para a outra continuamente e para que, quando completado, seja transportado ao ponto onde ele é necessário para a montagem do produto final. O plano de produção é feito antecipadamente e pode cobrir o período mensal ou anual, explorando ao máximo as possibilidades dos recursos da empresa e proporcionando condições ideais de eficiência e eficácia.

3.5.1 Características do sistema de produção contínua

As principais características do sistema de produção contínua são:

- O produto é mantido em produção durante longo período de tempo sem modificações. O produto é rigidamente especificado em suas características e o processo produtivo é estabelecido em detalhes, o que permite planejar no longo prazo todos os materiais necessários e a mão de obra envolvida.
- A produção contínua facilita o planejamento detalhado, o que permite assegurar a chegada de matéria-prima necessária exatamente na quantidade suficiente e no tempo previsto.
- A produção contínua exige máquinas e ferramentas altamente especializadas e dispostas em formação linear e sequencial para a produção de cada componente do produto final. Isso assegura um alto grau de padronização de máquinas e ferramentas, de matérias-primas e materiais, bem como de métodos e processos de trabalho.
- Como a produção contínua é programada para longos períodos de tempo, ela permite dividir operações de montagem com a quantidade exata de trabalho para cada operário, com base em seu tempo padrão e no ciclo de produção. Pode-se facilmente estabelecer o número de homens/horas de trabalho para cada operação ou produto.
- Como o produto é produzido em enormes quantidades ao longo do tempo, a produção contínua permite que as despesas e os investimentos em equipamentos, gabaritos, moldes, ferramental e dispositivos de produção sejam depreciados (recuperados contabilmente) dentro de um período de tempo mais longo, proporcionando economia nos custos de produção.
- A produção contínua facilita as ações corretivas para resolver rapidamente qualquer problema de paralisação no processo de produção, seja por falta de material, por manutenção de máquina ou por falta de mão de obra. Ela facilita também a verificação diária do rendimento de produção em todos os pontos do processo produtivo, bem como permite que se faça um inventário regular dos materiais em processamento ou disponíveis em estoque no almoxarifado.
- O sucesso do sistema de produção contínua depende totalmente do planejamento detalhado que deve ser feito antes de a produção iniciar um novo produto.

3.6 COMPARATIVO ENTRE OS TRÊS SISTEMAS DE PRODUÇÃO

O sistema de produção utilizado pela empresa é uma função dependente do seu produto. Em outros termos, é o tipo de produto que determina o sistema de produção que a empresa deve utilizar. Se o produto é específico ou de grande porte e depende da encomenda do cliente, o sistema adotado será a produção sob encomenda. Se há uma variedade de produtos que entram e saem de produção e que a empresa vende somente após estocar o sistema adotado, será a produção de lotes. Se há um ou mais produtos que permanecem no longo prazo em produção e a empresa somente vende após estocá-los, o sistema adotado será certamente o de produção contínua.

Como veremos na sequência, cada um desses sistemas produtivos apresenta vantagens e desvantagens.

O grau de liberdade que a empresa tem para adotar o sistema de produção mais conveniente é muito pequeno. A tecnologia adotada nem sempre é suficientemente flexível para permitir grandes mudanças. Contudo, as três alternativas de sistemas podem sofrer variações. Algumas empresas apresentam misturas desses sistemas de produção com dosagens que variam enormemente.

No que tange ao suprimento de matérias-primas, ao subsistema de produção e ao depósito de produtos acabados, cada um dos três sistemas de produção funciona de maneira diferente, como apresentado no Quadro 3.2.

Quadro 3.2 Os três sistemas de produção – suas entradas e saídas

Subsistemas	Almoxarifado de matérias-primas	Produção	Depósito de produtos acabados
Produção por encomenda	Nenhum estoque prévio. O estoque é planejado somente após receber o pedido	A produção é planejada somente após receber o pedido ou encomenda	Não há necessidade de controle de produtos acabados em cada encomenda
Produção em lotes	O estoque é planejado em função de cada lote de produção	A produção é planejada em função de cada lote de produção	O estoque é planejado em função de cada lote de produção
Produção contínua	O estoque é planejado e programado para o período mensal ou anual	A produção é planejada e programada para o período mensal ou anual	O estoque é planejado e programado para o período mensal ou anual

Nos próximos capítulos, teremos a oportunidade de discutir mais detalhadamente cada um dos sistemas de produção e suas consequências para a Administração da Produção e Operações (APO).

TENDÊNCIAS EM GP

O sistema MES na Era Digital

As transformações pelas quais os processos organizacionais estão passando na Era Digital não deixaram de impactar os sistemas de produção. O conceito de MES, sigla inglesa que significa *Manufacturing Execution Systems* (em português, Sistema de Execução da Produção) surgiu no início dos anos 1990, com a intenção de responder às necessidades de otimização dos custos, melhoria da qualidade, prazos e atendimento aos padrões estabelecidos para a produção de determinado bem. Com o passar dos anos, os sistemas MES foram sendo aprimorados, integrando cada vez mais os subsistemas físico (máquinas, equipamentos, mão de obra etc.), informativo (listas de materiais, duração da operação etc.) e de decisão, que desempenha a gestão de todo o sistema de produção. Em uma definição mais simples, o MES é um sistema de computação, que possibilita a conexão do planejamento e controle, com uso de informações *on-line* para gerir a aplicação dos recursos da produção: pessoas, equipamentos e estoque, conectado ao todo organizacional.

3.7 A CONTRIBUIÇÃO JAPONESA AOS SISTEMAS DE PRODUÇÃO

A partir da década de 1960, a indústria japonesa assimilou os ensinamentos de dois gurus da qualidade – Deming e Juran – e passou a desenvolver uma série de inovações na época que proporcionaram um enorme impulso e a invasão de novos mercados. As principais contribuições japonesas são apresentadas a seguir.

3.7.1 Kaizen

Kaizen (do japonês *kai* = modificar e *zen* = para melhor) é um conceito introduzido por Masaaki Imai que está intimamente associado à melhoria contínua. Trata-se de uma filosofia de trabalho que incentiva uma cultura de excelência com foco na eliminação de perdas e de erros. Reúne dois aspectos importantes: o primeiro é a preocupação de mudar para melhor, e o segundo é a continuidade desse esforço traduzido em ações permanentes de mudança. Mudar e sempre. Todo dia e toda hora deve estar presente tal preocupação. Além disso, o *kaizen* é uma mudança organizacional que ocorre de baixo para cima, isto é, do chão da fábrica para os níveis hierárquicos mais altos. O aperfeiçoamento continuado é o lema, e isso se traduz em:

- Questionar tudo o que se faz. Avaliação crítica de toda atividade.
- Evitar ideias preconcebidas, convencionais e definitivas. Tudo pode e deve ser melhorado e aperfeiçoado.
- Faça melhorias sempre e sempre. A verdadeira perfeição somente se atinge com passos gradativos de melhoria.
- Localize erros e distorções e corrija-os imediatamente. O *kaizen* focaliza o aqui e agora.
- Verifique o porquê e procure localizar as causas dos problemas.
- Trabalhe em equipe. Duas cabeças pensam mais do que uma. Quatro mais do que duas. Porém, não exagere. Muitas cabeças podem atrasar a solução do problema.

3.7.2 Controle Estatístico da Qualidade

O maior divulgador da análise estatística foi, sem dúvida, W. Edwards Deming[4] (1900-1993), que popularizou inicialmente no Japão – e, depois, no mundo ocidental – o Controle Estatístico da Qualidade (CEQ) – ou – *Statistical Quality Control* (SQC). A ideia original era aplicar metodologia estatística na inspeção de qualidade, passando depois ao controle estatístico de qualidade e chegando à qualidade assegurada, a fim de obter conformidade com as especificações e proporcionar alto grau de confiabilidade, durabilidade e desempenho nos produtos. Sua influência foi tão grande que desde 1951 foi instituído no Japão o Prêmio Deming de Qualidade, como reconhecimento para as empresas que obtêm destaque no campo da qualidade. O CEQ é baseado nas técnicas de determinação do momento em que os erros na produção começam a ultrapassar os limites de tolerância, quando então a ação corretiva se torna necessária. As ideias de Deming conduziram ao conceito de melhoria contínua, uma filosofia calcada em um sistema administrativo no sentido de reduzir perdas e incrementar ganhos de maneira crescente e incessante.

O CEQ tem por objetivo localizar desvios, erros, falhas e defeitos no processo produtivo, comparando o desempenho atual com o padrão estabelecido.

3.7.3 Controle Total da Qualidade

J. M. Juran estendeu os conceitos de qualidade usados no chão da fábrica para toda a empresa com seu Controle Total da Qualidade (CTQ) – ou *Total Quality Control* (TQC). As ideias de Juran conduziram ao conceito estratégico de qualidade total.

Enquanto o CEQ é aplicável apenas no nível operacional – e de preferência na área de produção e manufatura –, o CTQ estende o conceito de qualidade a toda a organização, desde o nível operacional até o nível institucional, abrangendo todo o pessoal de escritório e do chão da fábrica em um envolvimento total.[5] Mais ainda, o CTQ envolve também a rede de fornecedores, indo até o cliente final em uma abrangência sem limites.

O CTQ apresenta as seguintes vantagens:

- Redução de desperdícios.
- Diminuição dos ciclos de tempo e dos tempos de resultados.
- Melhoria da qualidade dos resultados (produtos ou serviços).

Quadro 3.3 Processos universais para gerir a qualidade[6]

Planejamento da qualidade	Controle de qualidade	Melhoria da qualidade
Definir objetivos de qualidade	Escolher itens de controle	Satisfazer as necessidades
Identificar os clientes	Escolher métricas de medição	Identificar projetos
Aprender com as necessidades dos clientes	Definir objetivos	Organizar equipes de projeto
Desenvolver requisitos dos produtos	Criar sensores de desvios	Diagnosticar as causas
Desenvolver requisitos dos processos	Medir o desempenho atual	Proporcionar remédios que sejam eficazes
Definir controles de processo e transferi-los para a produção	Interpretar a diferença	Lidar com a resistência à mudança
	Tomar ação corretiva sobre os desvios e os problemas	Controlar para garantir os ganhos

A qualidade sempre foi – ao lado da quantidade – um aspecto importante da produção. Três princípios básicos caracterizam essa visão japonesa sobre qualidade:[7]

1. Qualidade é construída, e não apenas inspecionada. Não se trata de corrigir erros ou desvios somente, mas, antes de tudo, melhorar para evitar e prevenir futuros erros ou desvios.
2. A melhoria da qualidade economiza dinheiro. Se a qualidade é vista como resultado da inspeção, então a qualidade custa dinheiro. Mas se a qualidade melhora porque a organização melhora o desenho do produto e do processo produtivo, a organização reduz o desperdício e as rejeições, economiza dinheiro na produção e aumenta a satisfação do cliente. Portanto, a qualidade produz riqueza.

3. A qualidade repousa no princípio da melhoria contínua (*kaizen*) por meio de melhorias incrementais nos produtos e nos processos. O conceito de defeito zero estabelece o nível de defeitos que pode ser aceitável. Isso significa que a qualidade deve ser continuamente melhorada.

Ambos – CEQ e CTQ – constituem abordagens incrementais para se obter excelência em qualidade dos produtos e processos, além de proporcionar uma formidável redução de custos.

3.7.4 Kanban

O *kanban* (do japonês, marcador, cartão, sinal ou placa) é um modelo de produção e movimentação de materiais no sistema *Just-in-Time* (JIT). O *kanban* é um dispositivo que serve para controlar a ordem das atividades em um processo sequencial. Seu objetivo é indicar a necessidade de mais material e assegurar que ele seja entregue a tempo de garantir a continuidade da execução da atividade.

O *kanban* é um sistema de controle físico e visual que consiste em cartões e contêineres. Existem dois tipos de cartões, que podem ser de papel, metal ou plástico: o cartão de produção (CP), para autorizar a produção, e o cartão de movimentação ou transporte (CP), para identificar peças em qualquer contêiner.

O sistema funciona da seguinte maneira: a linha de montagem final recebe o programa de trabalho que deve ser o mesmo diariamente. Todos os demais operadores de máquinas e fornecedores recebem as ordens de fabricação – por meio de cartões *kanban* – dos postos de trabalho subsequentes. Quando a produção para por algum motivo, por certo tempo, o posto parado não enviará cartão de *kanban* para o posto que o precede, e este também irá parar tão logo complete o contêiner que estava enchendo, e assim sucessivamente.

3.7.5 *Just-in-Time*

Just-in-Time (JIT) é um sistema de produção que procura agilizar a resposta da produção às demandas do cliente por meio da eliminação do desperdício e, consequentemente, do aumento da produtividade. No sistema JIT, o objetivo é produzir exatamente o que é necessário para satisfazer à demanda atual – nem mais, nem menos. O sistema utiliza exatamente os materiais requeridos para atender aos requisitos de produção ou de demanda, o que permite uma incrível redução de níveis de inventários, altos níveis de qualidade e tempos mais curtos de manufatura. O JIT requer alta coordenação da programação da produção e saídas livres de defeitos em cada estágio do processo para que o sistema tenha pequenos inventários. Todos – administradores, empregados e fornecedores – são totalmente envolvidos e compromissados com o sistema.[8] O objetivo é responder prontamente às demandas e necessidades do cliente pela redução contínua do tempo de manufatura por meio de melhorias incrementais no sistema. Toda atividade que consome recursos e não agrega valor é um desperdício. O combate ao desperdício é a base do sistema. Para obter resultados, o JIT requer as seguintes providências:[9]

- **Plano mestre**: definido em função da demanda diária com horizonte de 1 a 3 meses para permitir que cada posto de trabalho – como também os fornecedores externos – planejem seus trabalhos.

- **Tempos de preparação**: como o JIT tem por objetivo produzir lotes ideais, ele precisa avaliar os custos de preparação das máquinas e reduzir drasticamente os tempos de preparação. A lógica é simples: tempos de preparação baixos permitem menores estoques, menores lotes de produção e ciclos mais rápidos.
- **Trabalho em equipe**: menores lotes e mudanças rápidas requerem talentos que trabalhem coordenadamente em conjunto. O operador deve – ele próprio – fazer a preparação, as manutenções de rotina e pequenos reparos na máquina. Com as mudanças rápidas e os pequenos lotes, cada pessoa passa a ser multifuncional, pois não há estoques disponíveis para atender a problemas no sistema. Tudo deve funcionar como um relógio.
- *Kanban*: o JIT utiliza intensamente o *kanban*.
- **Leiaute**: como não há almoxarifados, o estoque é suficientemente baixo para manter o processo produtivo por poucas horas e mantido entre as estações de trabalho e em local aberto para facilitar seu uso nas estações seguintes. Há uma tremenda redução do espaço necessário.
- **Qualidade**: o sistema focaliza erros e não os encobre com estoques sobressalentes. A qualidade é fundamental. Todo defeito constitui um desperdício e pode provocar parada, pois não há estoques para cobrir erros.
- **Fornecedores**: são totalmente integrados ao sistema produtivo e deixam de ser adversários para serem parceiros. Devem fazer entregas frequentes, com qualidade assegurada e diretamente à linha de produção.

O JIT é particularmente indicado para produção repetitiva e contínua, pois requer um plano mestre estável e permanente. Na verdade, o JIT conduz ao conceito de fábrica enxuta, isto é, o sistema de manufatura ou serviços dimensionado exatamente para as operações atuais, sem gorduras ou acréscimos desnecessários. O conceito de fábrica enxuta surgiu na Toyota, em função do desafio de ultrapassar as dificuldades de espaço enfrentadas pela empresa japonesa.

> Aumente seus conhecimentos sobre **Os 10 mandamentos do JIT** na seção *Saiba mais* GP 3.1

3.8 REAÇÃO NORTE-AMERICANA

A reação norte-americana às inovações japonesas no campo da produção foi substancial. A concorrência japonesa tinha levado à lona muitas empresas norte-americanas. A partir da década de 1980, começaram a surgir novos conceitos como resposta à competição oriental, como será apresentado a seguir.

3.8.1 *Downsizing*

Não se trata de um sistema de produção, mas de uma ferramenta para reduzir e enxugar a estrutura organizacional e os processos produtivos. *Downsizing* significa enxugar, cortar gorduras, reduzir tamanho e dimensões e tornar as coisas mais simples. O *downsizing* significa cortar etapas desnecessárias de produção, encurtar ciclos produtivos ou eliminar aqueles que pouco valor agregam ou, ainda, reduzir níveis hierárquicos para aproximar a base dos centros decisórios da empresa.

3.8.2 Reengenharia de processos

Como o próprio nome sugere, a reengenharia representa um redesenho fundamental e drástico dos processos do negócio para melhorar custo, qualidade, serviço e velocidade. A reengenharia descarta estruturas, processos e sistemas existentes e procura reinventá-los de maneira completamente diferente. A reengenharia apresenta aspectos comuns com a qualidade total – pois ambas reconhecem a importância dos processos organizacionais e enfatizam as necessidades do cliente –, mas uma diferença entre ambas é significativa. Os programas de qualidade funcionam a partir dos processos existentes na organização e procuram melhorá-los ou incrementá-los gradativamente por meio da melhoria contínua. A reengenharia busca o desempenho excelente descartando os processos existentes e partindo para outros inteiramente novos e diferentes.[10]

3.8.3 *Benchmarking*

É uma metodologia de análise sistemática de práticas administrativas utilizadas por empresas que concorrem direta ou indiretamente e que são líderes em seus respectivos mercados. *Benchmarking* é um processo de estudo e comparação das operações de uma área ou organização em relação a outras áreas ou concorrentes diretos ou indiretos. Quase sempre se escolhe uma empresa líder ou de classe mundial para ser analisada e estudada em suas práticas e processos produtivos excelentes. É a pedagogia da imitação. Mas *benchmarking* não é só cópia daquilo que se faz melhor no mercado, é também aprendizado e superação.

3.8.4 6-Sigma

Sigma é uma medida de variação estatística que se refere à frequência com que determinada operação de um processo produtivo utiliza mais do que os recursos mínimos para satisfazer o cliente. A maioria das organizações está no nível "4-Sigma", o que significa mais de 6 mil defeitos em cada 1 milhão de oportunidades. Isso representa 6 mil produtos defeituosos em cada 1 milhão de produtos fabricados. Uma organização que está no nível "6-Sigma" registra apenas três defeitos em cada 1 milhão. Isso se traduz em uma vantagem de custos e, mais importante, faz com que sobrem recursos para serem dirigidos para os processos de diferenciar uma empresa 6-Sigma das demais.

> Aumente seus conhecimentos sobre **A origem do 6-Sigma** na seção *Saiba mais* GP 3.2

O programa 6-Sigma utiliza um conjunto de técnicas em um metódico processo para atingir metas definidas. Com o 6-Sigma já não se busca qualidade pela qualidade, mas pretende-se aperfeiçoar todos os processos de uma organização. Na prática, o 6-Sigma diferencia-se do CTQ em quatro áreas básicas:[11]

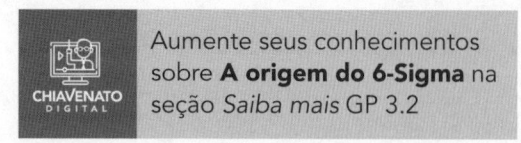

1. **Maior amplitude da aplicação**: o CQT é quase todo aplicado dentro da área de produção e manufatura, e não no projeto, em finanças etc. O 6-Sigma é para a organização toda. A Motorola afixa boletins de tempo de ciclo, dados de defeitos e metas de melhoria nos refeitórios e banheiros, por exemplo.

2. **Estrutura de implementação mais simples**: os faixas pretas dedicam-se inteiramente à mudança e ficam fora das atividades cotidianas. A administração é premiada ou punida pela melhoria dos negócios.
3. **Ferramentas mais profundas**: além das ferramentas do CQT, o 6-Sigma se aprofunda para descrever a situação atual e prever o futuro. Há uma tremenda dose de estatística aplicada e uma melhor compreensão de como os processos se comportam, um *software* para auxiliar e um mapa para a aplicação das ferramentas que permite esclarecer os problemas e melhorar sua solução.
4. **Forte vinculação com a saúde financeira dos negócios**: o 6-Sigma aborda os objetivos da empresa e se certifica de que todas as áreas-chave para a saúde futura da empresa contenham mensurações quantificáveis em relação às metas de melhoria e planos de aplicação detalhados. Ou seja, quantifica o que é necessário para atingir os objetivos financeiros da organização.

O 6-Sigma busca a eficácia organizacional em três dimensões que devem funcionar em conjunto:[12]

1. **Redução do desperdício**: por meio do conceito de empreendimento enxuto (*lean enterprise*) ou esforço de tempo futuro, redução do ciclo de tempo ou, ainda, eliminação do desperdício do sistema ou eliminar coisas que não tem valor para o cliente, imprimindo velocidade à empresa.
2. **Redução dos defeitos**: é o 6-Sigma em si.
3. **Envolvimento das pessoas**: as pessoas trabalham em equipes de maneira conjunta e integrada e totalmente envolvidas com as metas de melhoria.

3.9 MODERNIZAÇÃO DOS SISTEMAS DE PRODUÇÃO

Os sistemas de produção estão recebendo um impulso sem precedentes nos últimos tempos. O computador e a Tecnologia da Informação (TI) estão proporcionando novos conceitos em Administração da Produção.

3.9.1 Células de produção

O trabalho está deixando de ser individual e solitário para se transformar em uma atividade conjunta, coordenada e solidária. Isso somente é possível por meio do trabalho em equipe. Desde a década de 1970, a Volvo sueca substituiu a velha linha de montagem por células de produção. A manufatura se baseia em estações de trabalho (*workstations*) dispostas em forma de U para permitir maior velocidade de produção. Cada estação de trabalho é encarregada de executar uma operação inteira, e cada equipe é constituída de pessoas polivalentes e multifuncionais que participam de todo o processo. Com isso, desaparece a velha especialização, em que cada pessoa e cada célula de produção tem a responsabilidade por planejamento, controle, qualidade etc.

3.9.2 CAD/CAM

São tecnologias relacionadas com computador na gestão da produção e das operações. O *Computer-Aided Design* (CAD) auxilia no desenho e no projeto de produtos, enquanto o

Computer-Aided Manufacturing (CAM) auxilia no planejamento, na execução e no controle das operações. Ambos – CAD e CAM – constituem aquilo que se denomina manufatura integrada por computador (MIC).

3.9.3 Manufacturing Resource Planning

O *Manufacturing Resource Planning* (MRP), ou planejamento dos recursos de manufatura, é um sistema de planejamento e controle da produção que é utilizado somente com ajuda do computador. Costuma receber a denominação MRP II para distingui-la do MRP propriamente dito (*Material Requirement Planning*), que é o planejamento de necessidades de materiais. A tecnologia de produção baseada no computador está proporcionando sistemas flexíveis de manufatura na base do tempo real, favorecendo mecanismos rápidos de tomada de decisão graças a sistemas de apoio e suporte de decisão. Isso faz com que as pessoas tenham de ser mais qualificadas e capacitadas para lidar com dados.[13] O MRP utiliza-se de *softwares* sofisticados e se apoia em um plano de abastecimento externo e interno de materiais a partir de uma visão estática e pouco mutável da fábrica. Por essa razão, é particularmente indicado para ambientes de produção sob encomenda e em pequenos lotes, quando a produção não é repetitiva.

O MRP II baseia-se em um plano mestre que envolve estoques de materiais e de componentes, restrições de pessoal, disponibilidade de equipamentos para gerar as ordens de compras dos itens fornecidos por terceiros e as ordens de produção para os itens de fabricação própria.

3.9.4 Competição baseada no tempo

No negócio da empresa, tempo é dinheiro. Modernamente, os produtos e serviços concorrem não apenas em função de preço e qualidade. O tempo – rapidez de expedição ou tempo de mercado – é também um fator importante. A *Time-Based Competition* (TBC) estende os princípios do JIT a cada faceta do ciclo de produção de um produto, desde o início da Pesquisa e Desenvolvimento (P&D), passando pela manufatura ou operações e chegando ao mercado e distribuição, envolvendo também a logística.[14] A TBC considera duas forças impulsionadoras: a aplicação do JIT por meio do ciclo de expedição do produto e a eficácia que depende da proximidade com o cliente (conhecimento do cliente e habilidade em usar esse conhecimento para responder às demandas do cliente).[15] A tecnologia e a administração de operações facilitam a concorrência baseada no tempo, encurtando-o de maneira drástica.

3.9.5 Intercâmbio eletrônico de dados

Processos de *Electronic Data Interchange* (EDI) permitem enviar automaticamente pedidos e orientar e monitorar todo o processo produtivo em relação a cada pedido de cliente. Um dos exemplos clássicos é o da Federal Express, a FedEx, que desenvolveu o conceito de expedição noturna de malotes e encomendas. Além disso, com a engenharia concorrente, as pessoas de todas as áreas da organização – marketing, vendas, serviços, compras, engenharia, P&D e manufatura – formam equipes de produto. As pessoas de cada equipe podem ou não trabalhar em um só local, mas sua constante interação virtual agiliza o desenvolvimento de produtos, melhora a qualidade e reduz custos. Uma equipe dessas, quando bem coordenada eletronicamente, proporciona produtos melhores do ponto de vista de todas as especialidades e áreas envolvidas, bem como facilita a manufatura e melhora a qualidade.

3.9.6 Foco em serviços

Recebe também o nome de usina de serviços ou fábrica de serviços e representa uma tendência no sentido de competir não somente com base nos produtos, mas também com base nos serviços relacionados aos produtos. Serviços são atividades econômicas que produzem um lugar, tempo, forma ou utilidade psicológica para o consumidor. Os serviços podem incluir suporte informacional para o cliente, entrega rápida e confiável, instalação do produto, serviço pós-venda de assistência técnica e solução de problemas. As organizações industriais estão se antecipando e respondendo às necessidades dos clientes, combinando produtos superiores com serviços correlatos a eles. A unidade de manufatura torna-se o centro das atividades da organização – localizadas em áreas separadas e distantes da organização – para satisfazer, atrair e reter clientes.[16]

3.9.7 Consórcio modular

Os velhos sistemas fechados e autossuficientes de produção estão se abrindo e suas fronteiras estão se desvanecendo a cada dia que passa. O consórcio modular é o sistema aberto de produção que permite que os fornecedores e parceiros trabalhem dentro da planta e no interior do próprio processo produtivo em seus respectivos módulos de maneira integrada. Trata-se de uma ampliação do conceito de condomínio industrial, em que os fornecedores se localizam dentro da fábrica ou próximos a ela para aumentar sua integração na cadeia logística. No consórcio modular, o fornecedor é um parceiro que ajuda a reduzir custos e investimentos, pessoal e espaço físico, bem como aumentar a eficiência e a produtividade e tornar mais flexível o sistema produtivo.

Assim, a abordagem de um sistema de produção requer, inicialmente, conhecer qual é a sua finalidade precípua. Essa é produzir algo de valor para o cliente. Contudo, saber qual é a necessidade ou expectativa do cliente é fundamental para se interiorizar na visão de como deverá ser o processo produtivo embutido no sistema. Ou seja, como produzir o produto ou serviço da melhor forma para atender e satisfazer o cliente. O sistema pode ser extremamente aberto quando se trata da produção sob encomenda, que geralmente é determinado antecipadamente pelo cliente ou pela pesquisa e avaliação do problema do cliente. Também pode ser menos aberto, quando se trata da produção em lotes, com pontos de maior abertura ao longo do processo, ou menos aberto ainda, quando se trata de produção contínua. Entender essa questão é importante. Tudo isso deve ser devidamente levado em conta.

3.9.8 O Sistema produtivo na Indústria 4.0

A Era Digital ou Indústria 4.0 trouxe para as empresas grandes transformações no sistema produtivo. O uso dos sistemas inteligentes e o aumento dos processos de automação permitem que muitas decisões sejam cada vez mais autônomas, sem a interferência humana. A integração das tecnologias da internet, da comunicação e do desenvolvimento de equipamentos mais "inteligentes" passou a proporcionar alta eficiência dos processos das empresas. Juntam-se a esses fatores, o acompanhamento do ciclo de vida do produto, a integração dos sistemas conhecidos como MES – *Manufacturing Execution Systems* (MES) e *Enterprise Resource Planning* (ERP) – e, como já comentado, o alto nível de automação dos processos produtivos, obtendo-se um resultado muito precioso: **informações**. Os dados coletados nesse processo ocorrem em tempo real, possibilitando que sejam transformados em informações, que permitem tomadas de decisões com maior rapidez e precisão.

As "fábricas inteligentes" são resultadas de uma gama de conexões entre o mundo virtual e o mundo físico, que são unidos a partir do que se conhece como *Sistemas Cyber-Físicos* (SCF). Esses sistemas utilizam-se de diversos sensores, integrados em diversas partes do sistema produtivo, o que permite rápida troca de informações, aumento da flexibilidade dos processos e controle mais preciso e seguro.

A tecnologia tem proporcionado grandes avanços na produção e nas operações, tais como sensores que se "conversam" por meio do *Wi-Fi* para troca de dados, permitindo uma comunicação em tempo real entre todos os equipamentos do processo produtivo, e conexão por meio da Internet das Coisas (IoT), dentre outros. A tecnologia de rádio de curto alcance, conhecida como RFID, permite que bilhões de processos de fabricação em diversas empresas espalhadas pelo mundo sejam monitorados, também em tempo real.

As transformações não param por aí. Nessa nova Era Digital, a velocidade das mudanças e a evolução da tecnologia ocorrem diariamente. As empresas, portanto, devem ficar atentas e preparadas. Isso exige o desenvolvimento de valores fundamentais, como flexibilidade, inovação, diversidade, além de capacitação constante.

QUESTÕES PARA REVISÃO

1. Conceitue sistema.
2. O que é um subsistema?
3. Quais são os principais componentes de um sistema?
4. Conceitue as entradas ou insumos.
5. Conceitue as saídas ou resultados.
6. Conceitue processamento.
7. Conceitue retroação ou realimentação.
8. O que são sistemas fechados?
9. Quais são as características de um sistema fechado?
10. O que são sistemas abertos?
11. Quais são as características de um sistema aberto?
12. O que é meio ambiente ou ambiente externo?
13. Conceitue empresas como sistemas abertos.
14. O que é intercâmbio?
15. Como se mede a eficiência de um sistema?
16. Como se mede a eficácia de um sistema?
17. Conceitue sistemas de produção.
18. Quais são os três subsistemas de um sistema de produção?
19. Defina almoxarifado de matérias-primas.
20. Defina subsistema de produção.

21. Defina depósito de produtos acabados.
22. Quais são os três tipos de sistema de produção?
23. Defina o sistema de produção sob encomenda.
24. Como se efetua o planejamento do trabalho na produção sob encomenda?
25. Quais são as características do sistema de produção sob encomenda?
26. Dê exemplos de produção sob encomenda.
27. Defina o sistema de produção em lotes.
28. Dê exemplos de produção em lotes.
29. Quais são as características da produção em lotes?
30. Defina o sistema de produção contínua.
31. Dê exemplos do sistema de produção contínua.
32. Quais são as características do sistema de produção contínua?
33. Do que depende o sistema de produção de uma empresa?
34. Compare os sistemas de produção quanto ao almoxarifado de matérias-primas.
35. Compare os sistemas de produção quanto ao subsistema de produção.
36. Compare os sistemas de produção quanto ao depósito de produtos acabados.
37. Compare a continuidade/descontinuidade da produção em cada um dos sistemas de produção.
38. Compare o aproveitamento da mão de obra em cada um dos sistemas de produção.

REFERÊNCIAS

1. CHIAVENATO, I. *Introdução à Teoria Geral da Administração*: uma visão abrangente da moderna administração das organizações. 10. ed. São Paulo: Atlas, 2020.
2. CHIAVENATO, I. *Introdução à Teoria Geral da Administração*: uma visão abrangente da moderna administração das organizações, *op. cit.*
3. CHIAVENATO, I. *Introdução à Teoria Geral da Administração*: uma visão abrangente da moderna administração das organizações, *op. cit.*
4. DEMING, W. E. *Qualidade*: a revolução da Administração. São Paulo: Saraiva, 1990.
5. Os seguintes livros tratam do CQT:
    MIRSHAWKA, V. *A implantação da qualidade e da produtividade pelo método do Dr. Deming*. São Paulo: Makron Books, 1991.
    BERGAMO FILHO, V. *Gerência econômica da qualidade através do TQC*. São Paulo: Makron Books, 1991.
    CROSBY, P. *Qualidade*: falando sério. São Paulo: Makron Books, 1991.
6. JURAN, J. M.; GRYNA, F. M. *Quality planning and analysis*. New York: McGraw-Hill Book Co., 1993. p. 9.
7. CHIAVENATO, I. *Introdução à Teoria Geral da Administração*: uma visão abrangente da moderna administração das organizações, *op. cit.* p. 462.
8. SHINGO, S. *A revolution in manufacturing*: the SMED system. Stanford: Productivity Press, 1985.
9. MARTINS, P. G.; LAUGENI, F. P. *Administração da Produção*. São Paulo: Saraiva, 2005. p. 404-406.
10. HAMMER, M.; CHAMPY, J. Reengineering: the path to cange. In: *Reengineering the corporation*: a manifesto for business revolution. New York: HarperBusiness, 1993. p. 31-49, Capítulo 2. *Vide* também: *Reengenharia*: um manifesto para a revolução da empresa. Rio de Janeiro: Campus, 1998.

11. CHIAVENATO, I. *Introdução à Teoria Geral da Administração*: uma visão abrangente da moderna administração das organizações, *op. cit.*

12. CHIAVENATO, I. *Introdução à Teoria Geral da Administração*: uma visão abrangente da moderna administração das organizações, *op. cit.*

13. WALLACE, T. F. MRP II: *Making It happen*: the implementer's guide to success with manufacturing resource planning. Essex Junction: Oliver Wright Ltd. Publ., 1985. p. 5.

14. BLACKBURN, J. D. *Time-based competition*: the next battleground in American manufacturing. Homewood: Business One-Irwin, 1991. p. 69.

15. MOODY, P. E. *Strategic manufacturing*: dynamic New directions for the 1990's. Homewood: Dow-Jones Irwin, 1990. p. 191.

16. CHASE, R. B.; GARVIN, D. A. The service factory. *Harvard Business Review*, n. 67, p. 61-69, July-August 1989.

4 TRAÇADO DO SISTEMA DE PRODUÇÃO

O QUE VEREMOS ADIANTE

- Impacto da tecnologia.
- Localização.
- Capacidade instalada e capacidade de produção.
- Arranjo físico e leiaute.
- Manutenção.

Definido e caracterizado o produto que se deseja produzir ou o serviço que se deseja oferecer, o passo imediato é planejar e traçar o sistema de produção mais apropriado. O sistema produtivo deve ser perfeitamente adequado ao que se deseja produzir. Essa adequação é fundamental para o êxito da produção.

INTRODUÇÃO

Traçar e planejar o sistema de produção significa atuar sobre o ambiente físico de trabalho no qual se realiza a produção dos produtos ou serviços da empresa. Um dos maiores desafios da Gestão da Produção (GP) é dimensionar o espaço disponível, localizar a área produtiva e dispor as máquinas e os equipamentos da melhor forma possível para facilitar a produção. A escolha do local não é feita ao acaso nem por meio da improvisação. Deve-se, antes, ter em mente a tecnologia de produção a ser adotada para, então, planejar e organizar as áreas e nelas acomodar máquinas e equipamentos que serão utilizados. Trata-se, pois, de estabelecer o traçado do sistema de produção, isto é, como o sistema de produção será planejado, organizado e montado para funcionar da melhor maneira possível. O primeiro passo está em estudar o espaço, as áreas disponíveis e as instalações necessárias para o processo produtivo.

4.1 IMPACTO DA TECNOLOGIA

Para produzir produtos ou prestar serviços, as empresas utilizam várias tecnologias. A tecnologia pode ser conceituada como um conjunto ordenado de conhecimentos – sejam empíricos, sejam científicos – como resultado de experiências e observações acumuladas e registradas por meios escritos ou verbais. A tecnologia envolve tanto os conhecimentos (o saber fazer as coisas, o *know-how*) quanto as manifestações físicas desses conhecimentos, que são as coisas já feitas, como máquinas, equipamentos, instalações etc. A tecnologia permite o desenvolvimento de técnicas capazes de transformar os insumos que a empresa recebe em resultados, como produtos ou serviços.

Dessa maneira, a tecnologia se apresenta sob dois tipos de aspectos:[1]

1. **Aspectos conceituais ou abstratos**: constituem o próprio saber fazer as coisas, isto é, o conhecimento disponível, para possível aplicação prática. Os aspectos conceituais ou abstratos são comumente denominados *softwares*. Envolvem métodos, processos, procedimentos, rotinas, regras e regulamentos, planos e programas de trabalho etc.
2. **Aspectos físicos ou concretos**: constituem o resultado prático do conhecimento aplicado, isto é, a consequência física traduzida em coisas que o homem faz. Os aspectos físicos ou concretos são comumente denominados *hardwares*. Envolvem máquinas, equipamentos, instalações, circuitos etc., enfim, toda a parafernália de coisas que o desenvolvimento tecnológico permite construir. Como veremos mais adiante, o arranjo físico refere-se à disposição e à colocação dos aspectos físicos concretos.

Tecnologia
- *Software*
  - Aspectos conceituais e abstratos:
    - Métodos
    - Processos
    - Procedimentos
    - Rotinas
    - Regras
    - Regulamentos
    - Projetos
    - Programas
- *Hardware*
  - Aspectos físicos e concretos:
    - Máquinas
    - Equipamentos
    - Instalações
    - Circuitos
    - Ferramenteiros
    - Mecânicos
    - Eletricistas
    - Gráficos
    - Tecelões
    - Torneiros

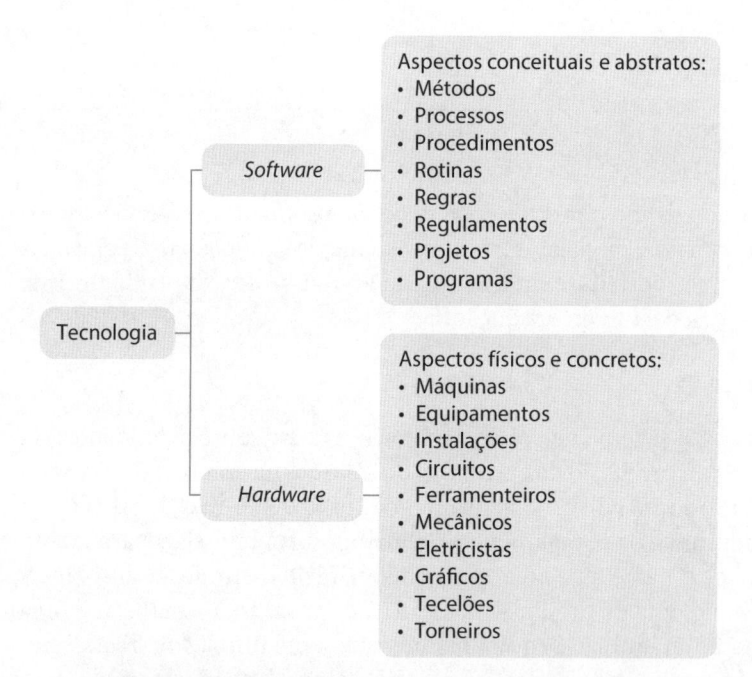

Figura 4.1 Tecnologia conceitual e tecnologia física.

4.1.1 Formas de operação produtiva

Dependendo da tecnologia que a empresa utiliza, podem existir três formas de operação produtiva:[2]

1. **Operação de mão de obra intensiva**: é a operação baseada na utilização de pessoas com habilidades manuais e físicas e com ênfase na manufatura e no artesanato. É o caso dos

serviços de escritório, da construção civil e industrial, das linhas de montagem com operações manuais etc. A tecnologia de mão de obra intensiva representa o estágio de maior utilização de operários e de atividade artesanal ou manufatureira.

2. **Operação de média tecnologia**: é a operação baseada na conjugação de máquinas e equipamentos com pessoas que devem operá-los ou controlá-los. Representa um meio-termo entre os dois tipos de operação anteriormente descritos. Envolve máquinas e pessoas que trabalham em conjunto e em interação. É o caso da injeção de plásticos, das tecelagens semiautomatizadas, dos serviços de crediário e cobrança etc.

3. **Operação de tecnologia ou de capital intensivo**: é a operação baseada na utilização intensiva de máquinas e equipamentos com ênfase na mecanização e na automação. É o caso da indústria petroquímica, das refinarias de petróleo, dos serviços de processamento de dados, da produção de cimento etc. A tecnologia intensiva representa o estágio mais avançado da industrialização, com a utilização de equipamentos que dispensam ou reduzem o trabalho do homem, por meio da mecanização (uso de máquinas) e da automação industrial. A automação industrial tem seu melhor exemplo na utilização da robótica (robôs industriais ou máquinas-ferramentas programáveis e equipamentos de controle numérico e computadorizado), que permite o controle automático e o mínimo possível de intervenção humana na produção.

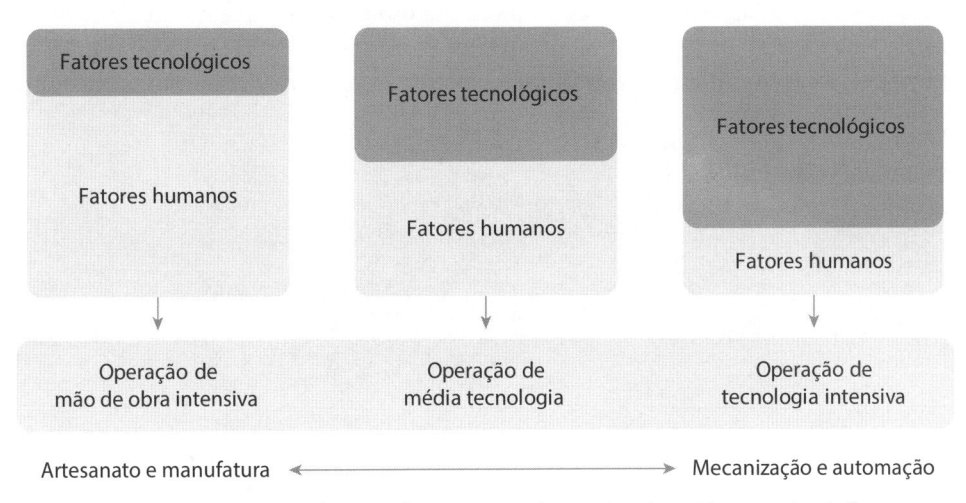

Figura 4.2 As três formas de operação determinadas pela tecnologia.[3]

Aumente seus conhecimentos sobre **As decorrências da Era Industrial** na seção *Saiba mais* GP 4.1

Obviamente, entre esses três tipos de operação há uma infinidade de tipos intermediários e com diferentes gradações de operação envolvendo máquinas e equipamentos, e a mão de obra representa a atividade manual na produção.

O mercado define três níveis de mão de obra:[4]

1. **Mão de obra não qualificada**: representa a atividade humana mais rudimentar, geralmente braçal ou muscular. Não requer qualificação, isto é, instrução escolar ou experiência profissional anterior. É a mão de obra típica dos operários braçais utilizados na construção civil ou nas atividades de faxina e limpeza.

2. **Mão de obra qualificada**: representa a atividade humana que requer qualificação prévia, isto é, alguma instrução escolar e alguma experiência profissional anterior. Alguma atividade mental ou iniciativa é exigida da pessoa, como saber ler e escrever, fazer pequenos relatórios, cálculos elementares, tomar pequenas decisões etc. É a mão de obra típica dos funcionários de portaria, pessoal de segurança (como guardas e vigilantes), de algum almoxarifado (como auxiliares de almoxarifado), contadores de peças, auxiliares de escritório, datilógrafas etc.

3. **Mão de obra especializada**: representa a atividade humana que requer especialização, isto é, uma instrução específica e uma experiência profissional prévia. É a atividade que exige conhecimentos e destreza, além de habilidades pessoais. A mão de obra especializada é constituída de ferramenteiros, mecânicos, tecelões, encanadores, eletricistas, gráficos, instrumentistas, almoxarifes, enfermeiros etc.

Assim, a mão de obra se refere à atividade manual, braçal, muscular ou artesanal e manufatura sobre a produção. Quando a pessoa ocupa um cargo de supervisão, de chefia ou de gerência, deixa de ser mão de obra, pois passa a lidar com pessoas, e não mais diretamente com o produto/serviço (P/S). Nesse caso, passa a ocupar um cargo de supervisão, liderança ou gestão.

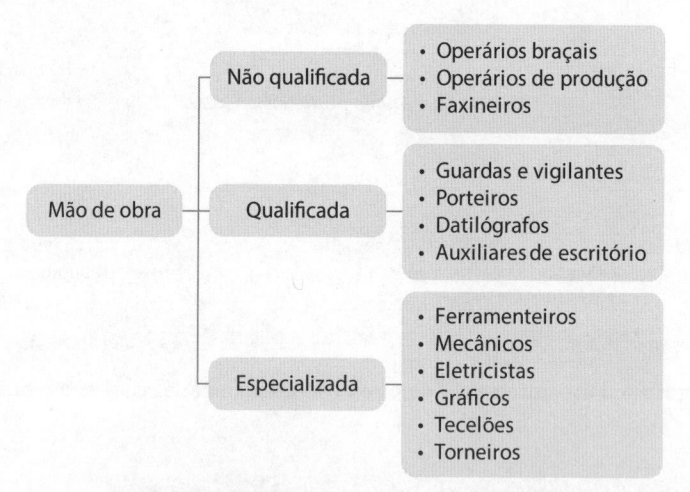

Figura 4.3 Os três tipos de mão de obra.[5]

4.1.2 Meios de reduzir a incidência de mão de obra

Muitas empresas procuram reduzir a incidência de mão de obra por três meios:[6]

1. **Racionalização**: significa o estudo de métodos e procedimentos para reduzir o trabalho e aumentar a eficiência. Racionalizar é melhorar o método e o processo para que o esforço

seja mais produtivo. No fundo, a racionalização significa a busca de meios racionais para alcançar os objetivos desejados. Trata-se, portanto, de criar métodos e procedimentos que eliminem o desperdício de esforço e agreguem valor ao trabalho.

2. **Mecanização**: significa a substituição do esforço humano pelo trabalho da máquina e do equipamento. Mecanizar é transferir o trabalho muscular do homem para a máquina. Um tipo de mecanização mais avançado é a robotização, isto é, a adoção de robôs industriais para a execução de tarefas duras e inóspitas, como soldagem, parafusamento, pintura etc.

3. **Automatização**: significa a substituição do cérebro humano pelo trabalho da máquina e do computador. Automatizar significa transferir o trabalho mental do homem para a máquina ou computador, como contagem de peças (controle numérico), programação de máquinas etc.

A tecnologia determina quase tudo. É a tecnologia utilizada pela empresa que define o processo de produção, o fluxo dos materiais, os métodos de trabalho, as máquinas e os equipamentos necessários etc. É também a tecnologia que define os conhecimentos, as habilidades e as competências que as pessoas devem possuir para poder trabalhar na empresa. A tecnologia pode ser mais ou menos versátil, ou seja, apresentar maior ou menor flexibilidade para permitir que a empresa possa escolher diferentes produtos ou serviços para produzir.

4.1.3 Versatilidade da tecnologia utilizada

Quanto à sua versatilidade, a tecnologia pode ser classificada em dois tipos: tecnologia fixa e tecnologia flexível.[7]

1. **Tecnologia fixa**: é a tecnologia criada para um único e determinado objetivo. Ela não permite utilização em outros P/S diferentes porque foi desenvolvida apenas para uma atividade específica. A empresa que emprega tecnologia fixa e imutável é obrigada a escolher ou adaptar os P/S adequados à tecnologia de que dispõe. Quase sempre, a tecnologia fixa confina a empresa à produção de um único e específico P/S. As indústrias automobilísticas empregam tecnologia fixa cuja modificação exige elevados investimentos quando se trata de novos modelos de carros. É o caso de indústrias de cimento, serviços de processamentos de dados e a maioria das indústrias do ramo químico e petroquímico. Essas indústrias simplesmente não podem mudar de produto porque a tecnologia fixa não o permite.

2. **Tecnologia flexível**: é a tecnologia que pode ser utilizada em várias e diferentes finalidades. Ocorre à medida que máquinas e equipamentos, matérias-primas e conhecimentos, habilidades e competências podem ser aplicadas ou adaptadas para a produção de outros tipos de P/S diferentes. A tecnologia flexível permite adaptabilidade e flexibilidade necessárias para que a empresa possa optar por uma variedade de P/S. É quando a tecnologia pode se adaptar às diferentes características dos P/S a serem produzidos. O melhor exemplo de tecnologia flexível ocorre nas oficinas e em grande parte das linhas de montagem que podem ser facilmente adaptadas para a produção de diferentes P/S.

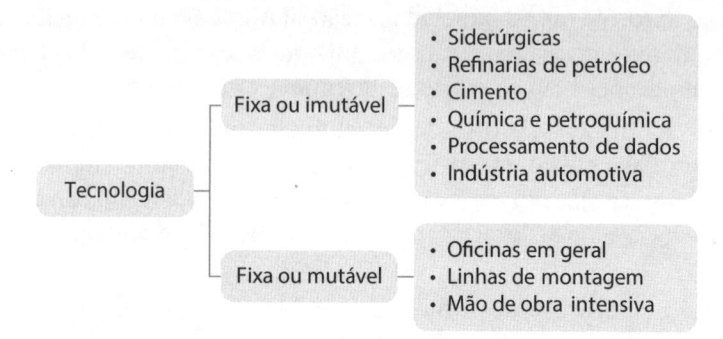

```
                          ┌── Fixa ou imutável ── • Siderúrgicas
                          │                        • Refinarias de petróleo
                          │                        • Cimento
            Tecnologia ───┤                        • Química e petroquímica
                          │                        • Processamento de dados
                          │                        • Indústria automotiva
                          │
                          └── Fixa ou mutável ──── • Oficinas em geral
                                                   • Linhas de montagem
                                                   • Mão de obra intensiva
```

Figura 4.4 Tipos de tecnologia quanto à sua versatilidade.

A influência da tecnologia – seja fixa, seja flexível – é mais perceptível quando associada com o tipo de produto que a organização oferece. O produto pode ser classificado em:

- **Produto concreto**: é o produto físico ou material que pode ser descrito com grande precisão, identificado com especificidade, medido e avaliado. O produto concreto pode ser visto, tocado, apalpado.
- **Produto abstrato**: é o produto que não permite descrição precisa nem identificação clara e especificação. O produto abstrato – ou serviço – não pode ser visualizado, tocado ou apalpado, daí a complexidade de sua mensuração.

4.1.4 Combinações de produto × tecnologia

Assim, as classificações binárias de tecnologia e de produto podem ser reunidas em uma tipologia de tecnologia e produtos que possibilita considerar suas consequências para a elaboração de uma política administrativa global de uma organização. Daí as quatro combinações:[8]

1. **Tecnologia fixa e produto concreto**: é típica de organizações nas quais as possibilidades de mudanças tecnológicas são muito pequenas e mesmo difíceis. A preocupação reside na possibilidade de que o mercado venha a rejeitar ou dispensar o produto oferecido pela organização. A formulação da estratégia global da organização procura enfatizar a colocação ou a distribuição do produto no mercado, com especial reforço na área de marketing. O exemplo típico são as empresas do ramo automobilístico.
2. **Tecnologia fixa e produto abstrato**: a organização é capaz de mudar, embora dentro dos limites impostos pela tecnologia fixa ou inflexível. A formulação da estratégia global da organização procura enfatizar a obtenção do suporte ambiental necessário para a mudança. Assim, as partes relevantes do mercado precisam ser influenciadas para que aceitem novos produtos que a organização deseja oferecer. O exemplo típico são as instituições educacionais baseadas em conhecimentos altamente especializados e que oferecem uma variedade de cursos.
3. **Tecnologia flexível e produto concreto**: a organização pode efetuar, com relativa facilidade, mudanças para um produto novo ou produtos diferentes por meio da adaptação de máquinas e equipamentos, técnicas, talentos, competências etc. A estratégia global procura enfatizar a inovação por meio de Pesquisa e Desenvolvimento (P&D), isto é, a

criação constante de produtos diferentes ou de características novas para antigos produtos. O exemplo típico são as empresas do ramo de plásticos e de equipamentos eletrônicos que estão sujeitas a intensas mudanças e inovações, fazendo com que as tecnologias adotadas sejam constantemente reavaliadas e modificadas ou adaptadas.

4. **Tecnologia flexível e produto abstrato**: encontrada em organizações com grande adaptabilidade ao mercado. A estratégia global enfatiza a obtenção do consenso externo em relação ao produto ou serviço a ser oferecido ao mercado (consenso de clientes) e aos processos de produção (consenso dos funcionários), já que as possibilidades de mudanças tecnológicas são muitas e o problema maior da organização reside na escolha entre qual é a alternativa mais adequada entre elas. O exemplo típico são as organizações secretas ou mesmo abertas, mas extraoficiais, empresas de propaganda e de relações públicas (RP), empresas de consultoria organizacional, consultoria legal, auditoria etc.

> Acesse conteúdo sobre **O impacto da tecnologia** na seção *Tendências em GP* 4.1

Quadro 4.1 Matriz de tecnologia × produto[9]

		Produto	
		Concreto	**Abstrato**
Tecnologia	**Fixa**	Poucas possibilidades de mudança Pouca flexibilidade Estratégia focada na colocação do produto no mercado Ênfase na área de marketing Receio de ter o produto rejeitado pelo mercado	Algumas possibilidades de mudanças dentro dos limites impostos pela tecnologia Estratégia focada na obtenção da aceitação de novos produtos pelo mercado Ênfase na área de marketing Receio de não obter o apoio necessário do mercado
	Flexível	Mudanças relativamente fáceis nos produtos por meio de adaptação ou mudança tecnológica Estratégia focada na inovação e na criação constante de novos produtos ou serviços Ênfase na área de P&D	Grande adaptabilidade ao mercado Grande flexibilidade Estratégia focada na obtenção do consenso externo (quanto aos novos produtos) e do consenso interno (quanto aos novos processos de produção) Ênfase nas áreas de P&D (novos produtos e novos processos), marketing (consenso dos clientes) e Recursos Humanos (RH) (consenso dos funcionários)

4.1.5 Tipos de tecnologia

É importante conhecer a tecnologia para se compreender a ação empresarial por uma razão muito simples: a ação das empresas está fundamentada nos resultados desejados e nas convicções sobre as relações de causa e efeito. Para se alcançar determinado resultado desejado, o conhecimento humano prevê quais são as ações necessárias e a maneira de conduzi-las para aquele resultado. Essas ações são ditadas pelas convicções que temos para chegar aos resultados desejados e constituem a chamada racionalidade técnica – que é a tecnologia. Assim, dois critérios são fundamentais: o critério instrumental (ou racionalidade técnica), que permite conduzir aos resultados desejados, e o critério econômico, que permite alcançar os resultados desejados com a mínima despesa de recursos necessários.

Alguns autores propõem uma tipologia de tecnologias que identificam três tipos de tecnologias de produção de acordo com seu arranjo físico dentro da organização:[10]

1. **Tecnologia em elos de sequência**: baseada na interdependência serial das tarefas necessárias para completar com êxito um produto: o ato Z poderá ser executado depois de completar com êxito o ato Y, que, por sua vez, depende do ato X, e assim por diante, dentro de uma sequência de encadeados e interdependentes. É o caso da linha de montagem da produção em massa.

   É a tecnologia que se aproxima da perfeição instrumental quando produz um único tipo de produto padrão, repetitivamente e a uma taxa constante. A repetição reiterada do processo produtivo proporciona a experiência como meio de eliminar possíveis imperfeições, melhorar o maquinário e proporcionar a base para uma manutenção preventiva programada. Essa repetição também significa que os movimentos humanos possam ser examinados e melhorados por meio de treinamento e prática, reduzindo erros e perdas de energia a um mínimo. É aqui que a Administração Científica de Taylor ofereceu sua maior contribuição.

2. **Tecnologia mediadora**: algumas organizações fazem a ligação entre clientes que são ou desejam ser interdependentes. É o caso do banco comercial que liga os depositantes com aqueles que desejam tomar emprestado. A companhia de seguros liga aqueles que desejam associar-se em riscos comuns. A agência de propaganda vende tempo ou espaço conectando os veículos às demais organizações. A companhia telefônica liga aqueles que querem chamar com os que querem ser chamados. A agência de colocações medeia a procura com a oferta de empregos por meio do recrutamento de pessoal.

   Enquanto a tecnologia em sequência tem uma atividade engrenada às necessidades das outras, a tecnologia mediadora requer um funcionamento dentro das modalizadas padronizadas e envolvendo extensivamente clientes ou compradores múltiplos distribuídos no tempo e no espaço.

   Assim, de um lado, o banco comercial precisa encontrar depósitos de diversos depositantes mantendo transações dentro dos padrões e procedimentos de escrituração e contabilização uniformes. Mas, de outro lado, é preciso encontrar os que querem tomar emprestado e cujos empréstimos precisam ser feitos de acordo com critérios padrão e a condições aplicadas de maneira uniforme à categoria adequada àquele que toma emprestado. Tratamento preferencial traz riscos desfavoráveis e prejudicam a solvência do banco. A padronização permite à companhia de seguros definir categorias de risco e, assim, classificar seus clientes ou compradores em potencial em categorias convenientes. Assim, a padronização permite à tecnologia mediadora assegurar que todos os segmentos estejam funcionando de maneiras compatíveis. É aqui que as técnicas burocráticas de categorização e de aplicação impessoal de regulamentos têm sido mais aplicáveis.

3. **Tecnologia intensiva**: representa a focalização de uma ampla variedade de habilidades, especializações e competências sobre um único cliente. A organização utiliza uma variedade de técnicas para conseguir uma modificação em algum objeto específico e seleção, combinação e ordem de aplicação são determinadas por realimentação (retroação) pelo próprio objeto. O hospital representa uma espécie desse tipo de organização, bem como a indústria de construção (estaleiros, construção civil ou industrial) e P&D.

O hospital geral ilustra bem a aplicação da tecnologia intensiva: a qualquer momento, uma internação de emergência pode exigir alguma combinação de serviços dietéticos, radiológicos, laboratoriais, em conjunto com diversas especialidades médicas, serviços farmacêuticos e serviços espirituais religiosos. Qual destes, e quando, só poderão ser determinados pela evidência do estado do paciente ou de sua resposta ao tratamento. A tecnologia intensiva requer a aplicação de parte ou de toda a disponibilidade das competências potencialmente necessárias, dependendo da correta combinação conforme exigidas pelo caso ou projeto individual. Ela conduz praticamente a uma organização do tipo de projeto.

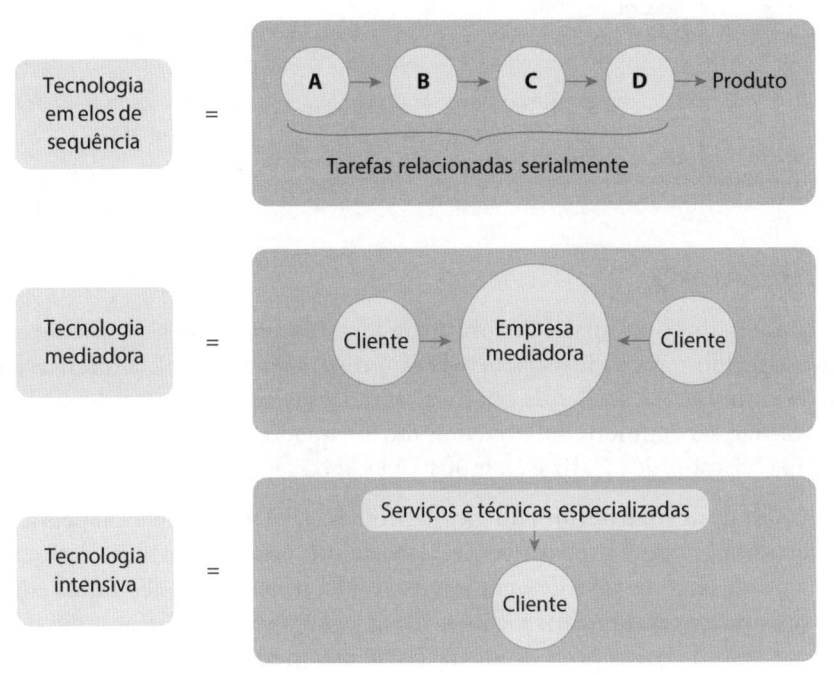

Figura 4.5 Tipologia de tecnologias de produção.[11]

Cada tipo de tecnologia exige um diferente desenho organizacional e sistema de produção.

Quadro 4.2 Características dos tipos de tecnologia[12]

Tecnologia	Principais características
Elos de sequência	Interdependência serial entre as diferentes tarefas Ênfase no produto Tecnologia fixa e estável Repetitividade do processo produtivo, que é cíclico Abordagem típica da Administração Científica
Mediadora	Diferentes tarefas padronizadas são distribuídas extensivamente em diferentes locais Ênfase em clientes separados, mas interdependentes, que são mediados pela empresa Tecnologia fixa e estável, produto abstrato Repetitividade do processo produtivo, que é padronizado e sujeito a normas e procedimentos Abordagem típica da Teoria da Burocracia
Intensiva	Diferentes tarefas são localizadas e convergidas sobre cada cliente tomado individualmente Ênfase no cliente Tecnologia flexível Processo produtivo envolvendo variedade e heterogeneidade de técnicas que são definidas por meio da retroação dada pelo próprio objeto Abordagem típica da Teoria da Contingência

4.2 LOCALIZAÇÃO

A localização – mais comumente denominada localização industrial – refere-se ao local específico escolhido para as instalações da empresa, seja a fábrica, a oficina, a loja ou o escritório da empresa. A escolha de um local para situar as instalações depende de vários fatores que devem ser reunidos em um conjunto adequado.

Os principais fatores de localização industrial são os seguintes:

- **Disponibilidade de mão de obra no local**: escolhe-se determinado local pela abundância de mão de obra barata e preparada. Trata-se de um fator importante, principalmente quando a produção é de mão de obra intensiva e há necessidade de muitos empregados. Há que se ponderar que muitos locais – como as áreas rurais – proporcionam mão de obra barata, mas de baixo nível de formação ou experiência profissional.

- **Proximidade das fontes de matérias-primas ou de fornecedores**: principalmente quando os insumos forem de grande tamanho ou peso, a proximidade das fontes de fornecedores é fundamental. Escolhe-se determinado local pela abundância no fornecimento ou pela proximidade de matérias-primas. Exemplos: siderúrgicas, metalúrgicas, fábricas de aço ou de papel, que devem ser localizadas próximas das fontes de suprimentos.

- **Localização geográfica próxima aos mercados consumidores**: para minimizar os custos de transporte dos produtos acabados ou para facilitar a entrega dos serviços, escolhe-se o local mais chegado aos consumidores, clientes ou usuários.

- **Facilidades logísticas**: transporte ou acesso a estradas, ferrovias, terminais de transporte marítimo ou fluvial, principalmente quando o produto é de grande porte e peso, como nas siderúrgicas, nas refinarias de petróleo, nas indústrias de cimento etc.
- **Infraestrutura**: que permita disponibilidade de serviços, como água, eletricidade e gás, quando o volume desses insumos é grande.
- **Tamanho da localização**: quando houver previsão de expansão ou tipo de solo mais apropriado em se tratando de construções pesadas ou de empreendimentos sujeitos a crescimento no futuro.
- **Incentivos fiscais**: concedidos por leis municipais ou estaduais e que proporcionam redução de impostos ou facilidades de implantação.

Quadro 4.3 Os principais fatores de localização industrial

- Proximidade de mão de obra e de pessoal especializado
- Proximidade das matérias-primas ou de fornecedores
- Proximidade dos mercados consumidores
- Facilidade de transporte
- Infraestrutura energética (eletricidade, gás etc.)
- Tamanho da localização
- Incentivos fiscais

A localização ideal ou ótima é aquela em que todos ou quase todos os fatores anteriores são satisfeitos total ou parcialmente. Muitas vezes, pode existir um fator predominante que prepondera sobre os demais. É o caso da proximidade de matérias-primas ou a disponibilidade de mão de obra, por exemplo. Em uma indústria de papel, a presença de água e eletricidade, a facilidade de transporte pesado e a proximidade das matérias-primas constituem os quatro fatores predominantes de localização. Dificilmente, os fatores de localização podem ser avaliados objetivamente, mas quase sempre é possível identificá-los e ponderá-los quando se tem várias alternativas de localização industrial para escolher. Eles são amplamente utilizados quando se trata de escolher um local para uma fábrica, loja, *shopping center*, agência bancária, escritório, mercearia ou siderúrgica.

> Acesse conteúdo sobre **Uma mesa, dez empresas** na seção *Tendências em GP 4.2*

4.3 CAPACIDADE INSTALADA E CAPACIDADE DE PRODUÇÃO

A capacidade instalada e a capacidade de produção são dois conceitos de grande importância para a GP.

Dá-se o nome de capacidade instalada ao potencial que a empresa possui para produzir P/S com as instalações, máquinas e equipamentos. A capacidade instalada é, portanto, a capacidade máxima de produção que a empresa pode atingir com a plena utilização de suas instalações e equipamentos. Dificilmente, a produção de uma empresa consegue chegar a se manter no limite de sua capacidade, isto é, ao nível de 100% de sua capacidade instalada. Quando a empresa utiliza apenas pequena parte de sua capacidade instalada, ocorre a capacidade ociosa. A capacidade ociosa representa a utilização parcial da capacidade instalada.

A capacidade instalada, portanto, permite determinada capacidade de produção. A diferença entre ambas é que a capacidade instalada é definida pelo arsenal de instalações e equipamentos disponíveis, que é um dado estático, enquanto a capacidade de produção representa a produção possível com a capacidade instalada e mais os recursos materiais (matérias-primas), humanos (pessoal e competências) e financeiros (disponibilidade de capital para financiar as operações da empresa).

Quadro 4.4 Os determinantes da capacidade de produção

Capacidade de produção	=	Capacidade instalada	+ Disponibilidade de: recursos materiais; recursos humanos; recursos financeiros.

Assim, a capacidade de produção representa a capacidade instalada mais os recursos materiais, humanos e financeiros disponíveis. Apenas a capacidade instalada não significa que a produção esteja sendo realizada. Para que a capacidade instalada seja efetivamente utilizada, são necessários os recursos empresariais, como matérias-primas disponíveis, pessoal suficiente para produzir e dinheiro para financiar as compras e as operações da empresa.

4.3.1 Métricas para medir a capacidade de produção

A capacidade de produção é, geralmente, uma grandeza numérica por meio da qual se pode medir a quantidade de vezes que será possível produzir um produto ou prestar um serviço em determinado período de tempo. Essa grandeza numérica pode ser obtida por meio de três tipos de unidades de medida:

1. **Medidas de tempo**: a capacidade de produção é avaliada em função do tempo, qualquer que seja o P/S produzido ou a produzir. É praticamente uma grandeza do potencial disponível da empresa. É o caso de homens/horas de trabalho, da carga horária da máquina, do tempo de atendimento do cliente bancário ou da clínica médica.

   Trata-se de uma grandeza que permite avaliar a capacidade de produção para um P/S já existente ou para um novo P/S a ser lançado futuramente. Porém, não fornece uma dimensão exata daquilo que a empresa produz, pois se refere aos meios de produção, e não aos seus resultados.

2. **Quantidade de P/S**: a capacidade de produção é medida em volumes unitários de P/S que a empresa pode produzir em dado período de tempo. Mede os resultados finais da produção, e não os meios de produção disponíveis. É o caso da produção por hora, por dia, por semana, por mês ou por ano de P/S, como lápis, lâmpadas, automóveis, parafusos, cheques compensados, pacientes internados. Define o quanto a empresa pode produzir dentro de determinado período de tempo. Se a empresa tem capacidade para produzir, por exemplo, 500 geladeiras por mês ou para atender a 100 clientes por dia, essas grandezas permitem uma avaliação das possibilidades do negócio e de como a empresa

ou um departamento pode atender ao mercado. As quantidades de P/S não constituem uma medida homogênea – principalmente quando a empresa tem vários e diferentes P/S – nem estável, pois a produção pode sofrer atrasos ou os P/S podem ser modificados. Além do mais, é uma grandeza que depende do período de tempo considerado.

3. **Unidades monetárias**: a capacidade de produção é medida em valores financeiros ou monetários. As unidades de P/S produzidos são multiplicadas pelos preços cobrados, proporcionando o resultado financeiro da produção realizada. Quando a inflação é elevada, muitas empresas utilizam unidades monetárias constantes – como o dólar ou o euro – para permitir uma avaliação mais fidedigna ao longo do tempo. Trata-se de uma grandeza interessante para dar uma ideia do resultado financeiro da capacidade de produção.

Medidas de tempo	• Homens/horas de trabalho • Carga horária de máquina • Tempo de atendimento ao cliente
Quantidade de P/S	• Volume diário de produção • Número de cheques compensados • Pacientes internados • Pacientes curados
Unidades monetárias	• Volume de faturamento • Lucratividade esperada

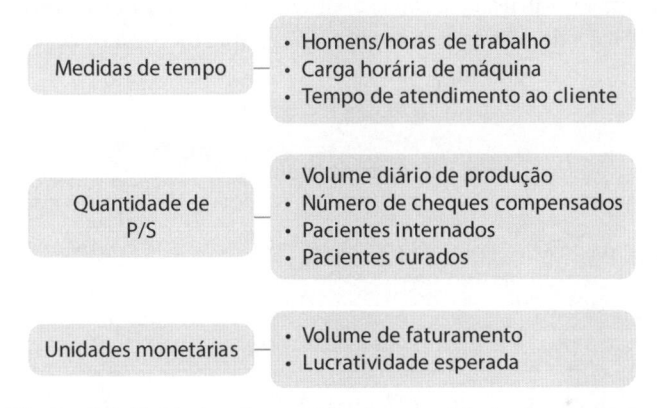

Figura 4.6 Unidades de medida da capacidade de produção.

Assim, a capacidade de produção pode ser medida tanto em número de homens/horas de trabalho disponíveis para cada atividade quanto pela quantidade de produtos que é capaz de produzir por hora ou por dia, ou, ainda, pelo faturamento que pode garantir por hora, por dia ou por mês de atividade. Cada empresa escolhe a unidade de medida mais adequada às suas características.

4.4 ARRANJO FÍSICO E LEIAUTE

O arranjo físico se refere ao planejamento da configuração do espaço físico a ser ocupado e representa a disposição de pessoas, máquinas e equipamentos necessários à produção dos P/S da empresa. O arranjo físico pode se referir também à localização física de diversos órgãos ligados direta ou indiretamente à produção para facilitar o relacionamento entre eles. Assim como as pessoas, máquinas e equipamentos devem estar adequadamente dispostos e colocados fisicamente para facilitar o processo produtivo. Além disso, os órgãos da empresa precisam ocupar espaços que facilitem suas operações e sua interdependência.

O arranjo físico é retratado por meio do leiaute (do inglês, *layout*, que significa "dispor", "ordenar", "esquematizar"). Leiaute é o gráfico que representa a disposição espacial, a área ocupada e a localização das máquinas e dos equipamentos ou das seções envolvidas. O leiaute mostra o arranjo físico de máquinas, homens e materiais, procurando a melhor combinação dos três: operações das máquinas, produtividade do trabalho e fluxo dos materiais. Na realidade, o leiaute se assemelha a uma planta baixa (desenho simples) de um apartamento ou casa com seus respectivos cômodos.

Existem quatro tipos de leiaute: o leiaute linear voltado para o produto ou serviço, o leiaute voltado para o processo produtivo, o leiaute posicional e o leiaute celular. Podem ser utilizados em conjunto, dependendo do sistema de produção.

4.4.1 Leiaute por produto

Trata-se de um leiaute linear que, no caso de produção de produtos, apresenta cada tipo de operação desde a entrada da matéria-prima em sua ponta até a saída do produto acabado na outra ponta, indicando a trajetória (etapas de produção) que constitui a menor distância entre esses dois extremos. O leiaute do produto indica toda a sequência de operações executadas em um produto, desde a entrada da matéria-prima até seu acabamento final, quando se torna produto acabado.

No caso de prestação de serviços, o leiaute linear aborda cada operação, desde seu início até sua finalização junto ao cliente.

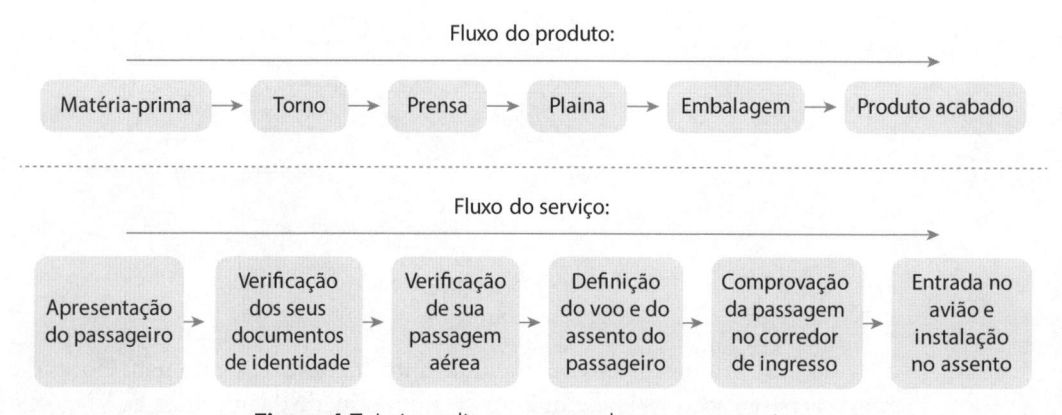

Fluxo do produto:

Matéria-prima → Torno → Prensa → Plaina → Embalagem → Produto acabado

Fluxo do serviço:

Apresentação do passageiro → Verificação dos seus documentos de identidade → Verificação de sua passagem aérea → Definição do voo e do assento do passageiro → Comprovação da passagem no corredor de ingresso → Entrada no avião e instalação no assento

Figura 4.7 Leiaute linear por produto ou por serviço.

O leiaute linear é utilizado quando se pretende analisar todas as operações executadas na produção de determinado produto ou serviço. Nesse tipo de leiaute, o produto ou o serviço constituem o ponto de referência, ou seja, a base de análise.

4.4.2 Leiaute por processo

É também denominado leiaute funcional e representa as diversas seções (ou máquinas e equipamentos) e o fluxo que o processo segue desde a matéria-prima inicial até o produto acabado. Em outros termos, as seções (ou máquinas e equipamentos) figuram como elementos básicos do leiaute, enquanto cada produto segue sua trajetória, que é diferente para os outros produtos.

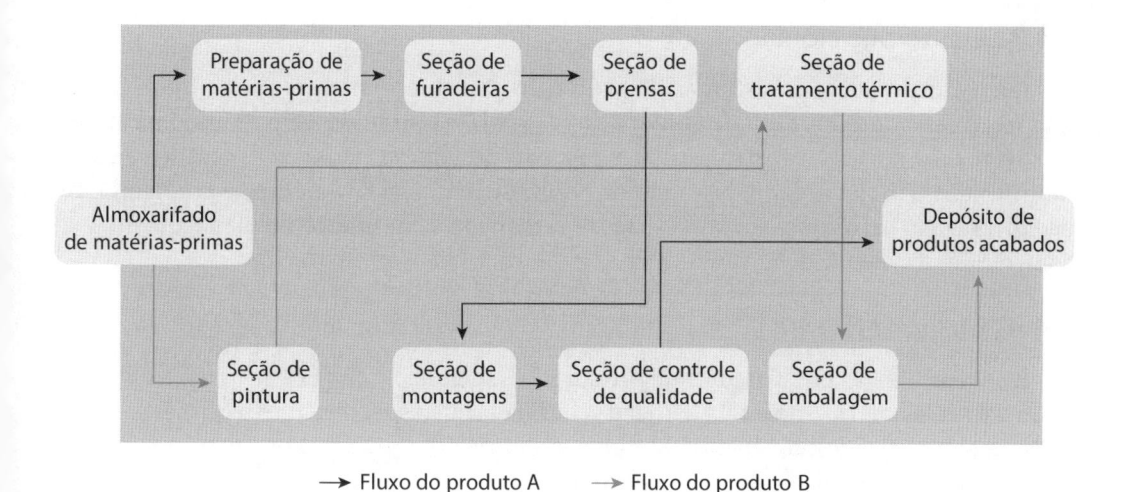

```
                 Preparação de      Seção de        Seção de         Seção de
              → matérias-primas → furadeiras  →    prensas    →  tratamento térmico

Almoxarifado                                                                        Depósito de
de matérias-primas                                                              → produtos acabados

                  Seção de         Seção de      Seção de controle   Seção de
              →   pintura         montagens  →   de qualidade       embalagem
```

→ Fluxo do produto A   → Fluxo do produto B

Figura 4.8 Leiaute por processo ou leiaute funcional.

O leiaute por processo é utilizado quando se pretende analisar os processos de produção de um ou vários produtos. Nesse tipo de leiaute, as seções produtivas são o ponto de referência, isto é, as bases de análise dos vários produtos.

Quadro 4.5 Comparação entre arranjo físico por processo e por produto[13]

	Arranjo físico por processo	Arranjo físico por produto
Lógica	Recursos agrupados Por função	Recursos arranjados sequencialmente
Tipo de processo	Por tarefa Por lote ou batelada	Linha (manual ou automática) Fluxo contínuo
Fluxo processado	Intermitente, variável	Contínuo
Volumes por produto	Baixos	Altos
Variedade de produtos	Alta	Baixa
Decisão de arranjo físico	Localização de recursos	Balanceamento de linhas
Estoque em processo	Alto	Baixo
Sincronização entre etapas	Difícil	Fácil
Identificação de gargalos	Mais difícil	Mais fácil
Distâncias percorridas	Longas	Curtas
% do tempo agregando valor	Baixa	Alta
Espaço requerido	Grande	Pequeno
Natureza geral dos recursos	Mais polivalentes	Dedicados
Custos de manuseio materiais	Mais alto	Mais baixo
Critério competitivo priorizado	Flexibilidade	Custo, velocidade

4.4.3 Leiaute posicional

É o leiaute utilizado por sistemas de produção extremamente grandes e muitos deles irremovíveis, como no caso de construção de fábricas ou hidrelétricas, navios, aviões, ferrovias ou rodovias. Mostra posições que não podem ou não devem ser alteradas ou modificadas com facilidade, pelo fato de repercutirem negativamente na confiabilidade de entrega. São casos que ocupam espaços permanentes em função do planejamento e do controle do projeto.

4.4.4 Leiaute celular

É o leiaute utilizado por sistemas de produção em células. Célula de produção é o nome dado a equipes multifuncionais dedicadas a uma tarefa específica que requer o conjunto integrado de várias competências individuais.

Os principais benefícios do leiaute celular são:

- Maior flexibilidade do que o leiaute por produto.
- Racionalização dos projetos e processos.
- Simplificação do planejamento e do controle da produção.
- Redução do tempo de atravessamento total (*lead time*).
- Redução das movimentações de materiais.
- Redução do material em processamento.
- Maior confiabilidade nos prazos de entrega.
- Flexibilidade na utilização da mão de obra.
- Promoção do trabalho em equipe.

4.4.5 Objetivos do leiaute

O principal objetivo do leiaute é organizar ou reorganizar da melhor forma a disposição do espaço a ser ocupado por pessoas, máquinas e equipamentos. Por trás desse objetivo principal seguem outros objetivos não menos importantes, como:[14]

- Melhorar o processo de produção.
- Minimizar investimentos em equipamentos.
- Permitir flexibilidade nas operações.
- Utilizar o espaço disponível da maneira mais eficiente.
- Minimizar tempo de produção.
- Reduzir inventário de materiais.
- Diminuir custos de movimentação de materiais.
- Evitar congestionamentos, restrições e confusão.
- Permitir facilidade de mudanças e ajustamentos.
- Facilitar a supervisão.

4.4.6 Arranjo físico

Vimos que o arranjo físico é a maneira segundo a qual todos os recursos que ocupam espaço em determinada operação devem estar fisicamente dispostos. Tais recursos podem ser: pessoas, máquinas, equipamentos, instalações, um centro de trabalho, um escritório ou um departamento. O arranjo físico é indispensável em qualquer tipo de empresa: indústrias, armazéns, lojas e comércio em geral, fazendas, escritórios, hospitais, construções, universidades etc. Ele determina a forma e a aparência dos locais de trabalho e como o processo produtivo irá fluir.

> **SAIBA MAIS** *Design* de escritórios
>
> A Microsoft do Brasil é apresentada como um dos melhores lugares para se trabalhar. Pesquisa revela que 89% dos funcionários reconhecem que o *design* do escritório tem efeito direto sobre a satisfação e a produtividade. O ambiente de trabalho e a maneira como os espaços empresariais e os móveis são arranjados estão no foco da preocupação sobre a produtividade da empresa. O conceito de espaços produtivos vem ganhando força e indica que o futuro do trabalho deverá ser mais amplo e agradável do que os espaços convencionais dos escritórios de hoje.
>
> O arranho físico, portanto, não é uma atividade que deve ser considerada somente para a linha de produção industrial. Esse processo é fundamental para outras áreas da organização, independentemente do tipo de negócio. Um bom planejamento do arranjo possibilita alcançar uma economia de movimentos e de equipamentos, contribuindo para o aumento da qualidade e da produtividade. Esse pode ser um processo de baixo custo, baseando-se em soluções simples. Uma mudança de leiaute do escritório e a alocação correta dos equipamentos, aos quais todos possam ter acesso, pode ser uma medida simples, de baixo custo, mas com resultados muito positivos.

Uma pequena mudança no arranjo físico pode provocar profundos efeitos sobre a produtividade, a velocidade e a rapidez, a segurança e o conforto, e a satisfação das pessoas envolvidas, além de afetar positivamente os custos e a eficácia geral da produção.

Os objetivos do planejamento do arranjo físico são os seguintes:

- Apoiar a estratégia competitiva da empresa.
- Enfatizar atividades que agregam valor.
- Eliminar atividades que não agregam valor.
- Determinar e facilitar a disposição dos centros de atividade em uma unidade de produção.
- Facilitar o fluxo de pessoas, materiais e informações.
- Aumentar a eficiência das pessoas e dos equipamentos.
- Aumentar a produtividade.
- Evitar formação de filas, gargalos ou paradas desnecessárias.

- Reduzir riscos de acidentes.
- Aumentar o moral e a satisfação dos trabalhadores.
- Evitar fluxos excessivamente longos ou confusos.
- Evitar estocagem desnecessária de materiais.
- Reduzir custos de produção.

Por outro lado, os objetivos que agregam valor para as atividades de produção costumam ser:[15]

- Minimizar custos de manuseio e movimentação interna de materiais.
- Utilizar o espaço físico disponível de maneira eficiente.
- Apoiar o uso eficiente da mão de obra, evitando que esta se movimente desnecessariamente.
- Facilitar a comunicação entre as pessoas envolvidas na produção.
- Reduzir tempos de ciclo dentro da operação, garantindo fluxos mais linearizados.
- Facilitar a entrada, a saída e a movimentação dos fluxos de pessoas e materiais.

As decisões sobre arranjo físico acontecem quando:[16]

- Um novo recurso que consome espaço é acrescentado ou retirado, ou quando se decide pela modificação de sua localização.
- Há uma expansão ou uma redução de área da instalação.
- Ocorre mudança relevante de procedimentos ou de fluxos físicos.
- Ocorre mudança substancial de produtos que afetam os fluxos de produção.
- Ocorre mudança substancial na estratégia competitiva da operação.

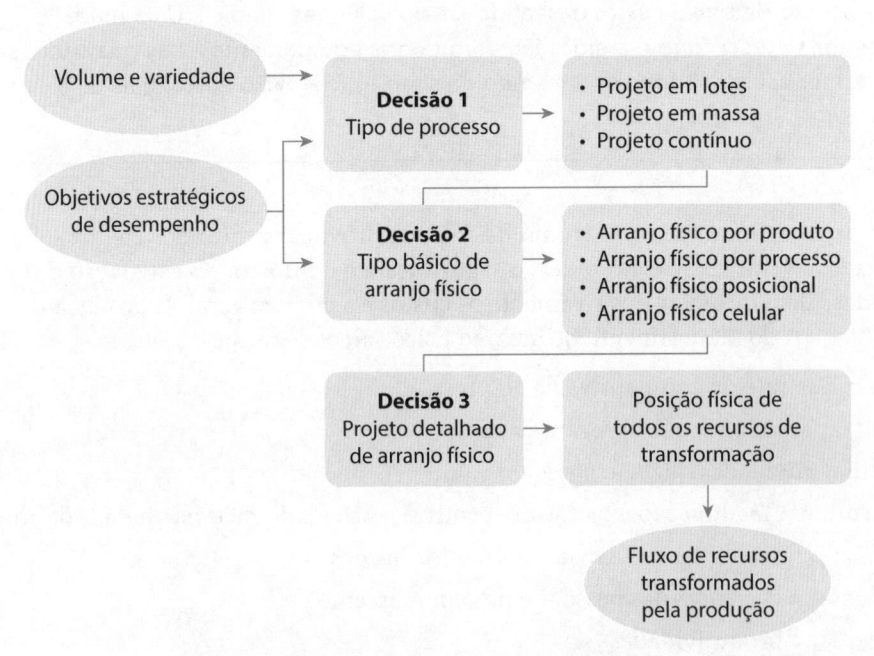

Figura 4.9 Decisões sobre o arranjo físico.[17]

Capítulo 4 – Traçado do Sistema de Produção

Um bom arranjo físico deve proporcionar os seguintes benefícios:

- Racionalização, otimização e melhoria do uso do espaço físico.
- Minimização de distâncias, com deslocamentos menores e ganho de tempo.
- Facilidade de acesso às operações e máquinas.
- Maior facilidade de supervisão e coordenação.
- Segurança com demarcações de passagens, isolamento de operações perigosas.
- Sinalização e informação.
- Conforto para as pessoas por meio de fatores físico-ambientais como iluminação, temperatura e ausência de ruídos ou vibrações.
- Facilitar possíveis mudanças de operações.

As principais ferramentas para o planejamento do arranjo físico são:

- **Maquetes ou gabaritos bidimensionais ou tridimensionais**: por meio de desenhos ou blocos para mostrar a disposição dos elementos básicos do processo produtivo.
- **CAD/CAM (do inglês *Computer Aided Design* e *Computer Aided Manufacturing*)**: é o desenho assistido por computador, nome genérico de sistemas computacionais em *softwares* utilizados em Engenharia, Arquitetura, *Design* e Geografia para facilitar o projeto e o desenho técnico, ou para criação, modificação, análise ou otimização de arranjos físicos. Em todos os casos – produtos como automóveis, indústrias, lojas, vestuário –, os termos de cada especialidade são incorporados na interface do programa. Trata-se de *software* utilizado para aumentar a produtividade do desenhista ou arranjador, melhorar a qualidade do desenho, aperfeiçoar as comunicações por meio de documentação e criar uma base de dados para a manufatura.[18] Quase sempre, a saída do CAD são arquivos eletrônicos para análise ou impressão. Quando utiliza desenhos eletrônicos, o CAD se baseia no que denominamos *Eletronic Design Automation* (EDA), que no desenho mecânico é conhecido por *Mechanical Design Automation* (MDA). Na prática, o CAD é um processo para criar desenhos técnicos com o uso de *software* de computador que utiliza a modelagem paramétrica capaz de oferecer modificações no desenho pela entrada de números, indicando dimensões e relações entre todos os elementos ou objetos desenhados.[19]

  O CAM – manufatura auxiliada por computador –, por sua vez, envolve modelos computacionais que simulam as condições de fabricação, e as ferramentas utilizadas no desenho são aquelas que existem no chão de fábrica. O CAD/CAM são exemplos da modelagem computacional.

- **Simulação**: no campo das ciências e tecnologias, **simular** significa recriar comportamentos de um sistema ou processo – que constituem o sistema simulado – por meio de um sistema computadorizado – que constitui o simulador – de modo adequado para estudo, análise e interação. No fundo, a simulação é um processo de projetar um modelo computacional de um sistema real e efetuar experiências com esse modelo com o propósito de entender seu funcionamento e/ou avaliar estratégias para sua operação.[20] A vantagem da simulação e de outros ambientes de aprendizagem sintéticos baseia-se na capacidade de aumentar, substituir, criar e/ou gerir a vivência que o indivíduo tem a respeito do mundo que o rodeia, ao oferecer conteúdo realístico e instrumentos educacionais.[21] É o caso de simuladores de voo ou simuladores de arranjos físicos melhorados.

- **Diagramas de fluxo de processos**: são fluxogramas formados por símbolos que descrevem a movimentação de processos de produção. Esse assunto será abordado novamente no capítulo final do livro.

4.4.7 Arranjo físico e sistemas de produção

Cada um dos sistemas de produção requer um arranjo físico peculiar. É o que veremos a seguir.[22]

- **Produção por encomenda**: nesse sistema de produção, o arranjo físico procura envolver o produto ou serviço com máquinas e equipamentos necessários para sua produção. Como o produto é de grande porte e sua construção é geralmente demorada, monta-se uma oficina de tecnologia flexível com as máquinas e os equipamentos que devem se movimentar ao seu redor. O produto é estático, enquanto as máquinas e as ferramentas fazem nele os acréscimos, as transformações, as modificações, as aplicações etc.

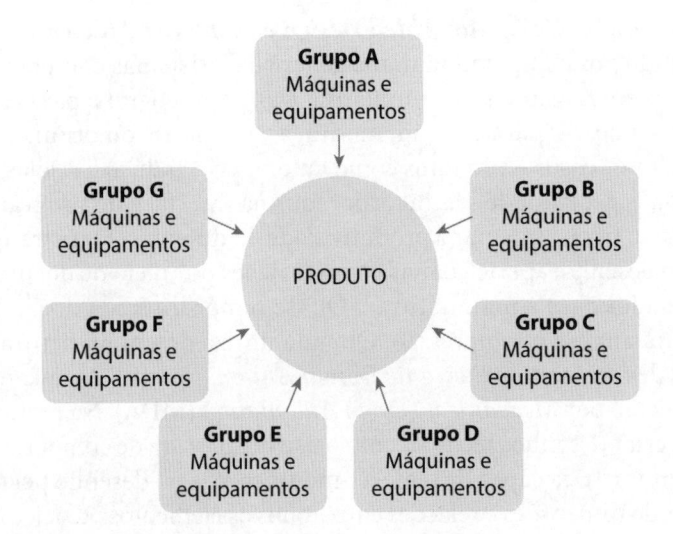

Figura 4.10 Arranjo físico da produção sob encomenda.

Na produção por encomenda, o produto fica no centro das operações. O produto fica estático e parado, enquanto as máquinas e os equipamentos são dispostos ao seu redor.

- **Produção em lotes**: nesse sistema de produção, as máquinas e os equipamentos – que geralmente são de tecnologia flexível – são dispostos em locais previamente determinados, os quais os lotes de produção percorrem na sequência do processo produtivo.

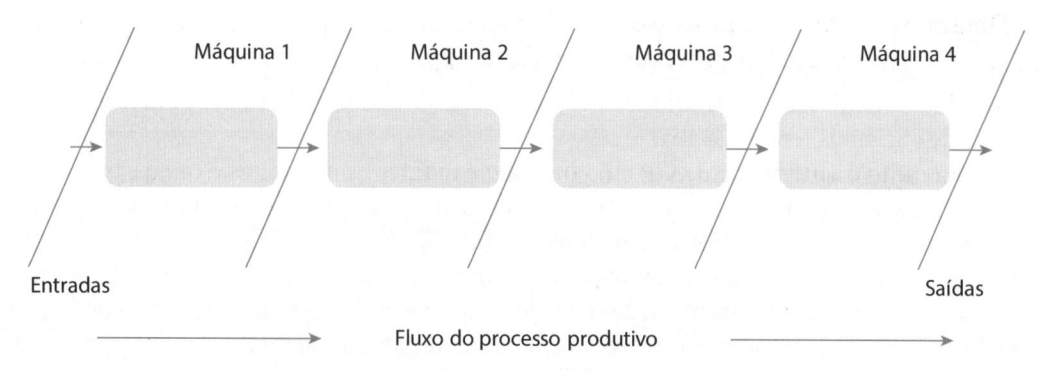

Figura 4.11 Arranjo físico na produção em lotes.

Na produção em lotes, cada lote se movimenta ao longo de uma série ou bateria de máquinas e equipamentos que compõem o fluxo do processo produtivo.

- **Produção contínua**: no sistema de produção contínua, o arranjo físico dispõe e distribui as máquinas e os equipamentos – que geralmente são de tecnologia fixa – em locais previamente determinados pelos quais os P/S fluem continuamente no decorrer do processo produtivo, que é sempre o mesmo.

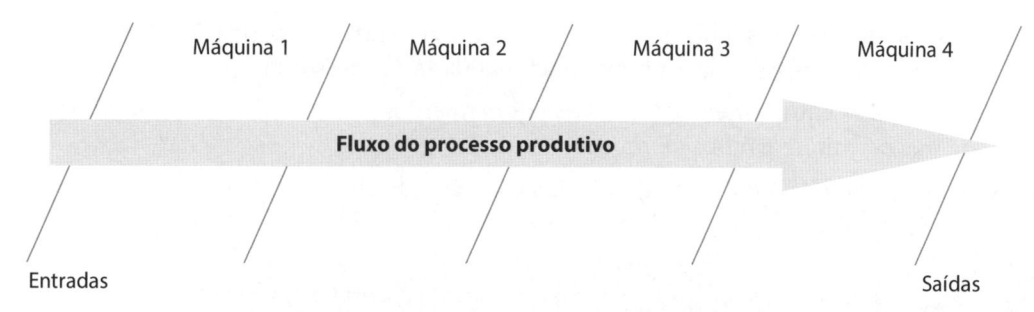

Figura 4.12 Arranjo físico na produção contínua.

Em qualquer dos sistemas de produção apresentados, o arranjo físico visa proporcionar um balanceamento adequado do processo produtivo para evitar gargalos, folgas ou restrições ao longo do fluxo. Balanceamento significa equilíbrio na sequência do processo produtivo, de tal maneira que as máquinas e os equipamentos proporcionem um fluxo estável e permanente de produção. Balancear a produção nada mais é do que arranjar as máquinas e os equipamentos de modo a evitar gargalos ou folgas, estrangulamentos ou ociosidade no processo de produção, permitindo que haja um fluxo uniforme de produção ao longo de todo o processo produtivo.

4.5 MANUTENÇÃO

Máquinas, equipamentos, prédios e instalações não são eternos nem perfeitos ou definitivos. Eles sofrem desgastes e avarias e precisam receber constantes reparos, consertos, adaptações e manutenção. Esse é o papel da manutenção: efetuar os reparos e consertos em máquinas, equipamentos e instalações para que sejam mantidos em condições satisfatórias para sua atividade normal. Quanto melhor a manutenção, menor o número de máquinas e equipamentos parados para reparos e consertos. Assim, a manutenção é importante para que a produção mantenha sua continuidade e eficiência. Se as máquinas pararem com frequência, o nível de eficiência tenderá a abaixar.

Manutenção é a atividade da GP cujo objetivo é manter as máquinas e os equipamentos em condições satisfatórias para seu funcionamento normal. A manutenção é ótima quando as máquinas, os equipamentos e as instalações funcionam normalmente e não provocam problemas. Em outros termos, a manutenção é ótima quando permite a utilização do maquinário e do equipamento durante todo o tempo disponível. Quando isso ocorre, a operação da fábrica se reduz ao menor custo possível, pois não há paradas ou interrupções imprevistas devido a falhas nas máquinas e nos equipamentos.

> Aumente seus conhecimentos sobre **A constante luta contra o desperdício** na seção *Saiba mais* GP 4.2

A manutenção preventiva total (TPM – *total preventive maintenance*) procura atingir o zero quebra ou zero falha. Embora tal objetivo seja praticamente inalcançável, ele não é impossível. O TPM se fundamenta em três princípios:[23]

1. **Melhoria das pessoas**: por meio de treinamento, liderança e motivação. A filosofia do TPM precisa ser ressaltada e a multifuncionalidade das pessoas é indispensável.
2. **Melhoria dos equipamentos**: todos os equipamentos podem e devem ser melhorados para que permitam ganhos de produtividade.
3. **Qualidade total**: a TPM é integrante dos conceitos de qualidade total.

> Aumente seus conhecimentos sobre **Desperdício aumenta custos e diminui a competitividade** na seção *Saiba mais* GP 4.3

Existem dois tipos distintos de manutenção: a manutenção preventiva e a manutenção corretiva.

4.5.1 Manutenção preventiva

É a manutenção programada previamente para evitar paradas inesperadas de máquinas e equipamentos. Assim como os automóveis têm sua manutenção preventiva estabelecida a cada 5 mil ou 10 mil quilômetros – quando devem ir para a oficina para revisão e troca de determinadas peças ou componentes, lubrificação, troca de óleo lubrificante e determinadas verificações –, o maquinário e os equipamentos precisam, a cada número de horas de trabalho, passar por uma revisão total ou parcial. A manutenção preventiva é planejada e programada previamente em função do tempo e obedece a um cronograma que pode envolver seções inteiras ou unidades de máquinas e equipamentos a serem mantidos e reparados.

Trata-se de planejar e programar a manutenção para garantir a máxima utilização de todo o maquinário e evitar paradas inesperadas em cada seção produtiva da empresa. Tanto o cronograma quanto o gráfico de Gantt são utilizados na manutenção preventiva.

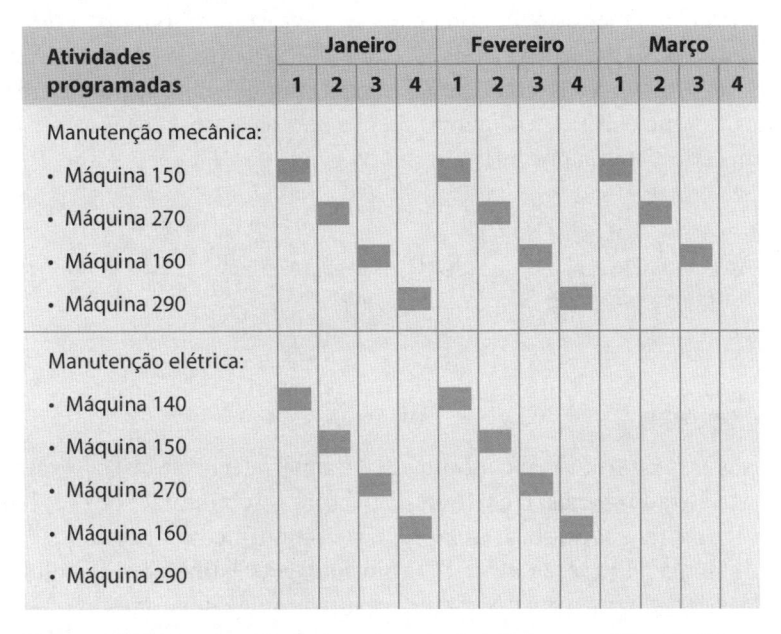

Atividades programadas	Janeiro				Fevereiro				Março			
	1	2	3	4	1	2	3	4	1	2	3	4
Manutenção mecânica:												
• Máquina 150	■				■				■			
• Máquina 270		■				■				■		
• Máquina 160			■				■				■	
• Máquina 290				■				■				
Manutenção elétrica:												
• Máquina 140	■				■							
• Máquina 150		■				■						
• Máquina 270			■				■					
• Máquina 160				■				■				
• Máquina 290												

Figura 4.13 Manutenção preventiva programada em gráfico de Gantt.

A manutenção preventiva deve ser programada de tal forma a não tumultuar ou prejudicar o funcionamento de cada seção produtiva, uma vez que seu objetivo é fazer com que a operação da fábrica tenha sua continuidade garantida e seja a melhor possível.

As principais vantagens da manutenção preventiva são:

- Reduz enormemente as interrupções do fluxo do processo produtivo.
- Aumenta a vida útil das máquinas e dos equipamentos.
- Reduz custos operacionais.
- Pode ser programada para os momentos mais oportunos.
- Enfatiza uma mentalidade preventiva entre as pessoas.
- Melhora a produtividade, por evitar contratempos.
- Melhora a qualidade dos produtos e serviços, por garantir condições de operacionalidade das máquinas e dos equipamentos.

4.5.2 Manutenção corretiva

A manutenção corretiva é a manutenção improvisada que funciona para os reparos e os consertos inesperados e de emergência. Atende a máquinas e equipamentos subitamente parados por quebras ou defeitos e que causam transtornos para a seção produtiva, provocando paradas para consertos. Visa corrigir, restaurar ou recuperar a atividade produtiva de um equipamento ou uma instalação. Cuida apenas dos reparos essenciais que permitam recolocar o maquinário e o equipamento novamente em funcionamento para não aumentar o custo da paralisação inesperada. Quanto melhor a manutenção preventiva, menos irá ocorrer a manutenção corretiva. Quando a manutenção corretiva é muito solicitada, deve-se avaliar o esquema de manutenção preventiva, pois esta não está garantindo o funcionamento normal do maquinário e permitindo paradas inoportunas e imprevistas que poderiam ser perfeitamente evitadas. Tempo é dinheiro. Quanto menos paradas imprevistas forem encontradas, maior a eficiência do sistema produtivo.

> Aumente seus conhecimentos sobre **Manutenção inteligente** na seção *Saiba mais* GP 4.4

4.5.3 *Housekeeping*

Muitas empresas estão aplicando o conceito de que a manutenção é um dever de todos, e não de um órgão centralizado apenas. Trata-se de distribuir a responsabilidade por alguns aspectos da manutenção para todas as pessoas da empresa, bem como melhorar a qualidade do trabalho. O *housekeeping* trata da limpeza da casa. O ambiente de trabalho deve ser agradável, limpo, higiênico, saudável. Todo programa de manutenção e de qualidade começa com a mudança de hábitos das pessoas com relação a limpeza, asseio, organização e ordem no local de trabalho. Essa atividade não é exclusiva de faxineiros, mas de todas as pessoas na empresa, indistintamente. Padrões de limpeza estão intimamente associados com atitudes gerenciais e padrões de comportamento. O *housekeeping* requer um método de uso sistemático fundamental para a qualidade e a produtividade no trabalho que os japoneses denominam 6S:

1. *Seiri* – **senso de uso e liberação de áreas**: significa separar o essencial e desfazer-se de tudo o que seja desnecessário para o trabalho. Guardar ou armazenar qualquer coisa desnecessária significa estoques que ocupam espaço físico que custam dinheiro, armários e gavetas para guardar coisas que não têm proveito e que atrapalham a vida das pessoas e da empresa.
   - Elimine o que não necessita.
   - Acabe com os estoques além do necessário.
   - Deixe no local de trabalho apenas os materiais e os equipamentos que vai utilizar no momento, na quantidade certa.
2. *Seiton* – **senso de organização**: significa dispor as coisas essenciais de maneira organizada e adequada para serem facilmente localizadas e utilizadas. Tudo deve ter um lugar previamente definido e o que é mais utilizado deve estar mais disponível.
   - Organize seu local de trabalho.
   - Cada coisa em seu lugar e um lugar para cada coisa.
   - O que for de uso constante, deixe ao alcance das mãos.
   - O que for de uso eventual, coloque em segundo plano.

- O que não tiver previsão de uso, remova de seu local de trabalho.
- Identifique o local para cada coisa para que todos a encontrem com facilidade.

3. *Seiso* – **senso de limpeza**: significa manter limpo o local de trabalho, as máquinas e os utensílios, de maneira regular e constante. A segurança é melhorada quando as condições inseguras de trabalho – como sujeira, fumaça, barulho, itens quebrados, material supérfluo – são removidas por meio da limpeza, que melhora o ambiente de trabalho.
   - Ambiente limpo é qualidade.
   - A limpeza deve ser o resultado de atitudes preventivas. É proibido sujar.
   - Limpar tem que ser uma tarefa presente na rotina de trabalho.
   - Qualidade começa com a vassoura. Cada um é responsável pela limpeza de seu posto de trabalho.

4. *Seiketsu* – **senso de asseio e saúde**: envolve asseio, arrumação e padronização: significa que todo colaborador deve ter hábitos profundamente arraigados de aplicar os 3S anteriores. Enquanto os 3S anteriores se referem a tarefas a executar, esse princípio se refere a fazer da limpeza e da verificação uma prática rotineira.
   - A primeira imagem é aquela que fica gravada.
   - A apresentação do funcionário é o ponto-chave para a primeira impressão do cliente.
   - Uniforme ou roupa limpa, sapatos limpos, cabelos bem cuidados.
   - Postura e boa vontade expressa na aparência.
   - Cabeça erguida e disposição para o trabalho.
   - Qualidade de vida.

5. *Shitsuke* – **senso de disciplina e apoio**: é o coroamento dos demais S de maneira que o processo se torna contínuo e interminável. Significa usar de maneira disciplinada os equipamentos proporcionados pela empresa, como crachás, uniformes, equipamentos de proteção, instrumentos de trabalho, bem como manter asseado e limpo o local de trabalho.
   - Seguir as regras e as etapas do processo.
   - Atenção ao processo.
   - Faça certo como se fosse da primeira vez, sempre.
   - Qualidade é também a constância do processo de trabalho.

6. *Shikari-Yaroh* – **disciplina no posto de trabalho**: significa que toda atividade humana deve atender a um conjunto de disciplinas que norteiam o trabalho. São obrigações que toda pessoa deve atender em todas as suas atividades.
   - Tirou, guardou.
   - Abriu, fechou.
   - Emprestou, devolveu.
   - Acabou, repôs.
   - Estragou, consertou.
   - Saiu, voltou.

Os 6S são aplicáveis em qualquer tipo de organização ou empresa e, sem dúvida, melhoram não apenas o local físico de trabalho, mas principalmente o aspecto psicológico da atividade humana.

Sem dúvida, o traçado do sistema de produção deve, necessariamente, cuidar não somente do fluxo ótimo do processo produtivo, mas também do produto ou serviço, da tecnologia adotada e de todo o ambiente ao seu redor.

QUESTÕES PARA REVISÃO

1. Conceitue traçado do sistema de produção.
2. O que é dimensionar o espaço disponível?
3. O que é tecnologia?
4. Quais são os dois tipos de aspectos que envolvem tecnologia?
5. Explique os aspectos conceituais ou abstratos da tecnologia.
6. Explique os aspectos físicos ou concretos da tecnologia.
7. O que é *software*?
8. O que é *hardware*?
9. Explique a operação da tecnologia intensiva.
10. Por que a operação de tecnologia intensiva é também denominada tecnologia de capital intensivo?
11. Explique a operação de mão de obra intensiva.
12. Explique a operação de média tecnologia.
13. O que é mão de obra não qualificada?
14. O que é mão de obra qualificada?
15. O que é mão de obra especializada?
16. Dê exemplos dos três tipos de mão de obra.
17. Quais são as técnicas para reduzir a incidência da mão de obra?
18. O que é racionalização?
19. O que é mecanização?
20. O que é robotização?
21. O que é automação?
22. Explique o que é tecnologia fixa. Exemplifique.
23. Explique o que é tecnologia flexível. Exemplifique.
24. O que é localização industrial?
25. Quais são os principais fatores de localização industrial?
26. Explique a disponibilidade de mão de obra local.
27. Explique a proximidade das fontes de matérias-primas ou de fornecedores.
28. Explique a localização geográfica próxima aos mercados.
29. Explique a facilidade de transportes ou de acesso a comunicações.

30. Explique a infraestrutura.
31. O que é localização industrial ideal ou ótima?
32. Conceitue capacidade instalada.
33. Conceitue capacidade de produção.
34. Quais são os determinantes da capacidade de produção?
35. Quais são as medidas de capacidade de produção?
36. Explique as medidas de tempo.
37. Explique as medidas em quantidades de P/S.
38. Explique as medidas de unidades monetárias.
39. O que é arranjo físico?
40. O que é leiaute?
41. O que é leiaute de produto?
42. O que é leiaute de processo?
43. Qual é o arranjo físico típico do sistema de produção sob encomenda?
44. Qual é o arranjo físico típico do sistema de produção em lotes?
45. Qual é o arranjo físico típico do sistema de produção contínua?
46. Conceitue manutenção.
47. Quais os objetivos da manutenção?
48. Defina manutenção preventiva.
49. Como é elaborada a manutenção preventiva?
50. Defina manutenção corretiva.
51. Qual é a influência da manutenção preventiva sobre a corretiva e vice-versa?

REFERÊNCIAS

1. CHIAVENATO, I. *Introdução à Teoria Geral da Administração*: uma visão abrangente da moderna administração das organizações. 10. ed. São Paulo: Atlas, 2020.
2. CHIAVENATO, I. *Introdução à Teoria Geral da Administração*: uma visão abrangente da moderna administração das organizações, *op. cit.*
3. CHIAVENATO, I. *Introdução à Teoria Geral da Administração*: uma visão abrangente da moderna administração das organizações, *op. cit.*
4. CHIAVENATO, I. *Recursos Humanos*: o capital humano das organizações. 11. ed. São Paulo: Atlas, 2020.
5. CHIAVENATO, I. *Recursos Humanos*: o capital humano das organizações, *op. cit.*
6. CHIAVENATO, I. *Recursos Humanos*: o capital humano das organizações, *op. cit.*
7. CHIAVENATO, I. *Introdução à Teoria Geral da Administração*: uma visão abrangente da moderna administração das organizações, *op. cit.*
8. THOMPSON, J. D.; BATES, F. L. *Technology, organization and administration*. Ithaca: Business and Public Administration School, Cornel University, 1969.
9. Adaptado de: CHIAVENATO, I. *Introdução à Teoria Geral da Administração*: uma visão abrangente da moderna administração das organizações, *op. cit.*

10. THOMPSON, J. D. *Dinâmica organizacional*: fundamentos sociológicos da teoria administrativa. São Paulo: McGraw-Hill do Brasil, 1976. p. 30-33.
11. Adaptado de: CHIAVENATO, I. *Introdução à Teoria Geral da Administração*: uma visão abrangente da moderna administração das organizações, *op. cit.*
12. Adaptado de: CHIAVENATO, I. *Introdução à Teoria Geral da Administração*: uma visão abrangente da moderna administração das organizações, *op. cit.*
13. ALVARENGA NETTO, C. *Materiais e processos de produção IV*. Universidade de São Paulo, Escola Politécnica da USP, Departamento de Produção, maio 2009. Disponível em: http://www.usp.br/fau/cursos/graduacao/design/disciplinas/pro2721/09-11_-_Arranjo_Fisico.pdf. Acesso em: 04 set. 2013.
14. FRANCIS, R. L.; WHITE, J. A. *Facility layout and location*: an analytical approach. Englewood Cliffs: Prentice Hall, 1974. *Vide* também: OLIVERIO, J. L. *Projeto de fábrica*: produtos, processos e instalações industriais. São Paulo: IBLC, 1985.
15. ALVARENGA NETTO, C. *Materiais e processos de produção IV*, *op. cit.*
16. ALVARENGA NETTO, C. *Materiais e processos de produção IV*, *op. cit.*
17. Extraído de: AMARAL, F. G. *Processos e layouts produtivos*. Disponível em: http://www.producao.ufrgs.br/arquivos/disciplinas/385_layout_processo_trabalho.pdf. Acesso em: 03 set. 2013.
18. NARAYAN, K. L. *Computer aided design and manufacturing*. Nova Delhi: Prentice Hal of India, 2008. p. 3-4.
19. MADSEN, D. A. *Engineering drawind and design*. Clifton Park: Delmar, 2012. p. 10.
20. BRADFORD, S. B.; KANAR, A. M.; KOZLOWSKI, S. W. J. *Current issues and future directions in simulation-based training*. Cornell: Center for Advanced Human Resource Studies, Cornell University ILR School, 1990.
21. KAMPIS, G. *Self-modifying systems in biology and cognitive science*. Oxford: Pergamon Press, 1991.
22. Adaptado de: CHIAVENATO, I. *Introdução à Teoria Geral da Administração*: uma visão abrangente da moderna administração das organizações, *op. cit.*
23. MARTINS, P. G.; LAUGENI, F. P. *Administração da Produção*. São Paulo: Saraiva, 2005. p. 469.
24. Extraído de: http://www.pacpme.com.br/pacpme/web/arquivos/CartilhaQualidadeProdutividade.pdf. Acesso em: 03 set. 2013.

5 PLANEJAMENTO E CONTROLE DA PRODUÇÃO

O QUE VEREMOS ADIANTE

- Conceito de Planejamento e Controle da Produção (PCP).
- Finalidade e funções do PCP.
- As quatro fases do PCP.
- *Manufacturing Resource Planning* (MRP II).
- O PCP na Era da Indústria 4.0 – o uso de *Advanced Planning and Scheduling* (APS).

Para produzir bem, é necessário planejar, organizar, dirigir e controlar. Para atender a requisitos de eficiência e de eficácia, a produção precisa repousar em um sistema de planejamento e controle confiável. Há muita atividade a ser planejada, organizada e coordenada para que a produção ocorra da melhor maneira possível. A complexidade do sistema produtivo exige necessariamente um esquema adequado de planejamento e controle.

INTRODUÇÃO

As empresas não produzem ao acaso nem funcionam de maneira improvisada. Para atingir seus objetivos e aplicar adequadamente seus recursos, as empresas precisam planejar antecipadamente e precisam controlar adequadamente sua produção. Para isso, existe o Planejamento e Controle da Produção (PCP). O PCP visa aumentar a eficiência e a eficácia da empresa por meio da Gestão da Produção (GP).

5.1 CONCEITO DE PLANEJAMENTO E CONTROLE DA PRODUÇÃO

Planejamento é a função administrativa que determina antecipadamente quais são os objetivos que deverão ser atingidos e o que deve ser feito para atingi-los da melhor maneira possível. O planejamento fixa rumos, focaliza o futuro e está voltado para a continuidade e a sustentabilidade da empresa. Sua importância reside nisto: sem o planejamento, a empresa fica "perdida" no caos, sem saber exatamente para onde ir.

A partir da definição dos objetivos a alcançar, o planejamento determina, *a priori*, o que se deve fazer, quando fazer, quem deve fazê-lo e de que maneira. Por essa razão, o planejamento é feito na base de planos. O planejamento constitui um conjunto integrado de planos intimamente interligados.

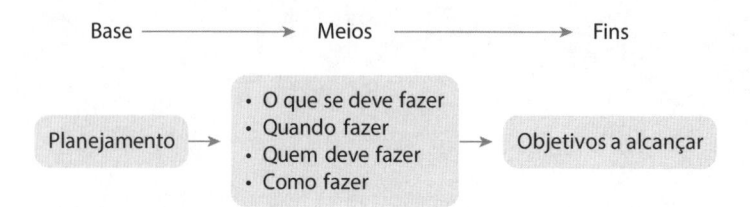

Figura 5.1 Planejamento e seus desdobramentos.

Por outro lado, controle é a função administrativa que consiste em medir e corrigir o desempenho para assegurar que os planos sejam executados da melhor maneira possível. A tarefa do controle é verificar se tudo está sendo feito em conformidade com o que foi planejado e organizado, de acordo com as ordens dadas, para identificar os erros ou desvios, a fim de corrigi-los e evitar sua repetição.

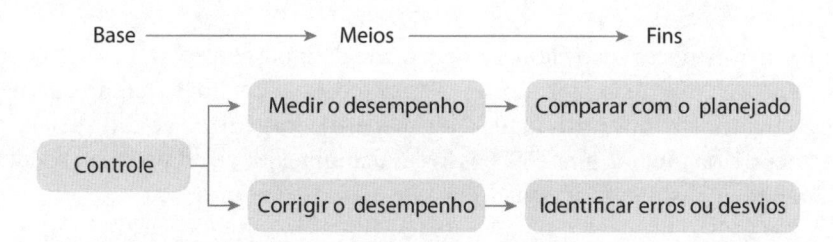

Figura 5.2 Controle e seus desdobramentos.

O planejamento e o controle são parte integrante do processo administrativo, conforme a Figura 5.3.

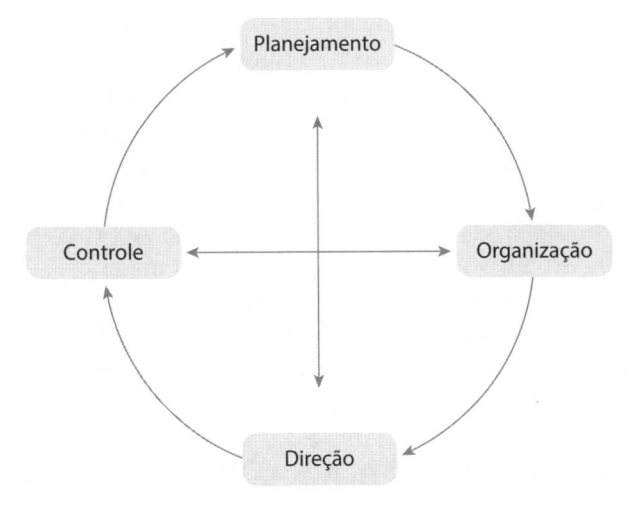

Figura 5.3 As quatro etapas do processo administrativo.[1]

Ambas as definições apresentadas – de planejamento e de controle – são genéricas, mas ilustram muito bem seu significado. No caso específico da produção, o PCP planeja e controla todas as atividades produtivas da empresa. Se a empresa é produtora de bens ou mercadorias, o PCP cuida das matérias-primas (MP) necessárias, da quantidade de mão de obra, das máquinas e dos equipamentos e do estoque de produtos acabados (PA) disponíveis no tempo e no espaço para que a área de vendas possa entregar o bem ou as mercadorias aos clientes. Se a empresa é prestadora de serviços, o PCP planeja e controla a produção dos serviços e operações, cuidando da quantidade de talentos necessária, das instalações, de máquinas e equipamentos e dos demais recursos necessários, para a oferta dos serviços no tempo e no espaço atender à demanda dos clientes e usuários.

Partindo dos objetivos da empresa, o PCP planeja e programa adequadamente a produção e as operações da empresa, bem como as controla para tirar o melhor proveito possível em termos de eficiência e eficácia.

> Aumente seus conhecimentos sobre **Planejamento e controle são fundamentais no processo produtivo** na seção *Saiba mais* GP 5.1

5.2 FINALIDADE E FUNÇÕES DO PLANEJAMENTO E CONTROLE DA PRODUÇÃO

A finalidade do PCP é aumentar a eficiência e a eficácia do processo produtivo da empresa. Tem, portanto, uma dupla finalidade: atuar sobre os meios de produção para aumentar a eficiência e cuidar para que os objetivos de produção sejam plenamente alcançados a fim de aumentar a eficácia.

Para atender a essa dupla finalidade, o PCP tem uma dupla função: planejar a produção e controlar seu desempenho. De um lado, o PCP estabelece antecipadamente o que a empresa deverá produzir – e, consequentemente, o que deverá dispor de MP e materiais, de pessoas, de máquinas e equipamentos, bem como de estoques de PA para suprir as vendas. Por outro lado, o PCP serve para monitorar e controlar o desempenho da produção em relação ao que foi planejado, corrigindo eventuais desvios ou erros que possam surgir no decorrer das operações. Assim, o PCP atua antes, durante e depois do processo produtivo. Antes, planejando o processo produtivo, programando materiais, máquinas, pessoas e estoques; e durante, ao controlar o funcionamento do processo produtivo para mantê-lo de acordo com o que foi planejado. Depois, o PCP verifica os resultados alcançados e os compara com os objetivos definidos previamente. Com essas funções, o PCP assegura a obtenção da máxima eficiência do processo de produção da empresa.

5.2.1 Rede de relações do Planejamento e Controle da Produção

Ao desenvolver suas funções, o PCP mantém uma rede de relações com as demais áreas da empresa. As inter-relações entre o PCP e as demais áreas da empresa se devem ao fato de que o PCP procura utilizar racionalmente os recursos empresariais, sejam eles materiais, humanos, financeiros etc. Assim, as principais inter-relações do PCP com as demais áreas da empresa são as seguintes:

- **Engenharia Industrial**: o PCP programa o funcionamento de máquinas e equipamentos e se baseia em Boletins de Operações (BO) fornecidos pela Engenharia Industrial.
- **Suprimentos e Compras**: o PCP programa materiais e MP que devem ser obtidos no mercado fornecedor por meio do órgão de Compras e estocados pelo órgão de Suprimentos. Assim, a área de Suprimentos e Compras funciona com base naquilo que é planejado pelo PCP.
- **Recursos Humanos (RH)**: o PCP programa a atividade da mão de obra, estabelecendo a quantidade de pessoas que devem trabalhar no processo de produção. O recrutamento, a seleção e o treinamento de pessoal são atividades estabelecidas em função do PCP.
- **Financeira**: o PCP se baseia nos cálculos financeiros fornecidos pela área financeira para estabelecer os níveis ótimos de estoques de MP e PA, além dos lotes econômicos de produção.
- **Vendas**: o PCP se baseia na previsão de vendas fornecida pela área de Vendas para elaborar o plano de produção da empresa e planejar a quantidade de PA necessária para suprir as entregas aos clientes.
- **Produção**: o PCP planeja e controla a atividade da área de Produção.

Essas inter-relações podem ser representadas conforme a Figura 5.4.

Figura 5.4 Inter-relações do PCP com as diversas áreas da empresa.

5.2.2 O Planejamento e Controle da Produção e o sistema de produção adotado pela empresa

O PCP está intimamente ligado ao sistema de produção utilizado pela empresa. As características de cada sistema de produção devem ser plenamente atendidas pelo PCP. Em outros termos, o PCP deve fazer funcionar da melhor maneira possível o sistema de produção utilizado pela empresa.

Quadro 5.1 Características dos três sistemas de produção

Principais aspectos	Produção por encomenda	Produção em lotes	Produção contínua
Produto	Um único produto de cada vez	Um lote de produtos de cada vez	Sempre o mesmo produto
Máquinas e equipamentos	Variedade de máquinas e pouca padronização	Máquinas agrupadas em baterias do mesmo tipo	Alto grau de padronização
Mão de obra	Variedade e especialização	Compensa o desequilíbrio entre departamentos	Regularmente utilizada
Métodos de trabalho	Mutáveis e genéricos	Mutáveis (com o lote) e rígidos	Fixos e rígidos
Ritmo de produção	Descontínuo e irregular	Contínuo no lote e descontínuo na mudança de lote	Contínuo e regular
Sucesso do processo produtivo	Depende do supervisor da oficina-base	Depende do PCP em planejar os lotes de produção	Depende do PCP no longo prazo

No fundo, os três sistemas de produção constituem gradações diferentes do *continuum* representado pela Figura 5.5.

Descontinuidade da produção ← *Continuum* → **Continuidade da produção**

- Produção por encomenda
- Produção por lotes
- Produção contínua

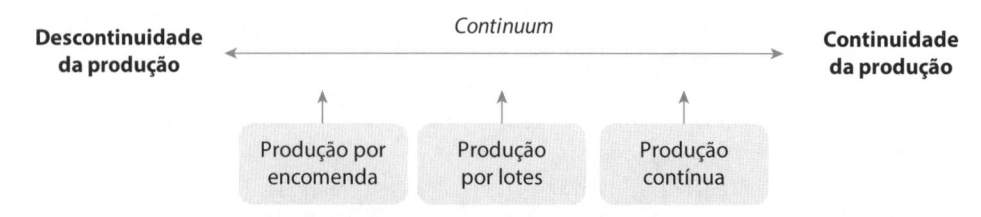

Figura 5.5 Os três sistemas de produção.

Assim, a produção por encomenda é o sistema no qual ocorre a maior descontinuidade e irregularidade na produção, enquanto a produção contínua é o sistema onde há maior continuidade e regularidade no processo produtivo. A produção por lotes representa o sistema intermediário em que a continuidade e a descontinuidade se alternam. Isso significa que o PCP é influenciado pela descontinuidade da produção por encomenda e alcança a máxima regularidade na produção contínua. Na realidade, o PCP é feito sob medida para cada encomenda na produção sob encomenda, enquanto é feito para o exercício mensal ou anual na produção contínua. O Quadro 5.2 permite uma visão simplificada nas três situações.

Quadro 5.2 Sistemas de produção e sistemas de PCP

Sistemas de produção	Almoxarifado de MP	Produção	Depósito de PA
Produção por encomenda	Planejamento e controle de MP em cada encomenda	PCP em cada encomenda	Planejamento e controle de PA em cada encomenda
Produção em lotes	Planejamento e controle de MP em cada lote e no conjunto de lotes	PCP em cada lote e no conjunto de lotes	Planejamento e controle de PA em cada lote e no conjunto de lotes
Produção contínua	Planejamento e controle de MP para o período mensal ou anual	PCP para o período mensal ou anual	Planejamento e controle de PA para o período mensal ou anual

Aumente seus conhecimentos sobre **Sustentabilidade e PCP** na seção *Saiba mais* GP 5.2

5.3 AS QUATRO FASES DO PLANEJAMENTO E CONTROLE DA PRODUÇÃO

Para poder funcionar satisfatoriamente, o PCP trabalha com um enorme volume de informações. Na realidade, o PCP recolhe dados de várias fontes e produz informações incessantemente. Basicamente, é um centro de informações para a produção. Nesse sentido, o PCP apresenta quatro fases principais:

1. Projeto de produção.
2. Coleta de informações.
3. Planejamento da produção (PP)
4. Controle da produção (CP)

Essas quatro fases podem ser representadas conforme a Figura 5.6.

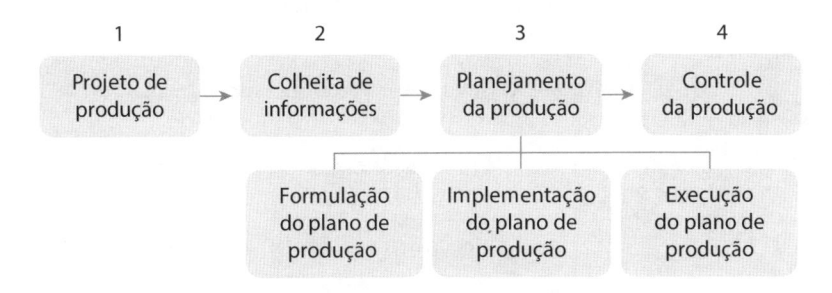

Figura 5.6 As quatro fases do PCP.

Cada uma das quatro fases do PCP será analisada a seguir.

5.3.1 Projeto de produção

Projeto de produção constitui a primeira fase do PCP. O projeto de produção é também denominado pré-produção ou planejamento de operações. Nessa primeira fase, define-se o sistema de produção e quais suas dimensões para estabelecer os parâmetros do PCP. O projeto de produção varia conforme o sistema de produção. No caso do sistema de produção por encomenda, cada encomenda requer um projeto de produção específico. No caso da produção em lotes, cada lote deve, em princípio, ter um projeto de produção. É relativamente permanente na produção contínua e sofre poucas mudanças com o tempo, a não ser o que o sistema de produção passe por alterações com a aquisição de novas máquinas, mais pessoal, novas tecnologias etc. – mudanças que alteram o projeto de produção.

O projeto de produção constitui um esquema básico que se fundamenta nos seguintes aspectos do sistema de produção da empresa:

- **Quantidade e características das máquinas e dos equipamentos**: e das baterias de máquinas em cada departamento ou seção, para se conhecer a capacidade de produção das máquinas de cada departamento ou seção da empresa. Esses dados são obtidos por meio do inventário de máquinas por seção, que é um levantamento das máquinas e dos equipamentos existentes e disponíveis em cada seção e de sua capacidade de produção.

- **Quantidade de pessoal disponível**: ou seja, o efetivo de empregados e cargos ocupados em cada departamento ou seção, para se conhecer a capacidade de trabalho em cada departamento ou seção e conhecer a capacidade de trabalho de cada departamento ou seção. Esses dados são obtidos por meio do inventário do efetivo por seção, que é um levantamento dos funcionários existentes em cada seção e dos respectivos cargos ocupados, para proporcionar uma ideia de força de trabalho existente em cada seção.
- **Volume de estoques e tipos de MP**: bem como procedimentos de requisição de materiais ao almoxarifado, para se conhecer a disponibilidade de insumos de produção. Esses dados são obtidos por meio do inventário de estoques de MP. Esse é um levantamento das MP em disponibilidade e das necessidades de compras a curto e médio prazos, para garantir a produção.
- **Métodos e procedimentos de trabalho**: bem como cálculos dos tempos de execução das tarefas dos BO, para se conhecer como o trabalho deverá ser realizado e qual sua duração.

Todos esses aspectos do sistema de produção formam o arcabouço do projeto de produção sobre o qual o PCP deverá se basear, mostrados na Figura 5.7.

Projeto de produção:
- Quantidade e características das máquinas
- Quantidade de pessoal necessário
- Estoque necessário de MP
- Boletins de operação

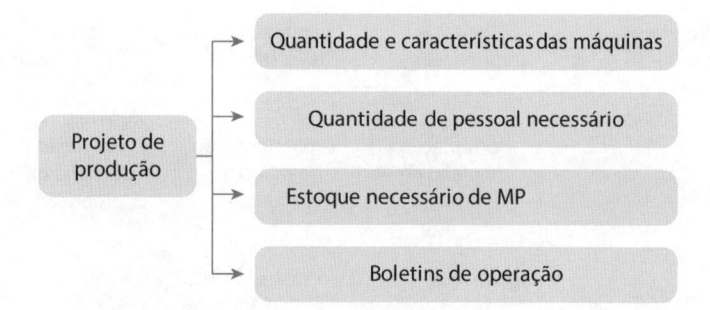

Figura 5.7 Arcabouço do projeto de produção.

O projeto de produção procura oferecer um quadro geral de todo o conjunto do sistema de produção da empresa e de todas as suas possibilidades de operação, bem como suas necessidades e requisitos para produzir resultados. No fundo, o projeto de produção constitui uma visão estática e inerte do sistema de produção. É como se fosse um continente (contêiner) sem seu conteúdo ou uma rua sem trânsito. O conteúdo – como o tráfego da rua – constitui a segunda fase do PCP.

5.3.2 Coleta de informações

A segunda fase do PCP resume-se à coleta de informações necessárias para que o esquema do projeto de produção possa ser devidamente montado, quantificado e dinamizado. No fundo, a coleta de informações constitui o detalhamento da primeira fase, isto é, do projeto de produção. A coleta de informações tem por finalidade dar subsídios para a formulação do plano de produção e engloba os seguintes fatores:

- **Capacidade de cada máquina, de cada bateria ou grupo de máquinas e os fatores de eficiência e de demora para cada máquina**: essa informação proporciona uma ideia de capacidade de produção de cada máquina, de cada bateria de máquinas e de cada seção produtiva da empresa. No conjunto, a capacidade de produção que a empresa tem.

- **Sequência do processo de produção**: o fluxo de movimentação das MP ao longo do processo produtivo e seus gargalos ou pontos de estrangulamento ou de demora. Essa informação permite uma visão de todo o fluxo de produção, ou seja, de toda a cadência e sequência do processo produtivo da empresa, bem como dos pontos de restrições.
- **Métodos de trabalho de cada operário e tempo-padrão para cada tarefa executada**: essa informação permite saber quantos operários são necessários em cada máquina, em cada bateria de máquinas e em cada seção produtiva da empresa.
- **Horário de trabalho e esquema de incentivos de produção**: essa informação permite conhecer a carga normal de trabalho a ser atribuída a cada seção produtiva da empresa e a carga adicional que se poderia obter com a adoção de incentivos de produção (prêmios de produção) ou de horas extras.
- **Volume de estoque para cada item de MP e controle de estoque**: essa informação permite saber o volume de MP necessário para abastecer o processo produtivo durante determinado período e como deverá ser constituído o estoque.

A coleta de informações adentra em minúcias e detalhes na primeira fase, como no Quadro 5.3.

Quadro 5.3 Coleta de informações para detalhamento do projeto de produção

Projeto de produção	Colheita de informações
Quantidade e características das máquinas	Capacidade de produção de cada máquina, de cada bateria de máquinas e de cada seção produtiva
Quantidade de pessoal necessário	Quantidade de empregados por cargo e por seção produtiva com horários de trabalho
Estoque necessário de MP	Itens de MP e volumes de estoque para cada item. Controle de estoque, procedimentos de requisição de MP
Boletins de operação	Sequência e cadência do processo produtivo, fluxo do trabalho e movimentação de MP e seus gargalos ou demoras

Após a elaboração da 1ª fase (projeto de produção) e o detalhamento da 2ª fase (coleta de informações), dá-se início à 3ª fase, que é o planejamento da produção.

5.3.3 Planejamento da produção

O PP constitui a terceira fase do PCP. O PP visa estabelecer, *a priori*, o que a empresa deverá produzir em determinado período de tempo, tendo em vista, de um lado, sua capacidade de produção e, de outro, a previsão de vendas que deve ser atendida. O PP visa compatibilizar a eficácia (alcance dos objetivos de vendas) e a eficiência (utilização rentável dos recursos disponíveis). O PP procura coordenar e integrar máquinas, pessoas, MP, materiais, vias e processos produtivos em um todo sistêmico, harmonioso e integrado.

```
Entrada ─────▶ Processamento ─────▶ Saídas
```

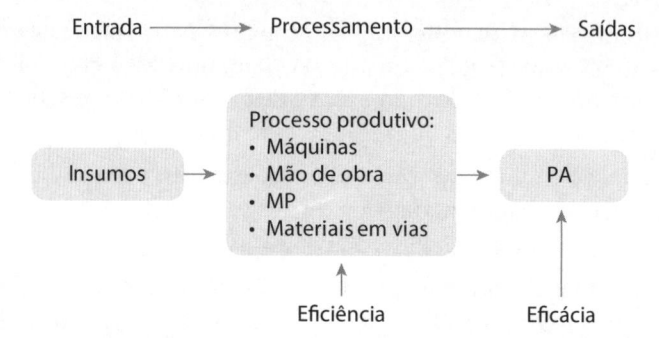

```
                 Processo produtivo:
                 • Máquinas
   Insumos ───▶  • Mão de obra      ───▶  PA
                 • MP
                 • Materiais em vias
                        ▲                  ▲
                    Eficiência          Eficácia
```

Figura 5.8 Eficiência e eficácia do processo produtivo.

O PP se assenta na 1ª e 2ª fases do PCP, isto é, no projeto de produção e na coleta de informações sobre o processo produtivo. O PP é realizado em três etapas:

1. Formulação do plano de produção.
2. Implementação do plano de produção por meio da programação da produção.
3. Execução do plano de produção por meio das emissões de ordens.

Cada uma dessas três etapas do PP será explicada a seguir.

5.3.3.1 Formulação do plano de produção

O plano de produção ou plano-mestre representa o que a empresa pretende produzir dentro de determinado exercício ou período de tempo. Geralmente, esse exercício ou período é de um ano, quando se trata de produção contínua e em lotes. Quando se trata de produção sob encomenda e produto de grande porte (como construção de navios, edifícios ou fábricas, por exemplo), o plano de produção cobre o tempo necessário para a execução do produto. A elaboração do plano de produção depende do sistema de produção utilizado pela empresa.

Se a empresa utiliza o sistema de produção sob encomenda, a própria encomenda ou pedido do cliente é que definirá o plano de produção, pois cada encomenda é em si mesma um plano de produção. Se a empresa utiliza o sistema de produção em lotes ou de produção contínua, a previsão de vendas é transformada em plano de produção.

```
                        ┌─▶ Produção sob    ─▶ Plano de produção
                        │   encomenda          da encomenda
                        │
   Plano de produção ───┼─▶ Produção        ─▶ Plano de produção
                        │   em lotes           do conjunto de lotes
                        │
                        └─▶ Produção        ─▶ Plano de produção
                            contínua          do período (mês ou ano)
```

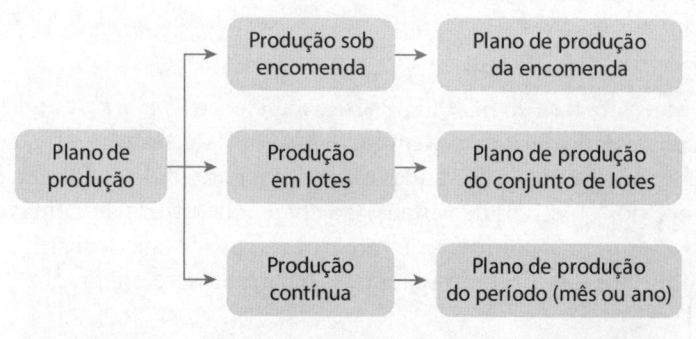

Figura 5.9 Plano de produção nos três sistemas de produção.

No sistema de produção em lotes e no de produção contínua, o plano de produção é função da previsão de vendas. Se houver estoque de PA no depósito de PA no início do período, isso representa uma produção já executada no período anterior. A previsão de vendas é a estimativa do volume de vendas que a empresa pretende atingir em dado período de tempo. A capacidade de produção, como já vimos no capítulo anterior, representa o potencial de produção que a empresa pode desenvolver.

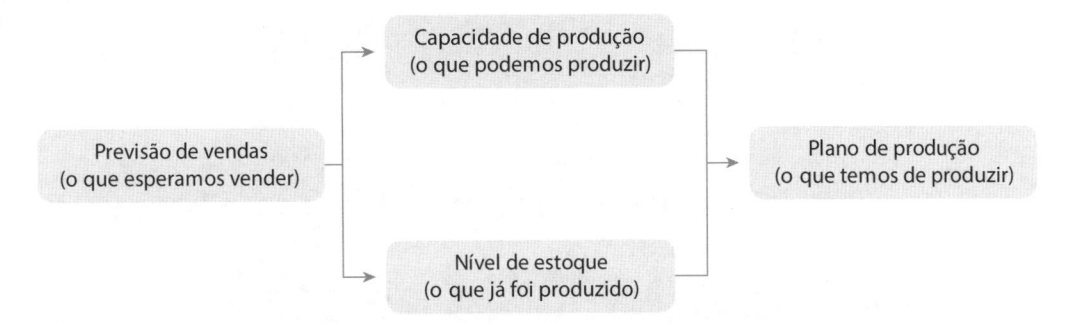

Figura 5.10 Elaboração do plano de produção.

O plano de produção – qualquer que seja o sistema de produção utilizado pela empresa – deve dimensionar a carga de trabalho que aproveite integralmente a capacidade de produção da empresa da melhor maneira possível. Carga de trabalho é o cálculo do volume de trabalho a ser atribuído a cada seção ou máquina, em determinado período de tempo, para atender ao plano de produção. O dimensionamento da carga de trabalho não pode ser exagerado nem insuficiente. No primeiro caso, pode provocar sobrecarga, que é a atribuição de carga acima da capacidade de produção. No segundo caso, quando o dimensionamento está muito além da capacidade de produção, provoca capacidade ociosa. Capacidade ociosa é a capacidade de produção não aproveitada e que permanece sem utilização; é um custo que não tem retorno.

5.3.3.2 Implementação do plano de produção por meio da programação da produção

A partir da formulação do plano de produção, o PCP passa a cuidar de sua implementação por meio da programação da produção. A programação da produção é o detalhamento do plano de produção para que ele possa ser executado, de maneira integrada e coordenada, pelos diversos órgãos produtivos com a ajuda dos demais órgãos de assessoria.

Programar a produção é determinar quando deverão ser realizadas tarefas e operações de produção e quanto deverá ser feito. Na verdade, programar produção é estabelecer uma agenda de compromissos para as diversas seções envolvidas no processo produtivo.

A programação da produção detalha e fragmenta o plano de produção – que é amplo e genérico – para que possa ser executado no dia a dia da empresa. Para tanto, a programação da produção faz o roteiro (sequência do processo produtivo) e o aprazamento (estabelecimento de datas de início e fim de cada atividade).

A programação da produção utiliza duas variáveis para detalhar o plano de produção: o tempo (definido em dias, semanas ou meses) e a produção (definida em quantidade de unidades, quilos, metros etc.). Em resumo, a programação da produção trata de estabelecer cronogramas detalhados de execução do plano de produção. Assim, as técnicas de programação se resumem basicamente em cronogramas, como o gráfico de Gantt, do qual damos um exemplo na Figura 5.11.

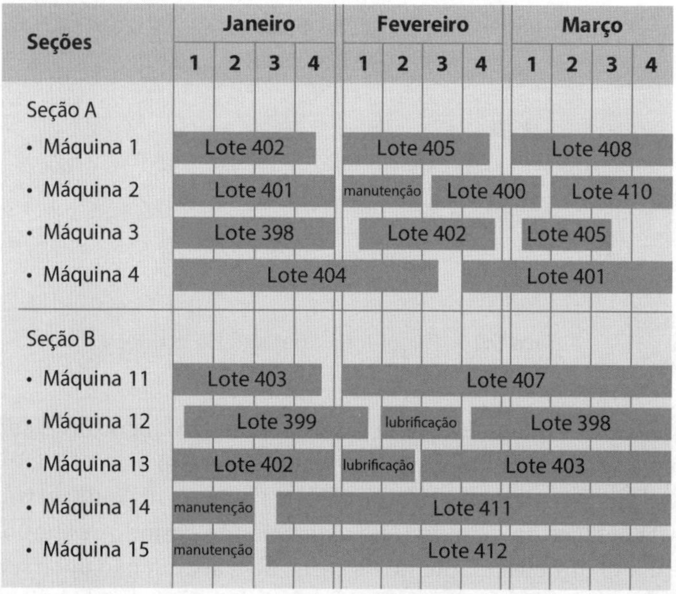

Seções	Janeiro				Fevereiro				Março			
	1	2	3	4	1	2	3	4	1	2	3	4
Seção A												
• Máquina 1		Lote 402				Lote 405				Lote 408		
• Máquina 2		Lote 401			manutenção		Lote 400			Lote 410		
• Máquina 3		Lote 398				Lote 402			Lote 405			
• Máquina 4			Lote 404							Lote 401		
Seção B												
• Máquina 11		Lote 403				Lote 407						
• Máquina 12		Lote 399				lubrificação		Lote 398				
• Máquina 13		Lote 402			lubrificação			Lote 403				
• Máquina 14	manutenção					Lote 411						
• Máquina 15	manutenção					Lote 412						

Figura 5.11 Programação da produção por meio do gráfico de Gantt.

Quando a programação de produção envolve casos de montagem, pode-se utilizar o gráfico de montagem, cujo exemplo pode ser visto na Figura 5.12.

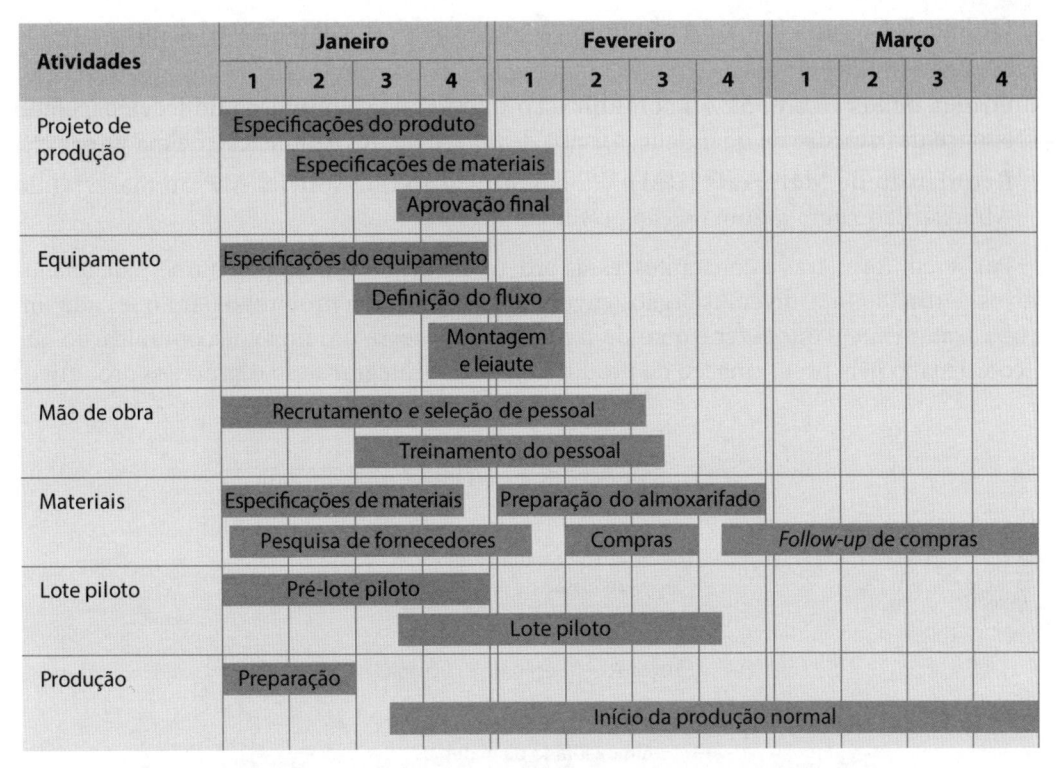

Atividades	Janeiro				Fevereiro				Março			
	1	2	3	4	1	2	3	4	1	2	3	4
Projeto de produção		Especificações do produto										
			Especificações de materiais									
				Aprovação final								
Equipamento		Especificações do equipamento										
				Definição do fluxo								
				Montagem e leiaute								
Mão de obra		Recrutamento e seleção de pessoal										
			Treinamento do pessoal									
Materiais		Especificações de materiais			Preparação do almoxarifado							
		Pesquisa de fornecedores				Compras			Follow-up de compras			
Lote piloto		Pré-lote piloto										
				Lote piloto								
Produção		Preparação										
					Início da produção normal							

Figura 5.12 Programação da produção por meio de gráfico de montagem.

Em casos mais complicados de programação de produção, quando há muitas interdependências no processo produtivo, é comum utilizar técnicas de programação mais sofisticadas, como o *Program Evaluation Review Technique* (PERT), também denominado Técnica de Avaliação e Revisão de Programas, ou o *Critical Path Method* (COM), também denominado Método do Caminho Crítico.

Feitos o roteiro e o aprazamento por meio de cronogramas, a programação da produção passa a cuidar da emissão de ordens para os órgãos envolvidos direta ou indiretamente no processo produtivo.

5.3.3.3 Execução do plano de produção por meio da emissão de ordens

Desde que programada a produção, os diversos órgãos envolvidos direta e indiretamente no processo produtivo têm condições de executá-la de maneira integrada e coordenada. Para que isso possa acontecer, a programação da produção transforma o plano de produção em uma infinidade de ordens que deverão ser executadas no devido tempo pelos diversos órgãos da empresa, como Produção, Compras, Almoxarifado, Depósito, Controle de Qualidade, Custos, Contabilidade, Pessoal etc. Para tanto, existem vários tipos de ordens que o PCP adota:

- **Ordem de Produção (OP):** é a comunicação para produzir enviada para a seção produtiva, autorizando-a a executar determinado volume de produção.
- **Ordem de Montagem (OM):** corresponde a uma OP destinada aos órgãos produtivos de montagem ou de acabamento.

- **Ordem de Compra (OC)**: é a comunicação para comprar MP ou material, que é enviada ao órgão de Compras.
- **Ordem de Serviço (OS)**: é a comunicação sobre prestação interna de serviços, como serviço de inspeção de qualidade, serviço de reparo ou de manutenção de máquinas etc.
- **Requisição de Materiais (RM)**: é a comunicação que solicita MP ou material do Almoxarifado para alguma seção produtiva.

Por serem rotineiras e constantes, essas ordens envolvem um grande número de formulários destinados aos diversos órgãos envolvidos no processo produtivo para que cada um saiba exatamente o que fazer e quando fazer. Assim, ocorre um fluxo de comunicação que é coordenado pela programação da produção a fim de integrar todo o processo produtivo.

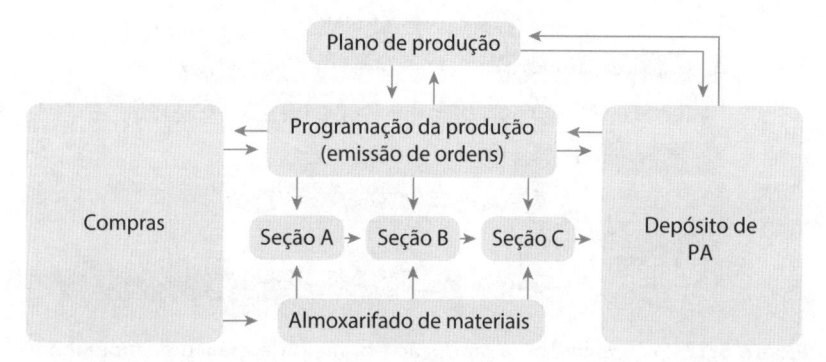

Figura 5.13 Fluxo de comunicações da programação da produção.

Com as emissões das diversas ordens, todos os órgãos envolvidos direta ou indiretamente no processo produtivo passam a trabalhar em conjunto e articuladamente. No fundo, as ordens representam as decisões previamente tomadas pelo PCP que cada órgão deverá executar para que todo o processo produtivo se desenvolva da melhor maneira possível. Isso significa coordenação e, sobretudo, sinergia, para que a atividade produtiva possa alcançar eficiência e eficácia.

5.3.4 Controle da produção

O CP constitui a quarta e última fase do PCP. A finalidade do CP é acompanhar, monitorar, avaliar e regular as atividades produtivas para mantê-las dentro do que foi planejado e assegurar que atinjam os objetivos pretendidos.

O CP será tratado no Capítulo 7, que será totalmente dedicado aos controles da produção.

> Aumente seus conhecimentos sobre **O Plano Mestre de Produção (PMP) e o Plano de Vendas Operacionais (PVO)** na seção *Saiba mais* GP 5.3

5.4 MANUFACTURING RESOURCE PLANNING

Dá-se o nome de *Material Requirement Planning* (MRP) para o planejamento de necessidades de materiais e de *Manufacturing Resource Planning* (MRP II) para o planejamento dos recursos de manufatura. Tanto o MRP (que será tratado no próximo capítulo) quanto o MRP II surgiram com o advento do computador.

O MRP II é um *software* que parte do plano-mestre que integra estoques de materiais, estoques de componentes, lista de materiais, restrições de mão de obra e disponibilidade de equipamentos, e gera as necessidades de compra (ou até mesmo as ordens de compras) para os itens fornecidos por terceiros e ordens de produção para as necessidades de fabricação própria.

Em geral, o MRP II envolve os seguintes parâmetros:[2]

- **Estoque de segurança (ES)**: a quantidade mínima do item que se deseja manter em estoque.
- **Lote**: a quantidade em que o item é produzido internamente ou fornecido por terceiros.
- **Tempo de atendimento (TA)**: ou *lead time*, é o prazo de entrega, ou seja, o tempo previsto para a produção dos lotes ou para a entrega dos pedidos feitos.
- **Estoque em mãos**: é a quantidade disponível do item quando se faz o planejamento.
- **Períodos consecutivos de planejamento**: geralmente, em semanas.
- **Necessidade de produção projetada (NP)**: demanda projetada, ou seja, as quantidades que devem estar disponíveis em cada semana.
- **Recebimentos previstos (RP)**: quantidades encomendadas, cuja entrega está prevista para o período planejado.
- **Disponível à mão (DM)**: estoque que estará disponível no fim de cada semana.
- **Necessidade líquida de produção (NL)**: quantidades que devem ser produzidas ou compradas.
- **Liberação da ordem**: quantidade que deve ser pedida e a semana em que deve ser efetuada.

Além disso, o MRP II envolve tempos de entrega para os itens comprados e os tempos de fabricação para os itens produzidos internamente, ES e quantidade requisitada. Outros dados sobre o produto, como preço unitário, fornecedores, processo de fabricação, equipamento, roteiros de fabricação e respectivos centros de custos, mão de obra utilizada por categorias profissionais e ferramentas utilizadas, também são comuns no MRP II.

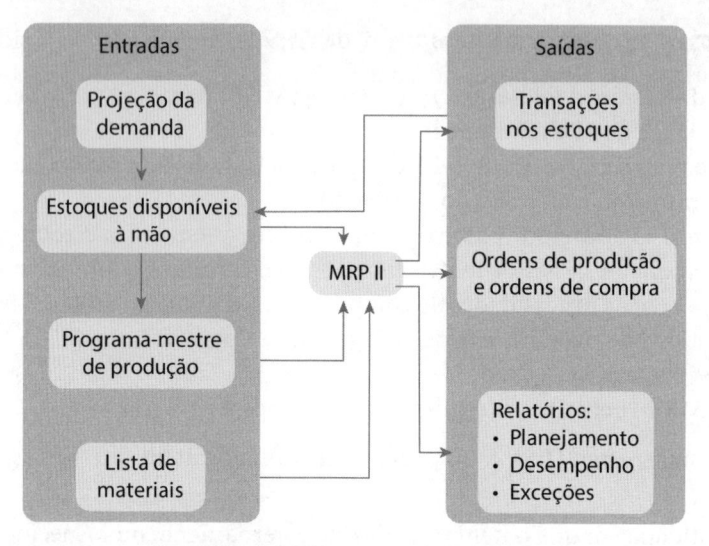

```
                    Entradas                                    Saídas

              ┌──────────────┐                          ┌──────────────┐
              │  Projeção da │                          │  Transações  │
              │    demanda   │                          │ nos estoques │
              └──────┬───────┘                          └──────────────┘
                     ▼
              ┌──────────────┐◄─────┐         ┌──────────────────────┐
              │   Estoques   │      │         │ Ordens de produção   │
              │  disponíveis │      ▼         │  e ordens de compra  │
              │    à mão     │   ┌──────┐     └──────────────────────┘
              └──────┬───────┘   │MRP II│
                     ▼           └──┬───┘
              ┌──────────────┐      ▲         ┌──────────────┐
              │Programa-mestre      │         │  Relatórios: │
              │  de produção │      │         │• Planejamento│
              └──────┬───────┘      │         │• Desempenho  │
                     ▼              │         │• Exceções    │
              ┌──────────────┐      │         └──────────────┘
              │   Lista de   │──────┘
              │   materiais  │
              └──────────────┘
```

Figura 5.14 Esquema do MRP II.[3]

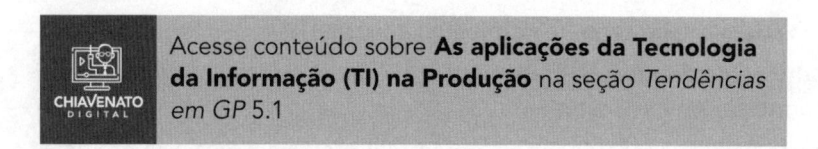

> Acesse conteúdo sobre **As aplicações da Tecnologia da Informação (TI) na Produção** na seção *Tendências em GP* 5.1

5.5 O PLANEJAMENTO E CONTROLE DA PRODUÇÃO NA ERA DA INDÚSTRIA 4.0 – O USO DE *ADVANCED PLANNING AND SCHEDULING*

As principais características da Indústria 4.0 é a integração entre o mundo físico e o mundo virtual, por meio dos sistemas ciberfísicos (*cyber-physical systems* – CPS). Os impactos desse novo mundo globalizado, em que a concorrência é cada dia mais acirrada, não poderiam deixar de ocorrer nos setores produtivos das empresas. Os gestores da área de PCP são cada vez mais cobrados por resultados, considerando o controle efetivo do estoque, bem como o atendimento às demandas dos clientes. Nesse contexto, passam a utilizar cada vez mais das tecnologias disponíveis dessa nova Revolução Industrial. APS, sigla inglesa de *Advanced Planning and Scheduling*, ou Planejamento e Programação Avançada, é um desses instrumentos. São *softwares* computacionais que trazem soluções para o PCP, pois agregam funcionalidades importantes para o planejamento e o controle do processo produtivo.

Os APSs são constituídos de lógica e algoritmos matemáticos, utilizados para realizar a otimização e/ou a simulação, bem como planejar e programar as demandas para os clientes, a partir da parametrização de diversas variáveis e restrições operacionais, respeitando a disponibilidade de máquinas e materiais.

Uma empresa pode adquirir um *software* de APS conforme sua necessidade, haja vista que ele é modular e, geralmente, dividido em:

- planejamento estratégico da rede;
- planejamento de demanda;
- cumprimento da demanda e ATP;
- planejamento-mestre;
- planejamento de produção e agendamento;
- planejamento de transporte;
- planejamento de distribuição;
- planejamento de compras e necessidades de materiais.

Por ser um sistema determinístico, e não probabilístico, o APS gera resultados de PP com alto grau de precisão e confiabilidade.

Os APSs surgiram para complementar e integrar outros *softwares* de controle da produção, por exemplo, *Enterprise Resource Planning* (ERP), além de ser uma evolução conceitual do MRP I e do MRP II, preenchendo algumas lacunas deixadas por esses dois sistemas.

O APS tem como foco a automatização do planejamento; todavia, apesar de toda a tecnologia embarcada no mundo da Indústria 4.0, como a Inteligência Artificial (IA), a Internet das Coisas (IoT), entre outras, a customização do sistema depende da capacidade de seus planejadores em parametrizar as regras de decisões corretamente. Esse sistema tem, como algumas de suas principais características, dar suporte à tomada de decisões e à simulação da programação de produção, bem como apoiar na solução de problemas, entre outros elementos. São sistemas de altíssima velocidade de processamento, o que vem a otimizar os processos produtivos da empresa.

QUESTÕES PARA REVISÃO

1. Defina o planejamento como função administrativa.
2. Defina o controle como função administrativa.
3. Qual é a situação do planejamento e do controle no processo administrativo?
4. Quais são os desdobramentos do planejamento?
5. Quais são os desdobramentos do controle?
6. Conceitue PCP.
7. Qual é a finalidade do PCP?
8. Quais são as funções do PCP?
9. Explique as inter-relações entre o PCP e as áreas da empresa.
10. Explique as inter-relações entre o PCP e a área de Vendas.
11. Explique as inter-relações entre o PCP e a área de Produção.
12. Explique as inter-relações entre o PCP e a área de Suprimentos.
13. Explique as inter-relações entre o PCP e a área de RH.

14. Descreva as características do PCP em produção unitária.
15. Descreva as características do PCP em produção sob encomenda.
16. Descreva as características do PCP em produção contínua.
17. Compare a continuidade/descontinuidade da produção em cada um dos sistemas de produção.
18. Compare o aproveitamento da mão de obra em cada um dos sistemas de produção.
19. Compare o planejamento e o controle de almoxarifado de MP em cada um dos sistemas de produção.
20. Compare o planejamento e o controle do subsistema de produção em cada um dos sistemas de produção.
21. Compare o planejamento e o controle do depósito de PA em cada um dos sistemas de produção.
22. Quais são as fases do PCP?
23. Explique sucintamente a 1ª fase do PCP, o projeto de produção.
24. Em que aspectos do sistema de produção se fundamenta o projeto de produção?
25. Descreva o arcabouço do projeto de produção.
26. Explique sucintamente a 2ª fase do PCP, a coleta de informações.
27. Quais são os aspectos de produção detalhados pela coleta de informações?
28. Estabeleça um comparativo entre a 1ª e a 2ª fases do PCP.
29. Explique sucintamente a 3ª fase do PCP, o PP.
30. Como o PP procura compatibilizar a eficiência e a eficácia?
31. Quais são as três etapas do PP?
32. Explique a formulação do plano de produção em cada um dos sistemas de produção.
33. Explique a elaboração do plano de produção.
34. O que é carga de trabalho?
35. Explique sobrecarga e ociosidade.
36. Explique a 2ª fase do PP: a implementação do plano de produção por meio da programação de produção.
37. O que é programar a produção?
38. Quais são as duas variáveis utilizadas pela programação da produção?
39. Explique a programação da produção por meio do gráfico de Gannt.
40. Explique a programação da produção por meio do gráfico de montagem.
41. O que é roteiro e aprazamento?
42. O que é PERT?
43. O que é COM?
44. Explique a 3ª etapa do PP, a execução do plano de produção por meio da emissão de ordens.
45. O que significa uma ordem?

46. Quais são os tipos de ordens emitidas pela programação da produção?
47. O que significa OP?
48. O que significa OM?
49. O que significa OC?
50. O que significa RM?
51. O que significa OS?
52. Como funciona o fluxo de informações da programação da produção?
53. Explique sucintamente a 4ª fase do PCP, o controle da produção.

REFERÊNCIAS

1. CHIAVENATO, I. *Administração nos novos tempos*: os novos horizontes em administração. 4. ed. São Paulo: Atlas, 2020.
2. MARTINS, P. G.; LAUGENI, F. P. *Administração da produção*. São Paulo: Saraiva, 2005. p. 358.
3. MARTINS, P. G.; LAUGENI, F. P. *Administração da produção, op. cit.*, p. 366.

6 GESTÃO DE MATERIAIS

O QUE VEREMOS ADIANTE

- Conceitos básicos.
- Fluxo de materiais.
- Classificação de materiais.
- Programação de materiais.
- Compras.
- Estoques.
- *Material Requirement Planning* (MRP).
- Logística.

Em toda fábrica pode-se encontrar, ao longo do processo produtivo, uma enorme quantidade de materiais. Alguns em processamento, outros já parcialmente processados e muitos outros aguardando em algum lugar ou desvio a oportunidade de serem processados. Sem contar o volume de materiais disponíveis no almoxarifado. Em geral, isso pode significar um grande desperdício: de espaço, de tempo, de capital empatado sem necessidade e de enorme risco de acidentes, incêndios, além do pessoal necessário. Muitas empresas já se deram conta disso e estão tomando providências para que o volume de materiais dentro da fábrica seja o menor possível, sem qualquer risco para o andamento normal da produção. Esse cuidado já foi tomado há muito tempo por indústrias japonesas que iniciaram profundas inovações na gestão de materiais. Primeiramente, elas pensaram no *housekeeping*. Depois, no *just-in-time*. Assim, chegaram à fábrica enxuta. E, agora, estão em plena excelência operacional dando lições a muitas empresas do mundo todo. E estas também não ficaram estacionadas à espera de novidades.

INTRODUÇÃO

A produção de bens requer o processamento de matérias-primas (MP) e componentes que serão transformados em produtos acabados (PA) ao longo do processo de produção. Na realidade, toda a produção nas empresas secundárias constitui quase sempre a transformação de materiais e de MP em PA. Neste capítulo, os materiais e as MP serão doravante denominados simplesmente materiais.

A gestão de materiais nas empresas primárias, secundárias ou terciárias constitui um desafio crucial. Tanto fabricantes como distribuidores – atacadistas e varejistas – estão constantemente às voltas com a obtenção, movimentação e utilização de materiais para garantir a continuidade de suas operações cotidianas.

Os materiais precisam ser adequadamente administrados. Suas quantidades devem ser planejadas e controladas para evitar possíveis faltas que paralisem ou atrasem a produção e excessos que elevem os custos de estocagem desnecessariamente. Nem menos, nem mais. A gestão de materiais consiste em ter os materiais necessários disponíveis na quantidade certa, no local correto e no tempo exato à disposição dos órgãos que compõem o processo produtivo da empresa. O enorme volume de dinheiro investido em materiais faz com que as empresas procurem sempre o mínimo tempo de estocagem e o mínimo volume possível de materiais em processamento, no sentido de garantir a continuidade e a regularidade do processo produtivo sem riscos adicionais.

6.1 CONCEITOS BÁSICOS

O termo **gestão de materiais** tem apresentado diferentes definições. Na prática, utilizam-se indistintamente vários termos – como **suprimento**, **fornecimento**, **abastecimento**, **materiais**, **compras**, **logística** etc. – para designar áreas com nomes diferentes, mas com idênticas responsabilidades. A seguir, são apresentados alguns conceitos básicos a respeito da gestão de materiais.

6.1.1 Conceito de recursos

Recursos são categorizados em tangíveis (máquinas, equipamentos, MP, material de higiene e limpeza etc.) e intangíveis, representados por logomarcas, patentes etc.

Em relação aos tipos, podem ser divididos em quatro:

1. Físicos ou materiais.
2. Financeiros.
3. Humanos.
4. Capital Intelectual, que corresponde ao somatório dos recursos intangíveis e os recursos humanos, que conferem à organização seu diferencial competitivo.

Já os recursos físicos são classificados em:

- **Recursos materiais**: todo bem físico que a organização utiliza, de natureza não permanente, ou seja, aqueles materiais que são utilizados e consumidos em determinado período de tempo.
- **Recursos patrimoniais**: todo bem físico, mas de natureza permanente: prédios, terrenos etc.; instalações e materiais permanentes (móveis, computadores etc.).

6.1.2 Conceito de gestão de materiais

É o conceito mais amplo de todos. A gestão de materiais envolve a totalidade dos fluxos de materiais na empresa: desde o planejamento e o controle dos materiais, compras, recepção, tráfego de entrada e controle de qualidade na recepção, almoxarifado e armazéns, controle do inventário, movimentação de materiais e transporte interno – tudo isso dentro do moderno conceito de logística, que veremos adiante.

Na realidade, essa ampla totalidade de funções é encontrada em poucas empresas. Quase sempre, as empresas têm adotado uma posição mais restrita e parecida com o conceito de suprimentos.

6.1.3 Conceito de suprimentos

A palavra **suprimentos** serve para designar todas as atividades de programação, aquisição (compras) e movimentação dos materiais para colocação à disposição das seções produtivas para que estas possam realizar suas atividades. Assim, **suprir** significa programar as necessidades de materiais, comprar, armazenar e movimentar (transporte interno) os materiais para abastecer as diversas seções. Muitas vezes, o termo **suprimento** é substituído com o mesmo significado pelos termos **fornecimento** ou **abastecimento**.

6.1.4 Conceito de compras

O conceito de **compras** já é mais restrito. Envolve o processo de pesquisa e localização de fornecedores, aquisição de materiais por meio de negociação de preço e condições de pagamento e acompanhamento do processo de entrega (*follow-up*) para garantir o fornecimento.

6.1.5 Conceito de movimentação de materiais

Os materiais não podem ficar eternamente inativos e à espera de suas requisições pelos órgãos produtivos. Esse esquema pertence ao passado. A gestão de materiais implica tê-los sempre ativamente disponíveis. Isso significa que a gestão de produção e a gestão de materiais devem trabalhar consistentemente em uma íntima interação, e não apenas como duas atividades totalmente separadas e distintas. A conectabilidade entre ambas deve ser a mais estreita possível, pois não podem trabalhar isoladamente sob pena de ocorrerem atrasos, paradas, estrangulamentos ou restrições que causam enormes perdas de eficiência e de eficácia no processo produtivo. A maior parte das empresas modernas está fazendo inovações incríveis nesse sentido.

Logística → Gestão de materiais →
- Suprimentos
- Compras
- Movimentação de materiais

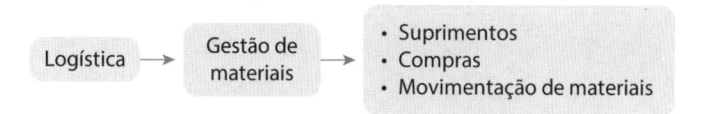

Figura 6.1 Bases da gestão de materiais.

6.2 FLUXO DE MATERIAIS

Em toda a empresa os materiais não podem ficar estáticos nem parados. Manter materiais parados e sem uso representaria um custo desnecessário. Os materiais seguem um movimento incessante que vai desde o recebimento do fornecedor, passando pelas diversas etapas do processo produtivo, até chegar ao depósito de PA em direção ao mercado. Em outros termos, os materiais entram na empresa, fluem e transitam por meio dela e saem pelo depósito com destino aos clientes como PA.

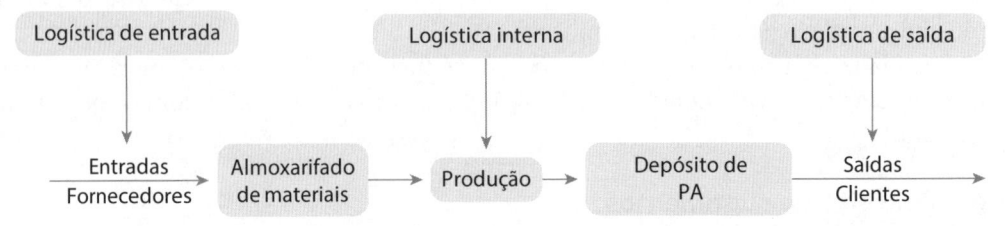

```
Logística de entrada          Logística interna              Logística de saída
       ↓                            ↓                              ↓
Entradas    →  Almoxarifado  →  Produção  →  Depósito de  →  Saídas
Fornecedores   de materiais                      PA           Clientes
```

Figura 6.2 Fluxo de materiais desde sua entrada até a saída da empresa.

A essa movimentação incessante dá-se o nome de fluxo de materiais. Todo o processo produtivo envolve um fluxo constante de materiais. Quase sempre o fluxo envolve algumas paradas ou passa por alguns gargalos de produção, nos quais o material fica estacionado em algum lugar durante certo tempo. Gargalo de produção é o ponto onde a produção é mais demorada, fazendo com que o material fique parado por mais tempo do que seria necessário.

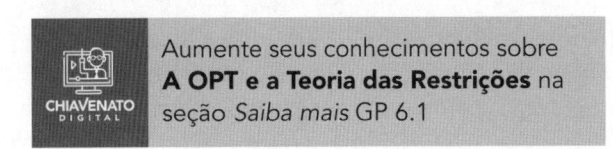

> Aumente seus conhecimentos sobre **A OPT e a Teoria das Restrições** na seção *Saiba mais* GP 6.1

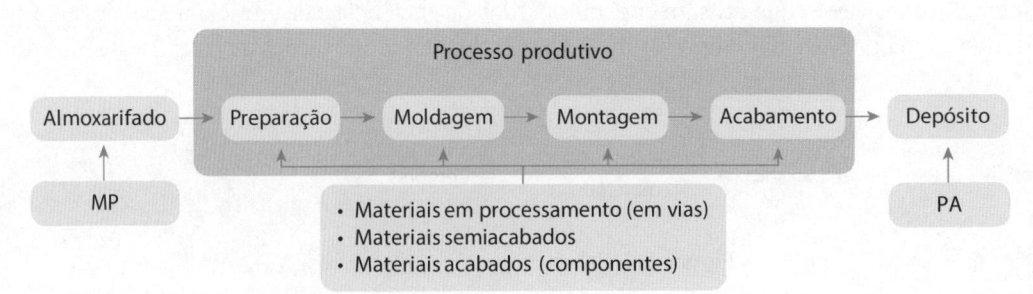

À medida que caminham pelo processo produtivo, os materiais recebem acréscimos, transformações, adaptações, reduções, alterações etc., que vão mudando progressivamente suas características. No fluxo, eles passam a ser materiais em processamento (em vias ou em trânsito de uma seção para outra), depois se transformam em materiais semiacabados (estocados após algumas operações para serem transformados em submontagens) e materiais acabados ou componentes (peças isoladas), para então se completarem como PA. Assim, do almoxarifado de materiais até chegar ao depósito como PA, os materiais sofrem várias e sucessivas modificações em seu trânsito ao longo do processo produtivo. O exemplo apresentado na Figura 6.3 é de uma indústria de peças plásticas.

```
                          Processo produtivo
Almoxarifado → Preparação → Moldagem → Montagem → Acabamento → Depósito
     ↑                                                              ↑
    MP          • Materiais em processamento (em vias)              PA
                • Materiais semiacabados
                • Materiais acabados (componentes)
```

Figura 6.3 Fluxo de materiais no processo produtivo.

Cada empresa tem um fluxo de materiais específico que depende do produto, do sistema de produção utilizado, da tecnologia etc.

> Aumente seus conhecimentos sobre **O dilema da produção** na seção *Saiba mais* GP 6.2

Nesse ambiente, Reid e Sanders,[1] Davis, Aquilano e Chase,[2] Gaither e Frazier,[3] Heizer e Render,[4] Slack, Chambers e Johnston,[5] entre outros, e pesquisadores defendem que a gestão de operações deve estabelecer o projeto e a utilização de recursos para apoiar a estratégia empresarial, incluindo qualidade, projeto de bens e serviços, projeto de processos e de capacidade, seleção da localização, projeto de leiaute, recursos humanos, gestão da cadeia de fornecimento, estoques, programação e manutenção. Por outro lado, gerenciar adequadamente os riscos e as condições de incertezas a que a empresa é exposta significa possibilitar que a organização tenha futuro, segundo Baraldi.[6] Padoveze e Bertolucci[7] corroboram com Baraldi, afirmando que a exposição ao risco é um dos maiores desafios à sobrevivência das organizações. Entende-se por risco a possibilidade de um insucesso na área de negócios ou operacional, que poderá afetar os resultados de uma entidade, ou, ainda, o perigo iminente e relevante de uma perda contingencial e irrecuperável, devido à probabilidade de ocorrência de um evento indesejado.[8] Diante do exposto por Panhoca,[8] Padoveze e Bertolucci[7] e Baraldi,[6] julga-se que reagir a mudanças, incertezas e riscos é fator condicionante da continuidade da atividade empresarial, exatamente por não haver mais espaço, na composição dos preços dos produtos e serviços, para se repassar os prejuízos, advindos de uma perda qualquer, para os clientes. Em função da acirrada concorrência, das crises econômicas, do curto ciclo de vida dos produtos e de outros aspectos inerentes a essa temática, as margens de lucro praticadas atualmente são cada vez menores, não permitindo lugar para as perdas oriundas dos riscos e das incertezas. Nesse contexto, torna-se imperioso conhecer e implantar metodologias para o gerenciamento de riscos.

6.3 CLASSIFICAÇÃO DE MATERIAIS

À medida que os materiais correm pelos meandros do sistema produtivo, eles vão recebendo novas denominações. É que eles vão se tornando gradativamente diferentes em vista das modificações e das anexações que vão sofrendo no decorrer da produção. Assim, tendo em vista o fluxo dos materiais, estes podem ser classificados em cinco tipos:

1. MP.
2. Materiais em processamento.
3. Materiais semiacabados.
4. Materiais acabados ou componentes.
5. PA.

Vejamos, rapidamente, cada uma dessas classes de materiais.

6.3.1 Matérias-primas

As MP constituem os insumos e os materiais básicos que ingressam no processo de produção. Constituem todos os itens iniciais para a produção. Em uma tecelagem, por exemplo, as MP são os fios dos quais se produz o tecido. Na indústria de geladeiras, são os metais, parafusos, material plástico, tintas, caixas, embalagens etc. Na indústria de tintas, são os pigmentos, produtos químicos e petroquímicos, latas para embalagem etc. Geralmente, as MP precisam ser adquiridas de fornecedores externos, isto é, precisam ser compradas de fornecedores. Como nenhuma empresa tem condições de produzir todos os materiais de que necessita, ela passa a depender de fornecedores.

6.3.2 Materiais em processamento

São também denominados materiais em vias porque vão sendo processados ao longo das diversas seções que compõem o processo produtivo da empresa. São, portanto, os materiais em processo que estão sendo utilizados nas diversas seções da empresa. Na realidade, os materiais em processamento ingressam na empresa na forma de MP e estão no fluxo, passando pelas etapas do processo produtivo.

6.3.3 Materiais semiacabados

São os materiais parcialmente acabados cujo processo está em algum estágio intermediário de acabamento e que se encontra ao longo das diversas seções que compõem o processo produtivo. Diferem dos materiais em processamento pelo estágio mais avançado, pois se encontram quase acabados, faltando apenas algumas etapas do processo produtivo para se transformarem em materiais ou PA.

6.3.4 Materiais acabados

São também denominados componentes porque constituem peças isoladas ou componentes já acabados e prontos para serem anexados ao produto. São, na realidade, partes prontas que, quando unidas, constituirão os PA.

6.3.5 Produtos acabados

PA são os produtos já prontos e cujo processamento já foi completado. Constituem o estágio final do processo produtivo e já passaram pelas fases de MP, materiais em processamento, materiais semiacabados e materiais acabados ou componentes.

Assim, o fluxo incessante dos materiais faz com que eles passem gradativamente de uma classe para a outra à medida que sofrem acréscimos e transformações ao longo do processo produtivo.

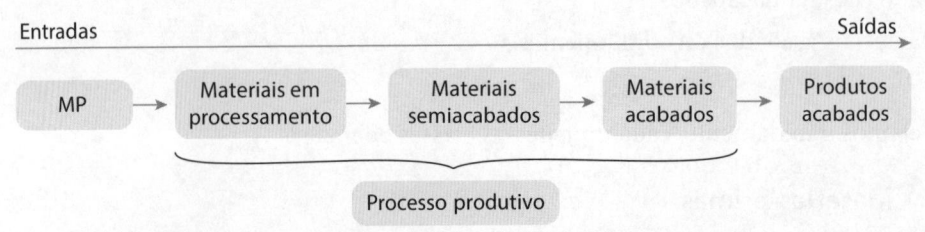

Figura 6.4 Classificação dos materiais em função de seu fluxo.

Na realidade, os materiais são classificados em função de seu estágio no processo produtivo da empresa. À medida que passam pelas diversas etapas do processo de produção, vão sofrendo acréscimos e alterações que provocam sua gradativa diferenciação até se tornarem PA. Assim, para que haja um PA, ele deve ter passado pelos estágios de material acabado, material semiacabado, material em processamento e, inicialmente, MP básica.

```
1. MP
   ↓
2. Materiais em processamento  ⎫
   ↓                           ⎪
3. Materiais semiacabados      ⎬ Processo produtivo
   ↓                           ⎪
4. Materiais acabados (ou componentes) ⎭
   ↓
5. PA
```

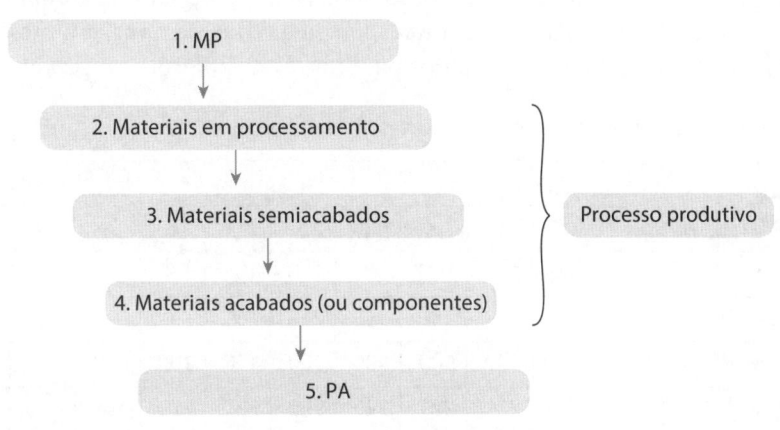

Figura 6.5 Tipos de materiais como estágios do processo produtivo.

Ao se avaliar a empresa em dado momento, ela terá certa quantidade de cada um desses tipos de materiais ao longo do processo de produção, totalizando um volume de materiais em geral. Essa quantidade pode variar em sua proporção, dependendo do maior ou menor trabalho realizado em cada uma das seções produtivas.

SAIBA MAIS — Onde está o segredo?

Focalizar materiais em processamento e minimizar ou eliminar os demais tipos de materiais. O ideal é ter apenas materiais em vias. E, se possível, em vias bem rápidas. Como? Programando adequadamente os materiais necessários para uma produção limpa e isenta de materiais estacionados ou parados. Fábrica enxuta é isso. *Just-in-time* (JIT): exatamente o volume de materiais necessário no tempo adequado para um fluxo sempre normalizado. Nada mais.

Mas o grande desafio para realizar este "segredo" é a mudança do conceito de um sistema produtivo que "empurra" (tradicional) para um sistema produtivo que "puxa" (JIT), ou seja, o material somente é processado se a operação seguinte solicitar. Além disso, o JIT atua com a redução dos estoques, buscando eliminar as causas que geram a necessidade de mantê-los. A introdução dessa filosofia pressupõe uma importante mudança de cultura no sistema produtivo, pois visa uma produção sem estoques, uma produção enxuta, a eliminação de desperdícios, uma manufatura com fluxo contínuo e um esforço frequente para solução dos problemas.

6.4 PROGRAMAÇÃO DE MATERIAIS

Os materiais não são adquiridos dos fornecedores nem convertidos no processo produtivo ao acaso. Eles são previamente programados pelo Planejamento e Controle da Produção (PCP) com enorme antecedência. Ao programar a produção – detalhando as máquinas e a mão de obra necessária – o PCP também detalha os materiais necessários ao programa de produção da empresa. Com um detalhe: como os materiais precisam ser comprados – e isso leva tempo –, torna-se necessária uma antecedência de dias, semanas ou meses para que possam ser pedidos, comprados e recebidos para ingressar no processo produtivo.

Tabela 6.1 Exemplo de uma programação de materiais

Itens (código e descrição)	Janeiro				Fevereiro				Março			
	1	2	3	4	1	2	3	4	1	2	3	4
- 0120 Parafuso 1"	100	100	100	100	100	100	100	100	–	–	200	–
- 0135 Parafuso 2"	250	250	250	250	250	250	250	250	–	–	200	–
- 0142 Parafuso 3"	100	100	100	100	100	100	100	100	–	–	200	–
- 0148 Parafuso 4"	220	220	220	220	220	220	220	220	–	–	200	–
- 1122 Rebite 030	580	580	580	580	580	580	580	580	580	580	580	–
- 1138 Rebite 040	600	600	600	600	600	600	600	600	600	600	600	–
- 1145 Rebite 050	250	250	250	250	250	250	250	250	250	250	250	–
- 1157 Rebite 060	600	600	600	600	–	–	–	–	–	100	100	–
- 1190 Arruela 1"	500	500	500	500	–	–	–	–	–	100	100	–
- 1195 Arruela 2"	500	500	500	500	–	–	–	–	–	100	100	–

Com a programação de materiais, a empresa fica sabendo antecipadamente as quantidades de materiais e as épocas determinadas para colocá-los à disposição dos órgãos que compõem o processo produtivo. A partir da programação de materiais, o PCP pode emitir as Ordens de Compras (OCs) para que o órgão de Compras possa trabalhar juntamente com os fornecedores.

6.5 COMPRAS

Toda atividade empresarial requer MP, materiais, máquinas, equipamento e serviços para poder operar. Em todo o processo produtivo, o início de cada operação exige que os materiais e os insumos estejam disponíveis e seu abastecimento seja garantido com certo grau de certeza para atender às necessidades atuais e futuras, sendo, portanto, uma atividade fundamental no processo de redução de custos das empresas. Para tanto, exige um planejamento estruturado, haja vista que se o processo de compras não for bem planejado, pode ocasionar acúmulo de materiais, o que gera estoque e, portanto, alto custo, ou falta de materiais, ocasionando atrasos nos processos produtivos.

A área de Compras tem por objetivo a aquisição de materiais, componentes e serviços para suprir as necessidades do sistema de produção da empresa, nas quantidades certas e nas datas aprazadas. E, certamente, com a melhor qualidade, os menores preços e as melhores condições de pagamento. Para atingir tal objetivo, a finalidade básica do órgão de Compras é pesquisar, localizar, desenvolver e manter fontes de suprimentos. Se a empresa pode ser visualizada como um sistema aberto, o subsistema de Compras é que garante seus insumos e entradas, atuando como interface em relação ao ambiente externo. Apesar de ser um subsistema orientado para fora da empresa – isto é, voltado para os fornecedores externos –, o órgão de Compras interage internamente com vários órgãos da empresa, como PCP, Engenharia de Produto, Controle de Qualidade, Controle de Estoques, a área financeira etc. Em síntese, a atividade de Compras envolve um relacionamento com diversos órgãos da empresa para assegurar um perfeito esquema de apoio e suporte ao subsistema de Produção.

A atividade de Compras envolve um ciclo composto de cinco etapas:

1. Análise das OCs recebidas.
2. Pesquisa, identificação e seleção de fornecedores.
3. Negociação das OCs com o fornecedor selecionado.
4. Acompanhamento do fornecimento e da entrega das OCs.
5. Recebimento do material das OCs.

O ciclo de Compras pode ser representado conforme a Figura 6.6.

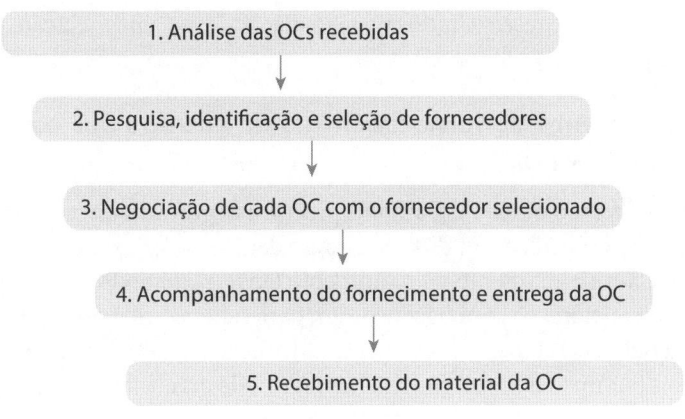

Figura 6.6 Etapas do ciclo de compras.

Vejamos cada uma dessas etapas do ciclo de compras.

6.5.1 Análise das ordens de compras recebidas

A primeira etapa do ciclo de compras começa com o recebimento das OCs emitidas pelo PCP e sua análise para conhecer as especificações dos materiais solicitados, suas respectivas quantidades e épocas adequadas para recebimento. Em muitas empresas, as OCs são encaminhadas ao órgão de Compras por meio de listas ou listagens por computador, em que constam quantidade fornecida e preço de venda da última compra.

Nessa primeira etapa, o órgão de Compras planeja suas atividades de modo a atender às OCs e providenciar as compras necessárias.

6.5.2 Pesquisa, identificação e seleção dos fornecedores

A segunda etapa consiste em pesquisar os possíveis fornecedores dos materiais requisitados, consultar seus preços e condições de pagamento, bem como especificações, dados de qualidade e prazos de entrega. Nessa etapa, faz-se um levantamento dos fornecimentos já efetuados de cada fornecedor para obter uma ideia da qualidade dos materiais entregues e da confiabilidade quanto a prazos contratados, além de preços e condições de pagamento. Com esses dados, o órgão de Compras seleciona os fornecedores confiáveis (que entregam no prazo combinado) e que apresentam melhores condições de preço e prazos de pagamento.

Fornecedor é a empresa que produz as MP e os insumos necessários e que se dispõe a vendê-los e entregá-los. O órgão de Compras deve ter um banco de dados sobre os fornecedores contendo os fornecimentos já efetuados e as condições negociadas, para facilitar os futuros trabalhos de localização e seleção de fornecedores.

A seleção dos fornecedores deve atender a critérios como preço, condições de pagamento, qualidade, confiabilidade, prazos de entrega etc.

6.5.3 Negociação das ordens de compras com o fornecedor selecionado

Escolhido o fornecedor mais adequado segundo os critérios anteriores, o órgão de Compras negocia a aquisição do material requisitado dentro das condições mais adequadas de preço e de pagamento. O atendimento às especificações exigidas do material e o estabelecimento de prazos de entrega devem ser assegurados na negociação. Feita a negociação, faz-se a emissão do pedido de compra (PC) ao fornecedor.

6.5.4 Acompanhamento do fornecimento e da entrega das ordens de compras (*follow-up*)

Feito o pedido de compra, o órgão de Compras precisa assegurar que a entrega do material seja feita de acordo com as especificações dos materiais e dentro dos prazos estabelecidos. Para tanto, deve haver um acompanhamento ou seguimento (*follow-up*) do PC por meio de constantes contatos pessoais ou telefônicos com o fornecedor, para saber como está sendo providenciada a produção do material requisitado. O seguimento permite localizar problemas e evitar surpresas desagradáveis, pois por meio dele o órgão de Compras pode urgenciar o pedido, cobrar a entrega nos prazos estabelecidos ou tentar complementar possível atraso com outros fornecedores.

6.5.5 Recebimento do material das ordens de compras

É a quinta e última etapa do ciclo, quando a empresa recebe do fornecedor o material solicitado no PC. Muitas empresas recebem o material comprado por meio do almoxarifado, que deve informar imediatamente ao órgão de Compras o recebimento do material, a fim de verificar as quantidades e providenciar a inspeção da qualidade para comparar a adequação do material com as especificações contidas no PC. Efetuado o recebimento do material e confirmada a quantidade e qualidade, o órgão de Compras encaminha à tesouraria ou a contas a pagar a autorização para pagamento do PC dentro das condições de preço e prazo de pagamento.

O ciclo de compras é contínuo e ininterrupto, sucedendo-se a cada OC recebida pelo PCP. Algumas etapas podem ser queimadas em determinados casos de compras repetitivas, em que a análise da OC e a localização e seleção dos fornecedores podem ser omitidas.

Modernamente, o órgão de Compras tem sido visualizado como um centro de lucro à medida que traz grandes economias e retornos para a empresa. Saber produzir é uma grande vantagem para a empresa, mas ela precisa também saber comprar, fazendo economias e evitando desperdícios.

> Aumente seus conhecimentos sobre **O segredo de comprar** na seção *Saiba mais* GP 6.3

6.6 ESTOQUES

Uma vez negociada e realizada a compra, quando os materiais chegam, eles passam a fazer parte dos estoques de materiais da empresa. Estoque é a composição dos materiais que não são utilizados em determinado momento na empresa, mas que existem em função de futuras necessidades. **Estocar** significa guardar algo para utilização futura. Se essa utilização for muito remota no tempo, sua guarda se torna prolongada: ocupa espaço alugado ou comprado, requer pessoal adicional para cuidar dele, significa capital empatado, exige seguro contra incêndio ou roubo etc. Isso significa que ter estoque é ter despesas de estocagem. Por outro lado, se essa utilização for imediata, pode não haver tempo suficiente para estocar, havendo risco de paralisação da empresa por qualquer atraso no fornecimento.

Essas duas situações extremas – estoque demasiado e por longo tempo ou estoque insuficiente e atrasado – são totalmente indesejáveis e devem ser evitadas. O desafio é conhecer o meio-termo e aplicá-lo a todos os itens de estoque.

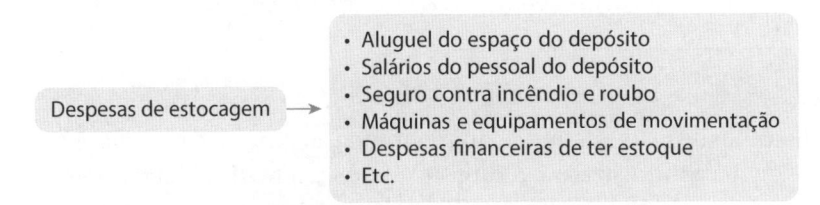

Despesas de estocagem →
- Aluguel do espaço do depósito
- Salários do pessoal do depósito
- Seguro contra incêndio e roubo
- Máquinas e equipamentos de movimentação
- Despesas financeiras de ter estoque
- Etc.

Figura 6.7 Despesas de estocagem.

Item de estoque é toda MP, material, componente, ferramenta ou PA que esteja em estoque. Quanto mais complexo e diversificado for o produto final, maior será a diversidade de itens estocados e mais complicado será seu controle. Fornecedor é a empresa que produz ou comercializa os insumos necessários para o processo produtivo e os coloca no mercado. O suprimento ou fornecimento constitui o ato de proporcionar a entrada de insumos ou itens necessários ao processo produtivo ou ao funcionamento da empresa.

As finalidades básicas do estoque são:

- Garantir a regularidade da operação ou do funcionamento da empresa, neutralizando os efeitos de:
  - demora ou atraso no fornecimento;
  - sazonalidade no suprimento;
  - riscos de dificuldade no fornecimento.

- Proporcionar economias de escala:
  - por meio da compra ou produção de lotes econômicos;
  - pela flexibilidade no processo produtivo.

> **SAIBA MAIS — A flexibilidade dos estoques**
>
> Apesar da necessidade de minimizar estoques, é bom não se esquecer que eles constituem um vínculo entre as etapas do processo de compra e venda (no processo de comercialização em empresas comerciais) e as etapas de compra, transformação e venda (no processo de produção das empresas industriais). Em qualquer ponto do processo formado por essas etapas, os estoques desempenham um papel importante na flexibilidade operacional da empresa. Eles funcionam como amortecedores das entradas e saídas entre as duas etapas dos processos de comercialização e produção, pois minimizam os efeitos de erros de planejamento e as oscilações inesperadas de oferta e procura, ao mesmo tempo em que isolam ou diminuem a interdependência das diversas partes da organização empresarial ou a dependência em relação aos fornecedores. Assim, os estoques funcionam como uma espécie de pulmão ou regulador do fluxo de materiais e de amortecimento em função das variações de oferta e demanda dos materiais, permitindo dessincronizar as velocidades de entrada e saída dos materiais. É o caso do volume armazenado na caixa d'água nas residências para compensar as possíveis variações no abastecimento da água. Em suma, a finalidade principal dos estoques é amortecer as consequências das incertezas quanto ao suprimento.

A responsabilidade pelo estoque se dilui por toda a empresa e por quase todos os níveis hierárquicos de sua administração. A direção quase sempre se preocupa apenas com o volume global de estoques, sem se ater a detalhes sobre o estoque específico de cada item. Cabe aos gerentes e às equipes a responsabilidade do controle específico de cada item de estoque.

Os estoques constituem um ativo circulante necessário para que a empresa possa produzir e vender com um mínimo de risco ou preocupações. Os estoques representam um meio de investimento de recursos e podem alcançar uma proporção enorme dos ativos totais da empresa. A gestão dos estoques apresenta aspectos financeiros que exigem um estreito relacionamento entre o órgão (ou órgãos) da empresa que cuida dos estoques – como produção, almoxarifado ou depósito de PA – com o órgão de gestão financeira. O órgão que cuida dos estoques sempre está voltado para a facilitação do fluxo físico de produção e comercialização, enquanto a gestão financeira se preocupa com o lucro, a liquidez da empresa e a boa aplicação dos recursos empresariais. É comum ocorrer certo conflito entre as ações do órgão que cuida dos estoques (quase sempre tentando aumentar o volume e a disponibilidade dos estoques, o que provoca aumento de custos) e a área financeira (quase sempre tentando reduzir os estoques para reduzir custos).

Quadro 6.1 O desafio entre manter e reduzir estoques

Manter estoques	Reduzir estoques
■ Abastecer o processo produtivo ■ Garantir a continuidade da produção ■ Prevenir flutuações e incertezas na oferta e na demanda de materiais ■ A falta de materiais prejudica a produção e o faturamento da empesa ■ A falta do produto no mercado faz o cliente comprar produto do concorrente ■ Importante quando a demanda do mercado é maior que a capacidade instalada da empresa ■ Todavia, **estoque** significa capital empatado, espaço ocupado e riscos adicionais ■ Manter estoque provoca perdas por obsolescência dos materiais	■ Reduzir estoque significa maior liquidez ■ É preciso reduzir o custo do financiamento do capital de giro investido em estoque ■ É preciso reduzir espaço de armazenagem, seguros e perdas por manuseio ■ Itens parados não agregam valor à empresa ou ao cliente ■ Maior diversificação de produtos exige utilizar materiais de maneira produtiva ■ Estoque reduzido facilita a retroação, que melhora a qualidade e permite resposta rápida na mudança de linha de produtos ■ Reduzir estoque simplifica o processo produtivo e facilita sua gestão ■ JIT, fábrica enxuta e processos simples dependem de estoque reduzido

O desafio entre manter ou reduzir estoques é um dilema – *trade-off* – ou encruzilhada pela qual a escolha de um caminho requer abrir mão das vantagens do outro caminho. São decisões cotidianas que os gestores de materiais enfrentam frequentemente. Para tanto, eles precisam adotar ferramentas gerenciais capazes de indicar acertos ou desvios em suas decisões e ações.

Aumente seus conhecimentos sobre **Dilema da gestão de materiais** na seção *Saiba mais* GP 6.4

Como os estoques constituem um investimento, torna-se necessário minimizá-lo, por meio da rotação mais rápida dos estoques, como objetivo financeiro. Contudo, esse objetivo pode conflitar com a manutenção de estoques suficientes para atender às necessidades da produção e reduzir o risco de faltas de estoque. Assim, a empresa precisa determinar qual é o nível de estoques capaz de conciliar esses objetivos antagônicos e conflitantes.

Aumente seus conhecimentos sobre **Funções dos estoques** na seção *Saiba mais* GP 6.5

Vimos que os estoques não ficam apenas no almoxarifado ou no depósito. Eles se distribuem também pelas diversas seções produtivas à medida que as MP estão sendo processadas e transitam de uma seção para outra, como materiais semiacabados (partes do produto) e materiais acabados (componentes que, depois de montados, constituirão o PA). Assim, numa ponta temos a MP e, na outra, o PA. Entre as duas pontas estão os materiais em vias de processamento, os materiais semiacabados e os materiais acabados. À medida que evoluem no processo produtivo e lhes são incorporados outros materiais, componentes, mão de obra, energia etc., as MP se transformam em materiais em processamento, em curso de fabricação, em materiais semiacabados ou, ainda, em materiais acabados ou componentes. Uma vez terminado o processo de produção, os produtos prontos constituirão o estoque de PA.

O objetivo, portanto, é administrar corretamente o capital investido no estoque, procurando minimizar esse tipo de investimento, sem deixar faltar material na linha de produção, mas garantindo o uso eficiente dos recursos.

6.6.1 Tipos de estoque

Em resumo, podemos distinguir cinco tipos de estoque:

1. Estoques de MP.
2. Estoques de materiais em processamento ou em trânsito de uma seção para a outra.
3. Estoque de materiais semiacabados, isto é, estocados após algumas operações e que serão transformados em um ou mais produtos.
4. Estoques de materiais acabados ou componentes, que são peças isoladas e submontagens.
5. Estoques de PA.

Vejamos cada um desses cinco tipos de estoque.

6.6.1.1 Estoques de matérias-primas

O estoque de MP é constituído de materiais básicos que entram diretamente no processo de produção. O estoque de MP é formado de todos os itens comprados de fornecedores e que são utilizados para a produção dos produtos ou serviços produzidos pela empresa. O estoque de MP pode ser constituído de: plásticos, chapas de aço, parafusos, tecidos, produtos químicos, embalagens etc. Em muitos casos, o estoque de MP pode incluir também componentes, que são itens já processados e constituídos de diversos tipos de MP, por exemplo: rádios, motores, caixas de câmbio e sistemas de freios (no caso das indústrias automobilísticas) ou por teclados, *chips*, cartões de memória, monitores e *mouses* (no caso das indústrias de computadores).

Nem sempre o estoque de MP está presente no almoxarifado. Ele pode estar distribuído entre as várias seções produtivas esperando o momento de sua utilização na produção.

O nível ótimo de estoque de cada MP depende do tempo de espera para receber novos pedidos de fornecedores, da frequência de sua utilização, das características físicas do estoque e, sobretudo, do investimento exigido. As MP ficam geralmente estocadas no almoxarifado. Toda vez que nos referimos ao almoxarifado, queremos dizer que ali se encontram os estoques de MP que serão utilizados no processo produtivo.

6.6.1.2 Estoques de materiais em processamento

São os estoques de materiais que estão sendo processados nas diversas seções que compõem o processo de produção. São também denominados estoques de materiais em vias ou em processo e se encontram nas diversas seções que compõem o processo produtivo. Quase sempre os estoques de materiais em processamento se encontram distribuídos entre as seções produtivas, seja em operação, seja aguardando o momento de sua utilização na produção.

6.6.1.3 Estoques de materiais semiacabados

Os estoques de materiais semiacabados são constituídos de todos os itens que estão sendo usados ao longo do processo produtivo. São, na realidade, materiais parcialmente acabados que estão em algum estágio intermediário de produção. Assim, são geralmente estocados ao longo das diversas seções que compõem o processo produtivo da empresa. Seu nível ótimo de estocagem depende da extensão e da complexidade do processo de produção. São também denominados estoques de materiais em vias, mas essa denominação os confunde com os materiais em processamento.

6.6.1.4 Estoques de materiais acabados ou componentes

Os estoques de materiais acabados constituem peças isoladas ou componentes já montados e prontos para serem anexados ao produto. São, na realidade, partes prontas que, quando unidas, constituirão o PA. Quase sempre estão distribuídos entre as seções produtivas, podendo ou não ser estocados no almoxarifado para economizar espaço produtivo.

6.6.1.5 Estoque de produtos acabados

Os estoques de PA são constituídos dos itens que foram produzidos pela empresa, mas que ainda não foram vendidos ou entregues aos clientes. As empresas que produzem sob encomenda costumam manter estoques de PA muito baixos, pois praticamente todos os itens são vendidos antes de serem produzidos. Contudo, nas empresas que produzem em lotes ou em produção contínua, a maioria dos produtos é produzida antes da venda. Nesse caso, o nível ótimo de estoque de PA é determinado em conjunto pela previsão de vendas, pelo processo produtivo e pelo investimento exigido em PA. Os PA ficam geralmente estocados no depósito de PA. Em alguns casos, ficam estocados durante curto tempo nas seções produtivas enquanto aguardam sua movimentação para o depósito.

Estoques de: →
1. Matérias-primas
2. Materiais em processamento
3. Materiais semiacabados
4. Materiais acabados ou componentes
5. Produtos acabados

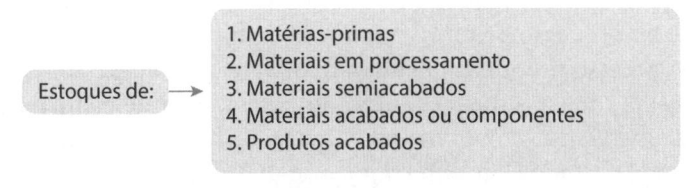

Figura 6.8 Classificação de estoques.

O conjunto desses cinco tipos de estoque compõe o estoque geral da empresa. À medida que caminham pelo processo produtivo, os estoques aumentam gradativamente sua liquidez, pois vão se aproximando do PA, que pode ser finalmente vendido e transformado em moeda corrente.

6.7 MATERIAL REQUIREMENT PLANNING

O *Material Requirement Planning* (MRP), ou planejamento das necessidades de materiais, é um sistema integrado que serve para proporcionar uma visão geral das necessidades de materiais. Seu ponto de partida é a demanda dependente, isto é, a decorrência da demanda independente que define as necessidades do mercado quanto ao PA que deve ser entregue ao consumidor. Na maioria dos casos, a Gestão da Produção (GP) cuida de muitos produtos que utilizam vários e diferentes materiais ou componentes comuns, o que tornaria extremamente complexo tratar de cada um desses em termos de estoques disponíveis, entregas previstas, compras em seguimento e prazos de entrega e possíveis atrasos. Todos esses dados precisam ser processados com auxílio de computador. Assim, cada produto é explodido em seus componentes até o último nível de detalhamento para definir a lista de materiais – também denominada lista técnica ou *bill of materials* (BOM). A lista de materiais constitui a espinha dorsal do MRP. Em geral, o MRP é um *software* destinado a processar todos os dados referentes aos itens (comuns ou não) dos produtos para verificar se há estoque suficiente ou lista de itens faltantes.

Em geral, o MRP envolve os seguintes aspectos:[9]

- **BOM**: todos os produtos são explodidos em seus componentes, subcomponentes e peças para alimentar o *software*. A lista de materiais deve ser continuamente atualizada pelo pessoal da engenharia.
- **Controle de estoques**: os estoques disponíveis são essenciais para o sistema.
- **Plano mestre**: define a demanda a ser atendida, ou seja, aquilo que deve ser realmente produzido.
- **Compras**: o MRP fornece a relação dos itens a serem comprados para que o departamento de Compras possa agir com os fornecedores.

Como muitas empresas trabalham em parcerias, elas costumam interligar seus sistemas aos sistemas dos fornecedores para que os pedidos de reabastecimento sejam feitos por meio do computador, dispensando compradores × vendedores, o uso de almoxarifados de entrada de materiais, a inspeção de qualidade no recebimento, bem como o uso de depósitos de PA. Essa ligação íntima entre fornecedor e produtor faz com que as fronteiras da organização sejam permeáveis no sentido de permitir a participação do fornecedor diretamente no processo produtivo. Em vez de fornecer o material, ele participa diretamente do processo produtivo instalando o material com pessoal próprio. É o que está acontecendo em toda a indústria automobilística, em que os fornecedores participam da produção, instalando componentes e materiais no produto em processamento. Nesse caso, temos o *Electronic Data Interchange* (EDI), cujo maior expoente é o *Supply Chain Management* (SCM), que veremos adiante.

6.8 LOGÍSTICA

A logística (do grego *logos* = discurso, razão, racionalidade, e mais especificamente, da palavra grega *logistiki* = contabilidade e organização financeira) constitui uma visão holística da organização que administra recursos humanos, materiais e financeiros em que exista movimento, no sentido de gerenciar desde a compra e a entrada de materiais, o planejamento da produção, o armazenamento, o transporte e a distribuição dos produtos, controlando informações e monitorando operações. É a área da gestão que cuida de prover recursos, equipamentos e informações para a execução de todas as atividades da empresa.

6.8.1 Uma breve história da logística

O conceito de logística (do verbo francês *loger* = acolher ou alojar) surgiu por volta de 1670, com a adoção de uma nova estrutura organizacional do exército francês realizada pelo Marechal General des Logis como responsável pelo planejamento, transporte, armazenamento e abastecimento das tropas. A ideia era disponibilizar todos os meios necessários – como armas, munição, ferramentas, transportes, pontes, alimentos, medicamentos e todo o apoio necessário – para que o exército pudesse avançar com toda sua força e com o mínimo de restrições. O conceito foi utilizado para descrever a ciência da movimentação, o suprimento e a manutenção de forças militares no terreno. Somente por volta de 1940 – quase 300 anos depois – é que se desenvolveu a logística nas empresas, com novas ideias sobre o armazenamento de materiais até os PA e sua movimentação (distribuição física) até o cliente como aspectos inseparáveis do fluxo de materiais através e fora da empresa. Contudo, a necessidade de maior controle e identificação de oportunidades de flexibilizar a fabricação, reduzir custos, reduzir prazos de entrega e melhorar a programação de entregas, o cumprimento de prazos e a disponibilidade dos produtos no mercado, com a inserção de novas metodologias e tecnologias, trouxe um incrível desenvolvimento da logística. A partir dos anos 1950 e 1960, as empresas começaram a se preocupar também com a satisfação do cliente em função de uma nova atitude e comportamento do consumidor. Nos anos 1970, começam a surgir novos conceitos, como o planejamento de requisições de materiais, que posteriormente se consolidaria como o *Material Requirements Planning* (MRP). Após os anos 1980, houve o advento da globalização da economia, quando as empresas passam a competir em nível mundial mesmo dentro de seu território local, evoluindo do modelo multinacional de operações para um modelo mundial de operações. Contudo, foi nos anos 1990 que surgiu o conceito de logística integrada conduzida pela revolução da Tecnologia da Informação (TI) e pelas exigências de desempenho em termos de produção e distribuição.

Modernamente, a logística é a atividade que coordena a estocagem, o transporte, os inventários, os armazéns e toda a movimentação dos materiais dentro da fábrica até a entrega dos PA ao cliente. Dentro dessa conceituação, a logística compreende a coordenação do movimento de materiais desde sua entrada no estoque de MP, indo através das instalações da empresa até o recebimento do PA pelo cliente. Quando todo esse fluxo de materiais fica concentrado em um único órgão da empresa, a ênfase é colocada em sua movimentação ou no transporte interno. Todavia, além da logística interna, existe a logística externa, que vem antes da chegada dos materiais dos fornecedores até a empresa e a logística externa, que vai da empresa até o local onde está o consumidor final, passando por todos os agentes intermediários.

A conceituação anterior é importante para a compreensão da enorme complexidade da gestão de materiais. Como veremos adiante, os materiais permeiam e se movimentam por toda a empresa dentro de um fluxo incessante e contínuo para alimentar as operações e as atividades do negócio. Na verdade, o fluxo de materiais na empresa guarda semelhanças com o fluxo de sangue nas artérias humanas, alimentando os tecidos e os órgãos. Sem esse fluxo de materiais, a GP não teria como funcionar adequadamente.

O conceito de logística costuma incluir várias atividades, como: distribuição física, gestão de materiais, engenharia de distribuição e gestão de transportes. Na verdade, **logística** significa o "processo de planejar, implementar e controlar o fluxo e o armazenamento eficientes e eficazes de bens, serviços e informação relacionada desde o ponto de origem até o ponto de consumo com o propósito de adequar-se aos requisitos do consumidor".[10]

6.8.2 Logística como fluxo de materiais e produtos

Assim, **logística** significa o fluxo de produtos para dentro e para fora do processo produtivo. Três tendências são evidentes na logística atual:

1. **Centralização da gestão logística**: para manter a integração e a coordenação dos processos de entrada e saída da empresa. A fim de ganhar sinergia entre as unidades de negócios, as empresas estão centralizando sua logística em um grupo composto de especialistas com experiência em diferentes tipos de modos de transporte (como ferroviário, rodoviário, aéreo, fluvial, marítimo) para reduzir custos e aumentar a agilidade e o tempo de entrega.[11]
2. *Outsourcing*: em geral, a frota de caminhões costuma ser terceirizada por questões de custos, qualidade e, principalmente, por se tratar de atividade que escapa do *core business* da empresa e exigir especialização.
3. **Uso da internet**: para planejar, organizar, dirigir e controlar o fluxo dos transportes, em termos de curta, média ou longa distância.

Apesar de todos os progressos da moderna TI, o problema básico de entregar com rapidez, presteza e segurança os materiais e produtos permanece e desafia as empresas.[12]

6.8.3 Componentes do sistema logístico

Os principais componentes de um sistema logístico são:

- **Cadeia de fornecedores**: abastece o processo produtivo da empresa.
- **Unidade de manufatura**: conjunto de etapas utilizadas para transformar a MP e os componentes entrantes em PA.
- **Cadeia de consumidores**: grupo de centros de distribuição, atacadistas, varejistas e consumidores finais que recebem os PA da empresa.
- **Interface entre fornecedores, manufatura e consumidores**: transporte propriamente dito de materiais e PA.

Não se deve esquecer que deve haver uma íntima interface entre produção, marketing e logística, como se pode ver na Figura 6.9.

Capítulo 6 – Gestão de Materiais

Produção/operações
Atividades básicas:
- Programação da produção
- Manutenção de equipamentos
- Desenho do trabalho
- Controle de qualidade
- Padrões e medidas do trabalho

Interface produção/logística
Atividades de interface:
- Programação de produtos
- Localização da indústria
- Compras

Logística
Atividades básicas:
- Transporte
- Manutenção do inventário
- Processamento de pedidos
- Depósito de PA
- Manuseio de materiais

Interface marketing/logística
Atividades de interface:
- Padrões de serviço ao consumidor
- Preço
- Embalagem
- Localização de lojas

Marketing
Atividades básicas:
- Promoção
- Pesquisa de mercado
- *Mix* de produtos
- Gestão da força de vendas

Figura 6.9 Interfaces entre produção, marketing e logística.[13]

A rede logística permite a identificação das origens e dos destinos de cada item da gestão de materiais e, com isso, avaliar as posições estratégicas dos estoques, definindo políticas de cobertura e minimizando redundâncias, enquanto agiliza o abastecimento e a distribuição. Veja o caso de um depósito ao longo da cadeia de abastecimento na Figura 6.10. Visualizando o sistema como um todo, verificamos que todo item armazenado apresenta transações de entrada, transações de saída e saldos resultantes dessas movimentações. A entrada de MP é documentada por notas fiscais, enquanto a saída de PA, por algum documento ou folha de produção. Os *softwares* de gestão de estoques, em geral, mantêm registros de todas as movimentações por meio de apontamentos nos coletores de dados ou digitações como base de dados para levantamentos, análises e parametrizações necessárias.[14]

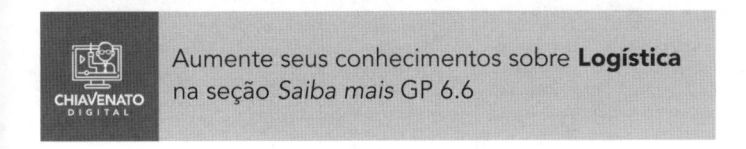

> Aumente seus conhecimentos sobre **Logística** na seção *Saiba mais* GP 6.6

Entradas → Check-in → Estoques saldo → Check-out
↓ Saídas

Figura 6.10 Fluxo genérico do material em um depósito.[15]

6.8.4 Cadeia de valor

Cada empresa pode ser definida como uma coleção de atividades que desenha, produz, comercializa, entrega e apoia seus produtos ou serviços para entregar algo de valor ao mercado. Cada atividade pode contribuir para uma posição de custo da companhia em relação aos concorrentes ou capacitar a empresa a diferenciar seus produtos ou serviços.[16] Para examinar as atividades de uma empresa e suas relações que contribuem para agregar vantagens competitivas, pode-se utilizar o conceito de cadeia de valor. A cadeia de valor é um modelo conceitual que ajuda a empresa a reconhecer as atividades que são estrategicamente importantes, examinar seus custos e identificar meios potenciais para diferenciar seus produtos e serviços.

Em termos competitivos, **valor** significa a quantidade de consumidores que querem pagar por um produto ou serviço. A medida de valor é o faturamento total, ou seja, o preço multiplicado pelo número de unidades vendidas. Para que uma empresa seja rentável, o valor de seus produtos ou serviços deve exceder seu custo. Proporcionar melhor valor para os compradores – e acima dos concorrentes – é o objetivo último da estratégia de negócios de uma empresa. A cadeia de valor traduz esquematicamente o valor total gerado por uma empresa e é composta de atividades de valor e margem, como mostra a Figura 6.11.

Figura 6.11 Cadeia de valor de Porter.[17]

As atividades de valor podem ser desdobradas em atividades principais e atividades de apoio. As atividades principais estão relacionadas com a criação física do produto ou serviço e sua venda e transferência ao consumidor. As atividades de apoio envolvem compras, insumos, tecnologia, recursos humanos e outras funções internas da empresa. Embora as atividades de valor estejam colocadas em blocos de vantagem competitiva, na verdade, a cadeia de valor não é uma mera coleção de atividades independentes. O que vale é sua integração e íntimo inter-relacionamento para proporcionar resultados alavancados.

6.8.5 Armazenagem

Armazenagem faz parte de um dos controles considerados na logística. Não existe um padrão a ser adotado pelas empresas em relação ao tamanho do armazém, haja vista que depende do negócio e da estratégia. Existem empresas que utilizam grandes galpões para armazenar seus produtos, como, aquelas que fornecem MP para as indústrias de alimentos. Nesse caso, precisam estocar as safras, pois ocorrem sazonalmente. Já outras não dispõem de grandes armazéns, pois trabalham com pedidos sob encomenda. Cabe ressaltar também as empresas que utilizam em seu processo produtivo o conceito do JIT, buscando atuar com os materiais na medida certa para a produção, evitando ao máximo o acúmulo de estoque. Como já comentado, empresas que utilizam grandes armazéns para acumular estoque de MP, produtos semiacabados ou PA, se não houver demanda, estão gerando custos operacionais ao produto.

6.8.6 *Supply Chain Management*

Integrar e inter-relacionar atividades envolvidas com o fluxo de materiais e de produtos para dentro e para fora é o desafio das empresas modernas. A gestão da cadeia de suprimento – SCM – é uma filosofia que descreve como a organização deve gerenciar suas várias cadeias de suprimento para alcançar vantagem estratégica. O objetivo da SCM é sincronizar os requisitos do consumidor final com o fluxo de materiais e informação ao longo da cadeia de suprimento para atingir um balanço entre elevada satisfação do consumidor com os custos. A satisfação do consumidor é a meta do sistema inteiro e os resultados dos esforços combinados de todos os elementos que constituem a cadeia de suprimento.[18]

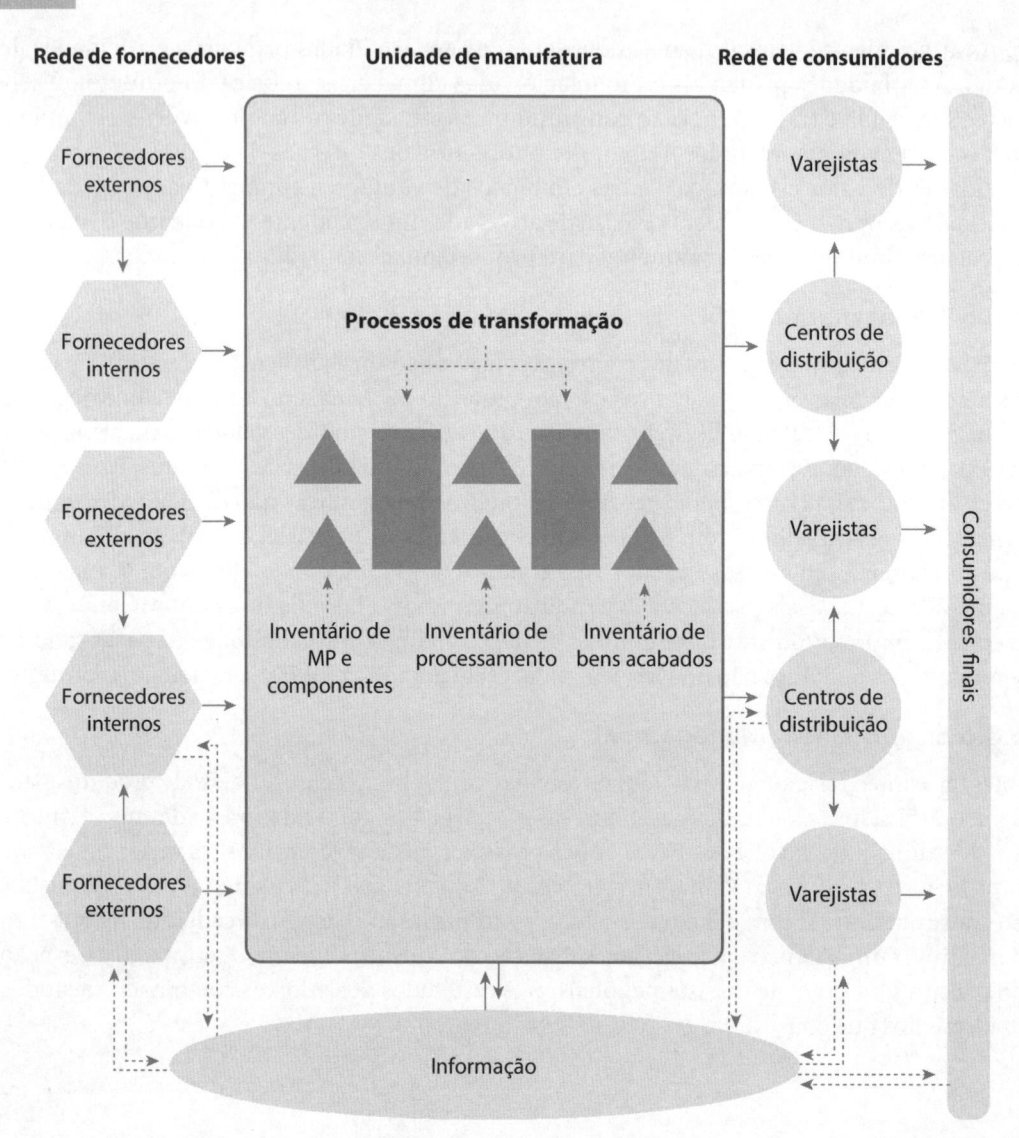

Figura 6.12 Cadeia de suprimento.[19]

Quadro 6.2 Análise crítica do processo de gestão de materiais[20]

A. Planejamento (*Plan*)

1. Os itens estão sendo bem identificados, de maneira inequívoca? Explique.
2. Existe uma política para materiais? Descreva-a.
3. A política de materiais sugere tratamento diferenciado para as diferentes categorias de itens?
4. Está definido um nível de disponibilidades ou uma tolerância em termos de faltas?
5. Os estoques estão sendo criteriosa e estrategicamente dimensionados?
6. Como estão sendo determinados o estoque de segurança e o ponto de pedido?
7. Existe alguma forma dinâmica de revisão e ajuste desse ponto de pedido?
8. Como são determinadas as quantidades nos lotes de reposição?
9. Existe algum processo de análise de riscos e planos de contingência para itens faltantes? Como ele é realizado?
10. Existem indicadores e metas de desempenho? Quais?
11. Existe um processo de comunicação entre os envolvidos?

B. Execução (*Do*)

12. O *software* de estoques está atendendo às necessidades dos diversos envolvidos?
13. Existe plena visibilidade das informações para subsídio ao entendimento?
14. A administração está aplicando o conceito da classificação ABC? Detalhe.
15. Como é ativada a reposição de materiais: projeção, ponto de pedido ou sob demanda?

C. Controle (*Check*)

16. Você sabe quanto representa o capital de giro em estoques? Por grupos?
17. Ocorrem frequentes faltas de materiais necessários? Existe essa quantificação?
18. O atendimento aos clientes (externos ou internos) está adequado ou comprometido?
19. Os erros ou os desvios na projeção da demanda provocam faltas críticas de materiais?
20. O estoque de segurança está protegendo o atendimento dentro da tolerância?
21. Os tempos de atendimento chegam a comprometer o prazo de entrega ao cliente?
22. O giro e/ou a cobertura dos itens estão sendo continuamente acompanhados?
23. Os saldos indicados no sistema informatizado são confiáveis?
24. Existe necessidade de frequentes ajustes de saldo?
25. As causas são identificadas e as medidas corretivas/preventivas, implementadas?

D. Intervenção (*Act*)

26. Da forma como está, a gestão atende e satisfaz aos objetivos da organização?
27. Existe um programa de melhoria da gestão de materiais?
28. Quais foram as mudanças significativas implementadas nos últimos dois anos?
29. Quais serão os próximos projetos de melhoria?
30. Esses projetos asseguram o sucesso da gestão de materiais?

A gestão de materiais constitui um desafiante-meio não só de melhorar e incentivar o processo produtivo, como também de trazer economias para a empresa por meio de uma intensiva e constante redução de custos. No fundo, ela representa para a empresa o mesmo que o sistema circulatório representa para o organismo humano: o sangue que corre pelas veias.

Em plena Era da Informação, na qual os negócios são cada vez mais competitivos, dinâmicos, instáveis e interativos, as empresas precisam se adaptar a essa nova realidade para que possam conquistar e fidelizar seus clientes. O ciclo de vida cada vez mais rápido e o custo dos produtos fazem com que logo se tornem verdadeiras *commodities*, seja pelo preço, pelas características ou pela utilidade. Por outro lado, a crescente globalização dos negócios obriga as empresas a inovar de maneira mais ágil seus processos e técnicas de gestão para enfrentar a forte concorrência mundial. Além disso, o consumidor está cada vez mais exigente com qualidade, rapidez e preço, obrigando as empresas a inovar por meio de uma gestão eficiente e eficaz. Agora, não se trata apenas de satisfazer o cliente: é necessário encantá-lo e fidelizá-lo por meio da oferta de produtos e serviços excelentes. Isso tudo exige a adoção de metodologias adequadas para planejar, implementar e controlar de maneira eficiente e eficaz o fluxo de produtos, serviços e informações desde o ponto de origem – fornecedores –, com a compra de MP, componentes ou PA, passando por produção, armazenamento, estocagem e transportes, até o ponto final de consumo – os clientes.[21] Todos esses aspectos são importantes no tratamento e na utilização da moderna gestão de materiais da empresa. O papel do novo gestor de materiais é fundamental no sucesso empresarial. Não se trata apenas de oferecer ao processo produtivo os materiais necessários à sua condução eficiente e eficaz. O papel do novo gestor de materiais vai muito além disso.

QUESTÕES PARA REVISÃO

1. O que são materiais?
2. Por que os materiais devem ser administrados?
3. Em que consiste a administração de materiais?
4. Conceitue gestão de materiais.
5. Conceitue suprimentos.
6. Conceitue compras.
7. Conceitue logística.
8. O que significa fluxo de materiais?
9. Conceitue movimentação de materiais.
10. Explique o fluxo de materiais em termos de acréscimos, reduções, transformações, alterações e adaptações nos materiais.
11. O que é classificação de materiais? Em que se baseia?
12. Explique a classificação de materiais.
13. Conceitue MP.
14. Dê exemplos de MP.
15. Conceitue materiais em processamento.
16. Dê exemplos de materiais em processamento.
17. Conceitue materiais semiacabados.
18. Dê exemplos de materiais semiacabados.
19. Conceitue materiais acabados ou componentes.
20. Dê exemplos de materiais acabados ou componentes.
21. Conceitue PA.
22. Dê exemplos de PA.
23. O que é programação de materiais?
24. Para que serve a programação de materiais?

25. Como é feita a programação de materiais?
26. Conceitue compras.
27. Explique o ciclo de compras.
28. O que é emissão e recebimento da OC?
29. O que é análise de OC?
30. O que é fornecedor?
31. O que é seleção de fornecedores?
32. O que é colocação da OC?
33. O que é acompanhamento da OC?
34. O que é recebimento da OC?
35. Conceitue estoque.
36. Explique as despesas de estocagem.
37. O que é sistema de estoque?
38. Explique as finalidades.
39. De quem é a responsabilidade pelo estoque?
40. Onde ficam os estoques? No almoxarifado? No depósito?
41. Quais são os cinco tipos de estoque?
42. Explique os estoques de MP.
43. Explique os estoques de materiais em processamento.
44. Explique os estoques de materiais semiacabados.
45. Explique os estoques de materiais acabados ou componentes.
46. Explique os estoques de PA.
47. O que é estoque geral da empresa?
48. Explique a cadeia de valor e como incrementá-la.
49. Explique a SCM.
50. Faça uma apreciação crítica do processo de gestão de materiais.

REFERÊNCIAS

1. REID, D.; SANDERS, N. *Gestão de Operações*. Rio de Janeiro: LTC, 2005.
2. DAVIS, M.; AQUILANO, N.; CHASE, R. *Fundamentos da Administração da Produção*. Porto Alegre: Bookman, 2001.
3. GAITHER, N.; FRAZIER, G. *Administração da Produção e Operações*. São Paulo: Thomson Learning, 2004.
4. HEIZER, J.; RENDER, B. *Administração de Operações*. Rio de Janeiro: LTC, 2001.
5. SLACK, N.; CHAMBERS, S.; JOHNSTON, R. *Administração da Produção*. São Paulo: Atlas, 2002.
6. BARALDI, P. *Gerenciamento de riscos empresariais*. Rio de Janeiro: Campus, 2005.
7. PADOVEZE, C. L.; BERTOLUCCI, R. G. Proposta de um modelo para o gerenciamento do risco corporativo. *In: Anais XXV Encontro Nacional de Engenharia de Produção...* Porto Alegre: ENEGEP, 2005.

8. PANHOCA, L. *Administração do risco de propostas e estudos de viabilidade na indústria aeronáutica brasileira*: uma abordagem de controladoria. 2000. Tese (Doutorado) – Faculdade de Economia, Administração e Contabilidade, Universidade de São Paulo, São Paulo, 2000.
9. MARTINS, P. G.; LAUGENI, F. P. *Administração da produção*. São Paulo: Saraiva, 2005. p. 375.
10. DAVIS, M. V. *Operations management*: concepts in manufacturing and services. St. Paul: South-Western College Publ, 1995. p. 385-386, comentando o conceito de logística do Council of Logistics Management.
11. WHEELEN, T. L.; HUNGER, J. D. *Strategic management and business policy*. Upper Saddle River: Prentice-Hall, 2002. p. 174-175.
12. WHEELEN, T. L.; HUNGER, J. D. *Strategic management and business policy, op. cit.*
13. BALLOU, R. *Business logistics management*. Upper Saddle River: Prentice Hall, 1985.
14. GASNIER, D. *Gestão de materiais*: a finalidade dos estoques. Disponível em: http://www.portalpeg.eb.mil.br/artigos/materiais.pdf. Acesso em: 03 set. 2013.
15. Adaptado de: GASNIER, D. *Gestão de materiais*: a finalidade dos estoques. Disponível em: http://www.portalpeg.eb.mil.br/artigos/materiais.pdf. Acesso em: 03 set. 2013.
16. DAVIS, M. V. *Operations management*: concepts in manufacturing and services, *op. cit.*, p. 18.
17. Adaptado de: PORTER, M. *Vantagem competitiva*: criando um desempenho superior sustentado. Rio de Janeiro: Campus, 1989. p. 309.
18. DAVIS, M. V. *Operations management*: concepts in manufacturing and services, *op. cit.*, p. 384.
19. DAVIS, M. V. *Operations management*: concepts in manufacturing and services, *op. cit.*, p. 385.
20. Extraído de: GASNIER, D. *Gestão de materiais*: a finalidade dos estoques. Disponível em: http://www.portalpeg.eb.mil.br/artigos/materiais.pdf. Acesso em: 03 set. 2013.
21. DORNIER, P.; ERNST, R.; FENDER, M.; KOUVELIS, P. *Logística e operações globais*: textos e casos. São Paulo: Atlas, 2000.

7 CONTROLES DE PRODUÇÃO

O QUE VEREMOS ADIANTE

- Noções de controle.
- Controle da produção.
- Controle de estoques.
- Controle de qualidade.
- A qualidade e a Indústria 4.0.

Não basta planejar, programar e executar os planos de produção. É preciso também monitorar e controlar o desempenho e os resultados alcançados do processo produtivo para se certificar se estão ou não satisfatórios. É preciso também acompanhar o grau de eficiência e de eficácia para fazer as correções e os ajustes necessários dentro do menor tempo possível. Quanto melhores e mais eficazes os controles, mais agilidade e flexibilidade o processo produtivo alcançará. E tão mais rapidamente terá condições de melhorar rumo à excelência. Além de planejamento, organização e execução, deve haver um controle adequado para que a produção alcance níveis elevados de excelência.

INTRODUÇÃO

Todo o sistema depende de insumos ou entradas que procedem do seu meio ambiente para poder funcionar adequadamente. Esses insumos ou entradas (materiais, matérias-primas – MP –, energia, informação etc.) são processados pelos diversos subsistemas e, então, transformados em saídas ou resultados (produtos ou serviços) que retornam ao meio ambiente. A eficiência do sistema consiste em manter uma relação viável entre suas entradas e saídas de tal modo que alcance um equilíbrio dinâmico. O sistema perde eficiência quando seus insumos ou entradas tardam a chegar por qualquer motivo, acarretando paradas ou esperas desnecessárias dos subsistemas. Por outro lado, quando o sistema tem mais entradas do que saídas, isto é, quando o sistema acumula insumos por receio de parar por falta deles, também perde eficiência, pois tem excesso de recursos não utilizados, o que representa um custo adicional. Assim, tanto a escassez quanto o excesso de insumos constituem extremos ou desvios que devem ser evitados em qualquer sistema de produção.

Da mesma maneira, o sistema cujas saídas não atendem às necessidades do mercado também perde eficácia, pois deve acumular rejeições e devoluções. E quando suas saídas são maiores do que a demanda do meio ambiente, elas tendem a ficar retidas no sistema aguardando o momento de serem liberadas. Tudo isso representa custos adicionais e perdas financeiras.

Como sistemas abertos, as empresas procuram continuamente controlar suas atividades, mantendo-as sempre dentro dos parâmetros ou dos balizamentos adequados. E aí surge a noção de controle.

7.1 NOÇÃO DE CONTROLE

Quase sempre, a palavra **controle** faz lembrar punições, restrições e impedimentos. Na vida prática, **controlar** significa geralmente proibir, impedir, restringir, limitar, fiscalizar etc. Em Administração, a palavra **controle** apresenta outro significado bem diferente.

Em Administração, o controle visa guiar e regular as atividades da empresa a fim de garantir o alcance dos objetivos almejados. Se as coisas ocorressem de acordo com o que foi planejado, não haveria necessidade de controle. O controle existe porque alguma coisa pode sair diferente daquilo que foi planejado.

O controle é a função administrativa que consiste em medir, avaliar e corrigir o desempenho ou os resultados para assegurar que os objetivos da empresa sejam plenamente atingidos. A tarefa do controle é verificar se tudo está sendo feito em conformidade com o que foi planejado e organizado, de acordo com as ordens dadas, para identificar possíveis erros ou desvios que devem ser corrigidos e evitar sua repetição.

7.1.1 Objetivos do controle

O controle visa atender a duas finalidades principais:

1. **Correção das falhas ou erros existentes**: o controle serve para detectar falhas ou erros – seja no planejamento, seja na execução – para apontar as medidas corretivas a fim de saná-los.
2. **Prevenção de futuras falhas ou erros**: ao corrigir as falhas ou erros existentes, o controle aponta os meios para evitá-los no futuro.

A importância do controle reside no fato de que ele assegura que aquilo que foi planejado e organizado cumpriu realmente os objetivos pretendidos. O controle verifica se as coisas foram executadas de acordo com os planos, esquemas e ordens transmitidas. E o que sai dos padrões previstos deve ser devidamente corrigido o quanto antes para que os desvios não se acumulem. No fundo, o controle procura avaliar se tudo ocorreu conforme os padrões estabelecidos. Os padrões representam a base fundamental do controle.

7.1.2 Fases do controle

Na realidade, todo o controle é um processo composto de quatro fases distintas.

As quatro fases do controle são:

1. **Estabelecimento dos padrões**: é a primeira fase do processo, que estabelece previamente os padrões ou critérios de avaliação ou de comparação. Um padrão é uma norma ou

critério que serve de base para a avaliação ou comparação de alguma coisa. O metro, o litro, o grama, são padrões universalmente aceitos. Em Gestão da Produção (GP), um dos maiores cuidados é o de se estabelecerem padrões para controlar as coisas. O padrão é o ponto de referência para aquilo que será feito.

Existem quatro tipos de padrões:

- **Padrões de quantidade**: como volume de produção, quantidade de estoque de MP ou produto acabado (PA), número de horas trabalhadas, capacidade de produção etc.
- **Padrões de qualidade**: como controle de qualidade (CQ), de MP recebida, CQ da produção, especificações do produto etc.
- **Padrões de tempo**: como tempo-padrão para produzir determinado produto/serviço (P/S), tempo médio de estoque de determinada MP etc.
- **Padrões de custo**: como custos de produção, custos de vendas, custos de estocagem etc.

2. **Avaliação do desempenho**: é a segunda fase do controle, que consiste em avaliar o que está sendo feito por meio da comparação com os padrões previamente estabelecidos. Nessa fase, ocorre o acompanhamento e a monitoração daquilo que está sendo executado.
3. **Comparação do desempenho com o padrão estabelecido**: é a terceira fase do controle, a qual consiste em comparar o desempenho com aquilo que foi previamente estabelecido como padrão de comparação, para verificar se há desvio ou variação, isto é, se há falha ou erro em relação ao desempenho-padrão desejado.
4. **Ação corretiva**: é a quarta e última fase do controle, a qual consiste em corrigir o desempenho para adequá-lo ao padrão. Não há ação corretiva a aplicar; o objetivo do controle é indicar quando, onde e quanto corrigir para manter o processo de acordo com o que foi previamente estabelecido.

As quatro fases do controle podem ser representadas conforme a Figura 7.1.

Figura 7.1 Controle como um processo cíclico e repetitivo.

Na verdade, o controle é um processo cíclico e repetitivo. É cíclico por envolver um ciclo composto das quatro fases que acabamos de enumerar. E é repetitivo porque se repete indefinidamente. E, à medida que se repete, tende a fazer com que as coisas controladas se aperfeiçoem e reduzam seus desvios em relação aos padrões previamente estabelecidos. Isto é, quanto mais se repete, maior a tendência de corrigir gradativamente os possíveis erros e desvios. Os conceitos de controle como função administrativa são amplamente utilizados na GP.

> **SAIBA MAIS** — **O que significa controlar?**
>
> Na verdade, o controle é um processo típico da Era Industrial. No século passado, um dos fatores críticos das empresas bem-sucedidas era o controle, monitorar o desempenho para que os resultados esperados sejam realmente alcançados. Atualmente, embora o controle seja um elemento básico para o sucesso empresarial, o fundamental é olhar, não para o passado, mas para o presente e para o futuro. O passado se foi e não volta mais, porém pode ajudar a preparar o futuro com a experiência adquirida. O importante é mirar metas e resultados a serem alcançados. E o controle pode ajudar muito nesse aspecto.

Quadro 7.1 Impacto de controles centralizados e descentralizados[1]

Graus de centralização/ descentralização	Natureza do controle	
	Tipos de padrão	Natureza de avaliação
Centralização	Padrões detalhados sobre como o trabalho deverá ser realizado e sobre o resultado apresentado pela pessoa ou posição	Avaliação diária e detalhada com horários definidos sobre os resultados alcançados no período
Descentralização	Resultados globais finais e indicadores de possíveis desvios, falhas ou variações	Avaliação mensal e genérica sobre resultados principais e avaliação semestral ou anual sobre resultados globais

7.2 CONTROLE DA PRODUÇÃO

O Controle da Produção (CP) é a última fase do Planejamento e Controle da Produção (PCP), que foi assunto do Capítulo 5. Geralmente, o CP é realizado pelo próprio órgão de PCP da empresa como retroação (*feedback*) do planejamento da produção. O CP serve para acompanhar, monitorar, avaliar e regular as atividades produtivas a fim de mantê-las dentro do que foi planejado e assegurar que atinjam os objetivos pretendidos.

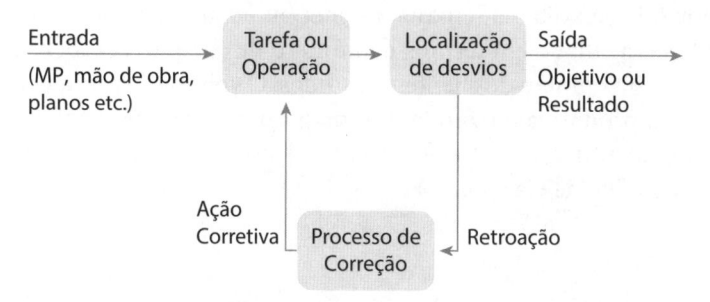

Figura 7.2 Processo de controle.

Como dissemos antes, os padrões representam a base fundamental do controle. Funcionam como indicadores ou métricas de desempenho que devem governar o processo produtivo.

Padrões de controle

- **Padrões de quantidade**
  - Volume de produção
  - Nível de estoque
  - Nº de horas trabalhadas
  - Litros de combustível utilizado
  - Nº de itens utilizados

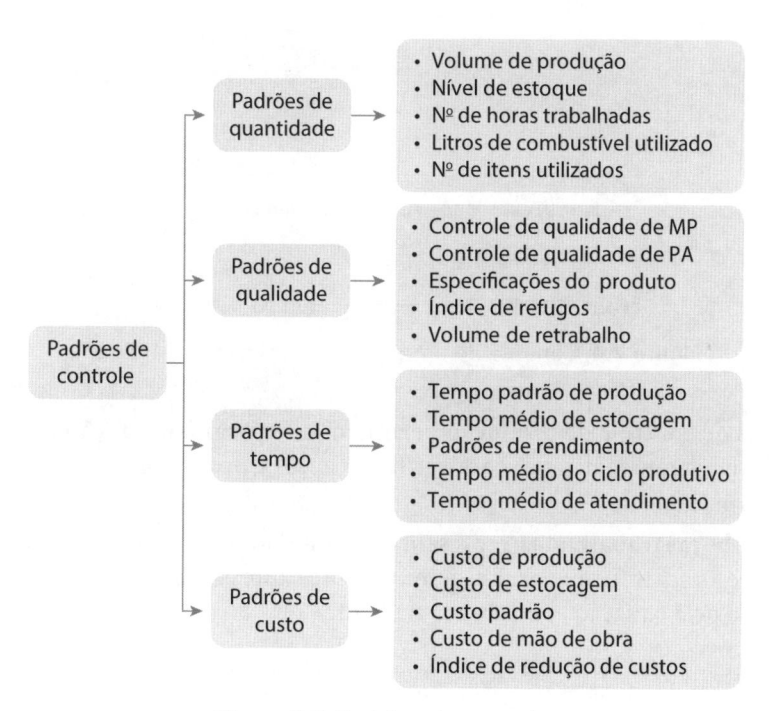

- **Padrões de qualidade**
  - Controle de qualidade de MP
  - Controle de qualidade de PA
  - Especificações do produto
  - Índice de refugos
  - Volume de retrabalho

- **Padrões de tempo**
  - Tempo padrão de produção
  - Tempo médio de estocagem
  - Padrões de rendimento
  - Tempo médio do ciclo produtivo
  - Tempo médio de atendimento

- **Padrões de custo**
  - Custo de produção
  - Custo de estocagem
  - Custo padrão
  - Custo de mão de obra
  - Índice de redução de custos

Figura 7.3 Padrões de controle.

O CP geralmente avalia a produção de acordo com os seguintes padrões:

7.2.1 Padrões de quantidade

Os principais padrões de quantidade são:

- **Volume de produção**: significa a quantidade de P/S produzidos dentro de determinado período. Na realidade, representa a saída do sistema de produção, isto é, o resultado final da atividade produtiva. Se a empresa produz carros, o volume de produção é o número de carros produzidos no dia, na semana, no mês ou no ano. Em um banco, o volume de produção pode ser avaliado em termos de número de cheques compensados no dia, na semana ou no mês ou número de clientes atendidos. O volume de produção pode também ser feito por seção produtiva ou, ainda, por máquinas ou equipamentos no decorrer do tempo. Geralmente, utilizam-se gráficos para melhor visualização, como histogramas, cronogramas, o gráfico de Gantt etc.

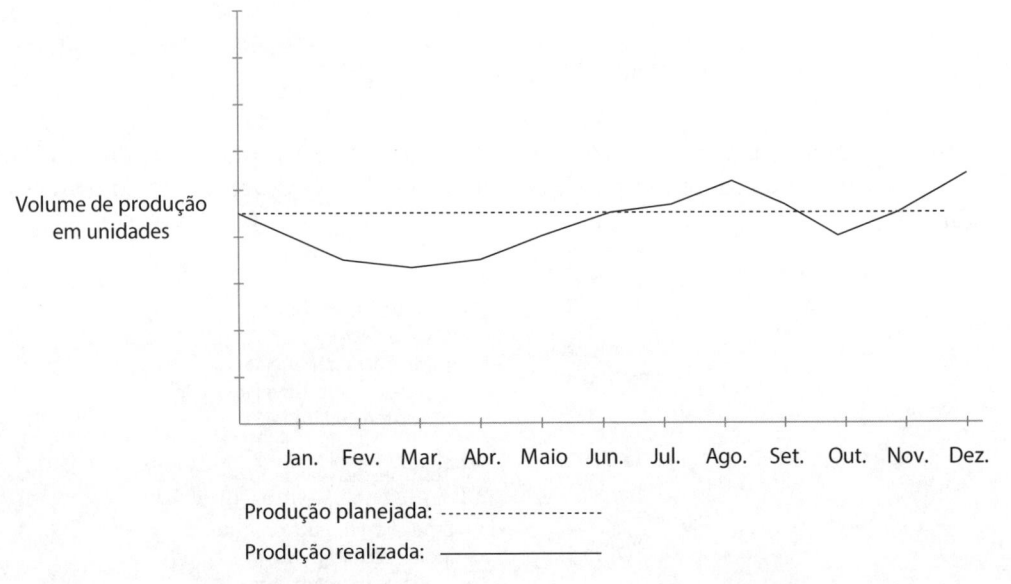

Figura 7.4 Controle de produção em termos de quantidade.

Os gráficos de controle de produção permitem comparar a produção planejada com a produção efetivamente realizada, para verificar causas e problemas imprevistos que aconteceram no processo.

- **Número de horas trabalhadas:** representa a quantidade de trabalho efetuado em número de horas que foram trabalhadas. Em geral, utiliza a expressão **homens/horas trabalhadas**, que é obtida pela equação apresentada na Figura 7.5.

Número de homens/horas trabalhadas = Número de operários diretos x Número de horas de trabalho no mês

Figura 7.5 Cálculo de homens/horas trabalhadas.

O cálculo do número de homens/horas trabalhadas geralmente utiliza apenas a mão de obra direta como referência. É uma importante informação para dar a dimensão do esforço de trabalho realizado no período diário, semanal ou mensal. O número de homens/horas trabalhadas é geralmente expresso em gráficos, da mesma forma que o controle do volume de produção que acabamos de verificar.

7.2.2 Padrões de qualidade

Qualidade pode significar muitas coisas, entre elas:

- **Adequação às especificações do produto**: tais como definidas em seu projeto original. Representa a conformidade aos padrões estabelecidos internamente pela empresa como norma de produção.
- **Satisfação do cliente ou consumidor**: em relação ao seu uso. Representa o grau de satisfação do consumidor quanto ao produto.
- **Inexistência de desvios ou falhas no processo produtivo**.

7.2.3 Padrões de tempo

Os principais padrões de tempo são:

- **Tempo-padrão de produção**: representa o nível satisfatório de produção determinado para cada trabalhador em determinado período de tempo. O tempo-padrão é obtido por meio do estudo do trabalho, que é geralmente realizado pelo órgão de Engenharia Industrial. O termo **estudo de trabalho** significa o conjunto de técnicas científicas utilizadas para a análise e a medida de trabalho realizado pelo ser humano. No sentido mais restrito, o estudo do trabalho é a verificação de um trabalho realizado por um trabalhador para medir o tempo gasto em sua execução e para melhorar a eficiência. O estudo do trabalho envolve o estudo do método (meios) e a medida de trabalho (fins ou resultados).
  - **Estudo do método**: é o registro sistemático e a análise dos métodos existentes de execução e a busca de métodos mais eficientes e eficazes.
  - **Medida de trabalho**: é feita por meio da aplicação de técnicas para avaliar o tempo necessário para um trabalhador realizar um trabalho específico em um nível satisfatório de desempenho. Esse nível satisfatório de desempenho é denominado tempo-padrão de produção e corresponde à eficiência (100%).

Quadro 7.2 Duas áreas do estudo do trabalho: estudo do método e medida do trabalho

Estudo do método	Medidas do trabalho
▪ Método de trabalho	▪ Tempo-padrão
▪ Movimentação de materiais	▪ Capacidade de produção
▪ Projeto do produto	▪ Máquinas disponíveis
▪ Projeto do processo	▪ Programação da produção
▪ Arranjo físico do local	▪ Sistema de incentivo salarial
▪ Movimentos do trabalhador	▪ Necessidade de mão de obra
▪ Ergonomia	▪ Necessidade de ferramentas
▪ Fluxo da produção	▪ Necessidade de materiais

Conhecendo-se previamente o estudo de trabalho de uma fábrica e tendo-se a quantidade prevista de homens/horas de trabalho em determinado período, pode-se prever o volume de produção a ser realizado pela simples multiplicação dos dados anteriores.

- **Padrões de rendimento**: com a determinação dos tempos-padrão individuais, pode-se estabelecer os padrões de rendimento para todas as seções produtivas, os quais servirão de base para o acompanhamento da produção.

7.2.4 Padrões de custo

Normalmente, as empresas definem previamente quais serão os custos de produção para conhecer com antecipação quais serão os custos de seus produtos. É o que geralmente recebe o nome de planejamento de custo ou pré-cálculo de custo, por meio do qual se determinam os padrões de custo de produção ou do produto.

Verificamos no Capítulo 2 que um dos componentes do P/S é seu custo. O custo do produto compreende o custo de produção mais o custo de distribuição. O custo de produção envolve custos diretos e custos indiretos, que podem ser desdobrados conforme a Figura 7.6.

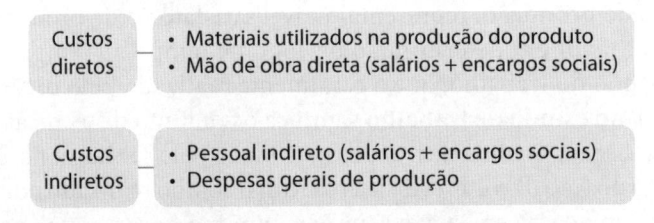

Custos diretos	• Materiais utilizados na produção do produto • Mão de obra direta (salários + encargos sociais)
Custos indiretos	• Pessoal indireto (salários + encargos sociais) • Despesas gerais de produção

Figura 7.6 Custos de produção.

Com os custos planejados, a empresa pode examinar seus custos de produção e fazer as devidas comparações a fim de aplicar as medidas corretivas adequadas para corrigir desvios e sanar os problemas existentes.

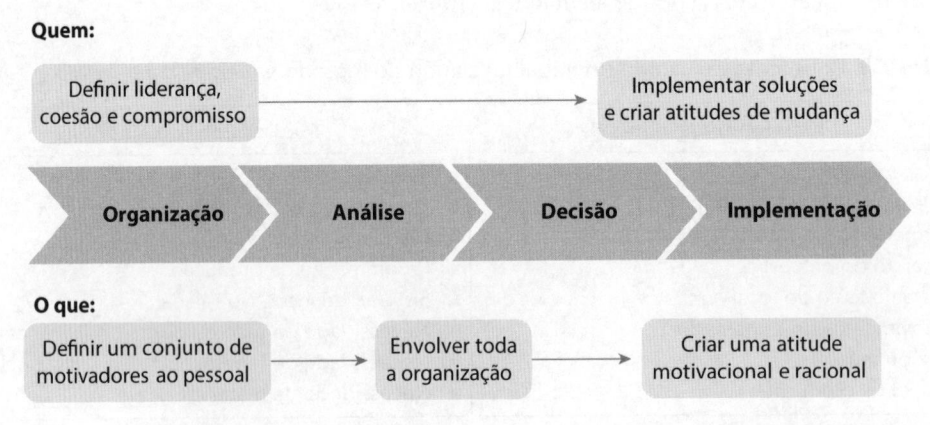

Quem:
- Definir liderança, coesão e compromisso
- Implementar soluções e criar atitudes de mudança

Organização → Análise → Decisão → Implementação

O que:
- Definir um conjunto de motivadores ao pessoal
- Envolver toda a organização
- Criar uma atitude motivacional e racional

Figura 7.7 Como organizar um programa de redução de custos.[2]

Capítulo 7 – Controles de Produção

> Aumente seus conhecimentos sobre **Padrões de controle** na seção *Saiba mais* GP 7.1

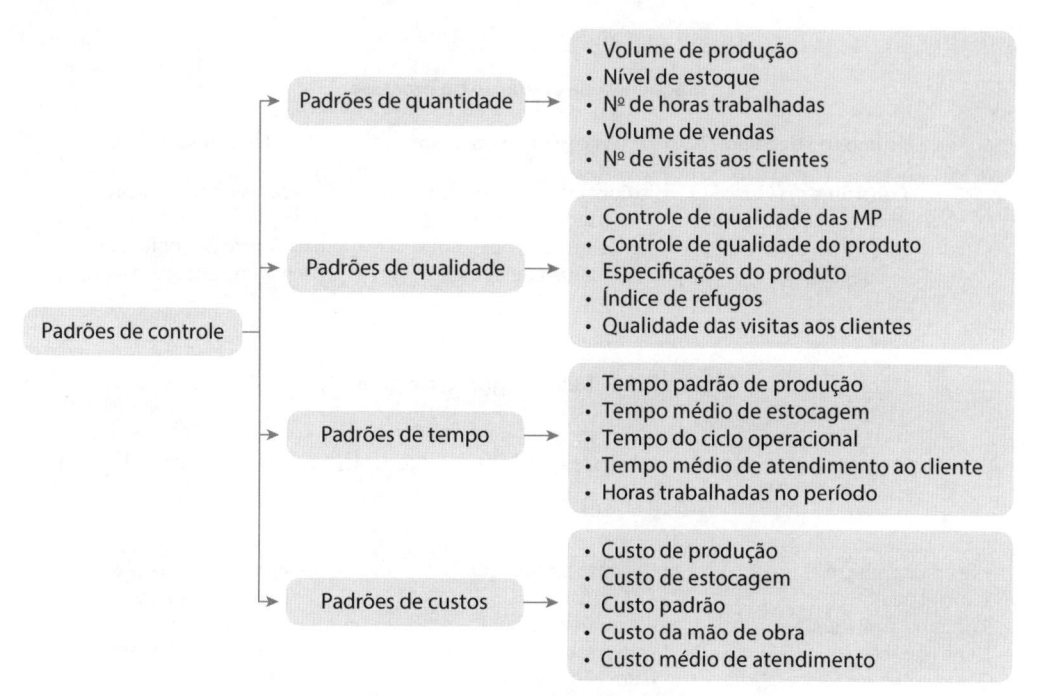

Padrões de controle:
- Padrões de quantidade
  - Volume de produção
  - Nível de estoque
  - Nº de horas trabalhadas
  - Volume de vendas
  - Nº de visitas aos clientes
- Padrões de qualidade
  - Controle de qualidade das MP
  - Controle de qualidade do produto
  - Especificações do produto
  - Índice de refugos
  - Qualidade das visitas aos clientes
- Padrões de tempo
  - Tempo padrão de produção
  - Tempo médio de estocagem
  - Tempo do ciclo operacional
  - Tempo médio de atendimento ao cliente
  - Horas trabalhadas no período
- Padrões de custos
  - Custo de produção
  - Custo de estocagem
  - Custo padrão
  - Custo da mão de obra
  - Custo médio de atendimento

Figura 7.8 Tipos de padrões.[3]

Ciclo de controle: Determinação de objetivos → Padrão → Comparação do desempenho com o padrão ← Retroação ← Resultados ← Atividade ou desempenho ← Entradas; Comparação do desempenho com o padrão → Ação corretiva → Atividade ou desempenho.

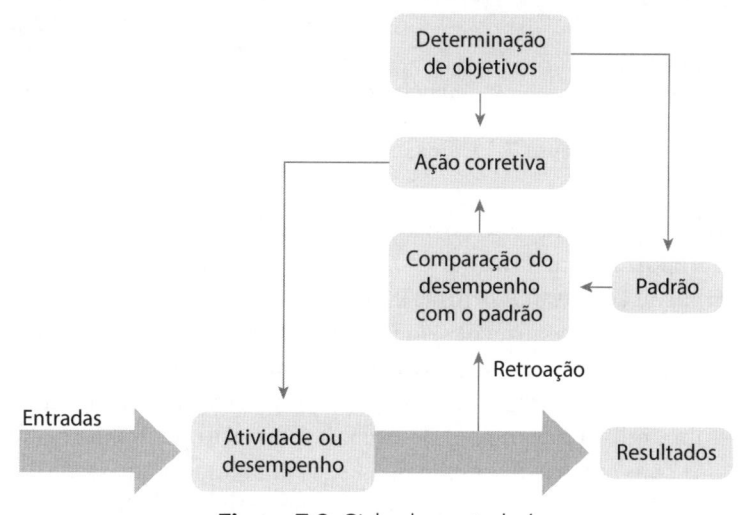

Figura 7.9 Ciclo de controle.[4]

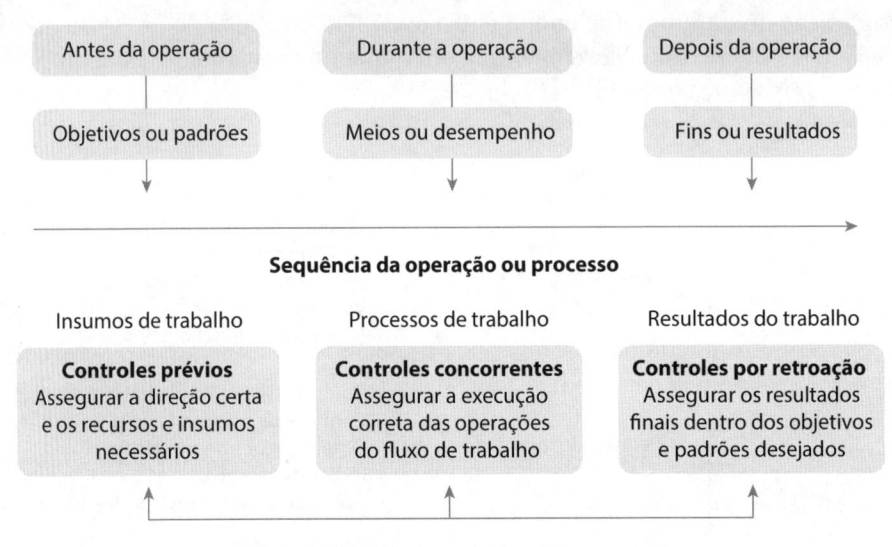

```
         Antes da operação          Durante a operação          Depois da operação
                │                          │                          │
                ▼                          ▼                          ▼
         Objetivos ou padrões       Meios ou desempenho         Fins ou resultados
                │                          │                          │
                ▼                          ▼                          ▼
```

Sequência da operação ou processo

Insumos de trabalho	Processos de trabalho	Resultados do trabalho
Controles prévios Assegurar a direção certa e os recursos e insumos necessários	**Controles concorrentes** Assegurar a execução correta das operações do fluxo de trabalho	**Controles por retroação** Assegurar os resultados finais dentro dos objetivos e padrões desejados

Figura 7.10 Três categorias de controle.[5]

As três categorias de controle anteriores podem ser exemplificadas conforme a Figura 7.11.

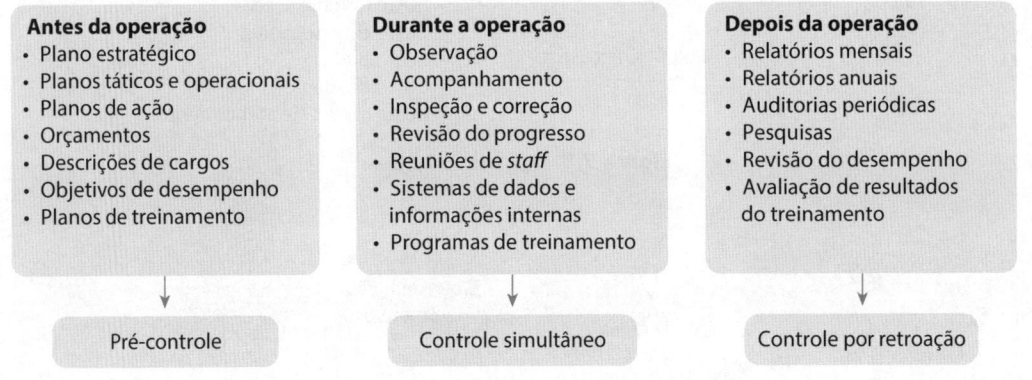

Antes da operação	Durante a operação	Depois da operação
• Plano estratégico • Planos táticos e operacionais • Planos de ação • Orçamentos • Descrições de cargos • Objetivos de desempenho • Planos de treinamento	• Observação • Acompanhamento • Inspeção e correção • Revisão do progresso • Reuniões de *staff* • Sistemas de dados e informações internas • Programas de treinamento	• Relatórios mensais • Relatórios anuais • Auditorias periódicas • Pesquisas • Revisão do desempenho • Avaliação de resultados do treinamento
▼	▼	▼
Pré-controle	Controle simultâneo	Controle por retroação

Figura 7.11 Três categorias de controle.[6]

Nenhuma atividade é perfeita. Toda atividade provoca ou ocasiona algum tipo de variação. Assim, torna-se importante determinar os limites dentro dos quais essa variação pode ser aceita como normal ou aceitável. Assim, as variações que ocorrem dentro desses limites não exigem correções. Apenas as variações que ultrapassam os limites dos padrões é que são denominadas exceções, erros, desvios, afastamentos ou anormalidades. O controle procura separar o que é normal e o que é excepcional, para que a correção se concentre nas exceções. Esse aspecto lembra muito o princípio da exceção proposto por Taylor: o administrador deve preocupar-se com o que é excepcional, ou seja, com aquilo que se afasta dos padrões. Para que possa localizar as exceções, o controle deve dispor de técnicas que indiquem rapidamente onde se encontra o problema.

- **Comparação do desempenho com o padrão**: é a terceira etapa do processo de controle e consiste em comparar o desempenho com o que foi previamente estabelecido como padrão, para verificar se há desvio ou variação, isto é, se há falha ou erro em relação ao desempenho desejado. Trata-se de alinhar o desempenho com o padrão planejado e esperado e verificar possíveis distorções ou falhas.

A comparação do resultado ou do desempenho em relação ao padrão pode resultar em três possibilidades:

- **Conformidade ou aceitação**: o resultado ou desempenho está de acordo com o **padrão** e, portanto, aceito.
- **Aceitação**: o resultado ou desempenho apresenta leve desvio quanto ao **padrão**, mas dentro da tolerância permitida, e, portanto, aceito, embora a conformidade não seja a ideal.
- **Rejeição**: o resultado ou o desempenho apresenta desvio, afastamento ou discrepância para mais ou para menos em relação ao padrão, além da tolerância permitida; portanto, rejeitado e sujeito à ação corretiva.

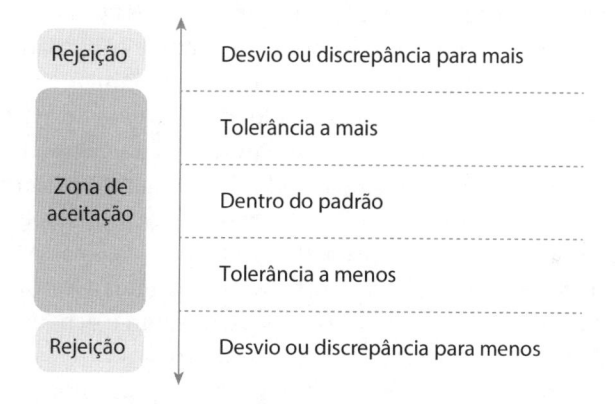

Figura 7.12 Possibilidades de comparação com o padrão.

A comparação dos resultados obtidos com os resultados planejados utiliza vários meios de apresentação como gráficos, relatórios, índices, percentagens, medidas e estatísticas etc. Esses meios de apresentação supõem técnicas à disposição do controle para que este tenha maior informação sobre aquilo que deve ser controlado.

- **Ação corretiva**: é a quarta e última etapa do processo de controle, que consiste em apontar medidas corretivas caso surjam falhas, distorções, erros, variações ou desvios no desempenho avaliado. Trata-se de corrigir o desempenho para adequá-lo ao padrão estabelecido. Se o desempenho foi de acordo com o padrão, não há ação corretiva a aplicar. O objetivo do controle é indicar quando, onde e quanto corrigir para manter o processo de acordo com o que foi previamente estabelecido.

Continuum de sistemas de controle				
Não confiável	**Informal**	**Estandartizado**	**Monitorado**	**Otimizado**
As atividades de controle não são planejadas, desenhadas ou organizadas. O ambiente de trabalho é imprevisível.	As atividades de controle são planejadas, desenhadas ou organizadas, mas não são adequadamente documentadas.	As atividades de controle são planejadas, desenhadas ou organizadas, e adequadamente documentadas.	As atividades de controle são padronizadas e periodicamente testadas para avaliar seu desempenho e operação. Produzem relatórios para a gestão.	As atividades de controle são integradas e organizadas. Produzem monitoração em tempo real e melhoria contínua.

Figura 7.13 Continuum de sistemas de controle.[7]

7.3 CONTROLE DE ESTOQUES

Verificamos no Capítulo 6 que estocar significa guardar algo para utilização futura. O estoque inclui todo o sortimento de MP e materiais que a empresa possui e utiliza no processo produtivo. O estoque tende a flutuar no decorrer do tempo e é muito difícil controlá-lo em toda a sua extensão, pois os materiais se transformam rapidamente por meio do processo produtivo e a cada momento podem ser classificados diferentemente. Além disso, cada material representa um custo diferente, isto é, gradativamente maior à medida que se movimenta no processo produtivo e recebe acréscimos, inclusões de outros materiais e componentes e transformações até se transformar em PA. Além disso, de um lado, quando o estoque é obtido para uso futuro na produção, representa capital parado e passa a ser visto como um mal necessário, exigindo um esforço para controlar e reduzir tal investimento. De outro lado, torna-se também difícil determinar qual é o estoque mínimo e depender da confiabilidade dos fornecedores quanto às entregas aprazadas no futuro.

Dessa maneira, o estoque não pode ser muito grande – pois implica desperdício, espaço ocupado e capital empatado desnecessariamente – e nem muito pequeno – pois envolve risco de possível falta de materiais no mercado e consequente paralisação da produção, com enormes prejuízos à empresa.

7.3.1 Registros de estoque

Para ser controlado, o estoque deve ser registrado impecavelmente. O fichário de estoque – ou banco de dados sobre estoque de materiais – é um conjunto de documentos ou registros de computador que serve para controlar e analisar o estoque. Cada empresa define o tipo de fichas de estoque (FE) – sejam físicas, sejam virtuais – de acordo com suas necessidades e seu grau de sofisticação na área.

As informações contidas na FE geralmente são:

- **Identificação do item**:
  - Nome do item.
  - Número ou código do item.
  - Especificação ou descrição do item.

- Unidade de medida (quilo, metro, unidade).
- Tipo de utilização (a quem se destina).

■ **Controle do item**:
- Lote mínimo.
- Lote econômico.
- Utilização semanal ou mensal (demanda).
- Dias de espera para a chegada do pedido de renovação.
- Fornecedores.
- Preço unitário.
- Percentagem de perda ou rejeição na produção.

■ **Rotação do estoque**:
- Pedidos de reposição já efetuados.
- Recebimentos dos fornecedores do material.
- Retiradas do material pelos órgãos produtivos.

■ **Saldo de estoque**:
- Saldo de estoque (quantidade existente atualmente no estoque).
- Saldo disponível (quantidade existente + quantidade encomendada e ainda não recebida).
- Saldo das encomendas (quantidade encomendada e ainda não recebida do fornecedor).
- Saldo das reservas (quantidade solicitada em OC e ainda não retirada).

■ **Custo e valor do estoque**:
- Custo unitário de cada entrada dos fornecedores.
- Custo total (número de unidades estocadas × custo unitário).
- Custo unitário de cada saída para os órgãos produtivos.
- Saldo monetário em estoque.

A quantidade de informação contida nas FE determina o grau de sofisticação do controle de estoques da empresa. A utilização de programas de computador para essa finalidade é indispensável à medida que o número de itens a serem controlados aumenta.

7.3.2 Classificação ABC

A classificação ABC ou curva de Pareto é um modelo utilizado no controle dos materiais. Parte do princípio de que a maior parte do investimento em materiais está concentrada em um pequeno número de itens. Em outras palavras, uma pequena percentagem dos materiais representa a maior parte do investimento. Essa classificação divide os estoques, de acordo com sua quantidade ou seu valor monetário, em três classes:

1. **Classe A**: envolve poucos itens (de 15% a 20% do total), mas que são responsáveis pela maior parte (80%) do valor do estoque. São os itens menos numerosos, porém mais importantes e que merecem atenção individual pelo seu enorme valor monetário.

2. **Classe B**: envolve uma grande quantidade dos itens (35% a 40% do total), mas que representam aproximadamente 15% do valor dos estoques. São os itens intermediários e que têm relativa importância no valor global dos estoques.
3. **Classe C**: envolve uma enorme quantidade de itens (40% a 50% do total), mas que representam um valor desprezível (5% a 10%) do valor total dos estoques. São os itens mais numerosos, mas menos importantes, pois respondem com pouca relevância do valor global dos estoques.

Com a classificação ABC, torna-se óbvio que a atenção maior da empresa deve se concentrar nos itens da classe A, cujo valor monetário é enorme – chegando a aproximadamente 80% do valor total, merecendo um tratamento especial. Os itens da classe B costumam ser tratados por procedimento semiautomático, enquanto os itens da classe C – que no seu conjunto alcançam 5% a 10% do valor total – podem ser tratados por procedimento automático que não exija muito tempo de decisão, pois seu valor monetário é relativamente pequeno.

Para melhor visualizar a classificação ABC, os itens são colocados em relação crescente de grandeza, acumulando suas percentagens em relação ao volume global de estoques. Dessa maneira, a curva ABC ou curva de Pareto geralmente apresenta a configuração mostrada na Figura 7.14 em quase todas as empresas.

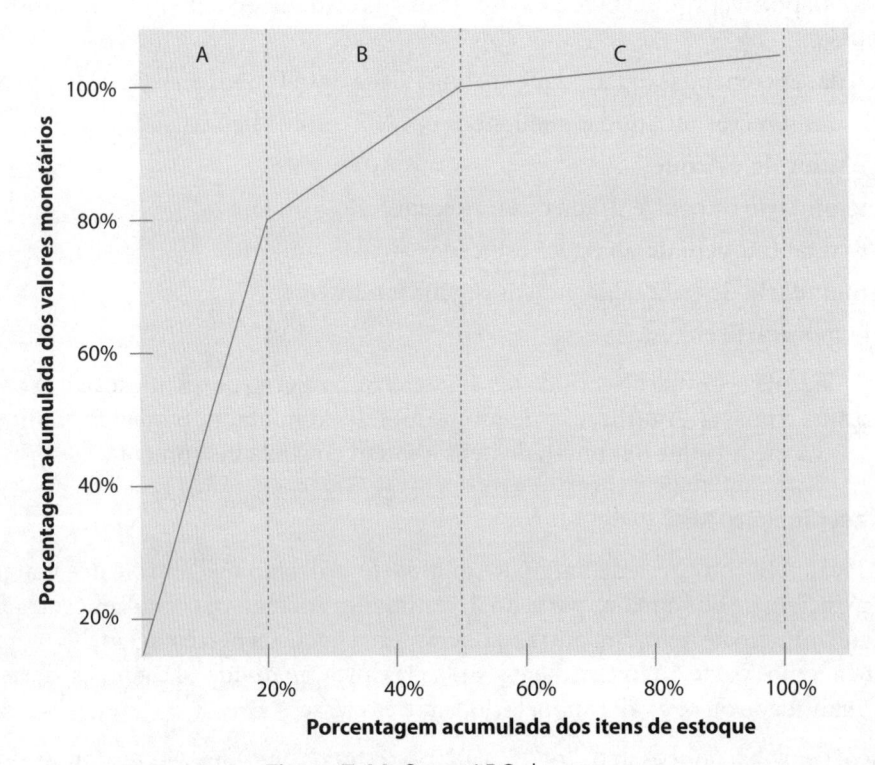

Figura 7.14 Curva ABC de estoques.

7.4 CONTROLE DE QUALIDADE

Qualidade é a adequação a alguns padrões previamente definidos. Esses padrões são denominados especificações quando se trata de projetar um produto ou serviço, conforme verificamos no Capítulo 2. Quando essas especificações não são bem definidas, a qualidade torna-se ambígua e a aceitação ou rejeição do produto ou serviço passa a ser discutível. Diz-se que um produto é de alta qualidade quando ele atende exatamente aos padrões estabelecidos e exibe as exatas especificações adotadas. Isso significa um produto de elevada qualidade como elemento de redução de custos. Se o projeto for bem-feito, mas a produção não for bem executada, os P/S serão refugados e rejeitados. Se o projeto e a produção andarem bem, mas as MP não forem bem inspecionadas na recepção, o P/S final provavelmente não atenderá às especificações e poderá ser refugado por não atendê-las. Isso provoca perdas enormes – tanto de material quanto de trabalho, para não se falar em cancelamento de pedidos pela clientela e perda de faturamento –, que podem ser evitadas com uma política de qualidade a ser desenvolvida por todas as áreas da empresa. A política de qualidade precisa contar com o apoio de todo o pessoal e de todas as seções produtivas e de assessoria. O raciocínio básico é de que a quantidade custa dinheiro, mas sua ausência custa muito mais dinheiro ainda.

> Aumente seus conhecimentos sobre **Estratégias de qualidade** na seção *Saiba mais* GP 7.2

7.4.1 Programas de melhoria da qualidade

A melhoria da qualidade pode ser obtida a partir de pequenos programas que envolvem o pessoal de produção, desde o operário de menor nível até o diretor mais graduado da empresa.

Os principais programas de melhoria da qualidade procuram incluir:

- **Motivação do pessoal**: para produzir com qualidade por meio de incentivos salariais, concursos internos etc. As pessoas precisam saber que podem melhorar a qualidade de seu trabalho e serem induzidas a isso. A sensibilização quanto à qualidade e à motivação para a excelência é fundamental para que a produção seja melhor.
- **Treinamento do pessoal**: para produzir qualidade por meio de cursos internos, palestras, reuniões etc. A qualidade é aprendida e deve ser incentivada. Em todo treinamento deve haver forte indução para melhorar a qualidade do trabalho.
- **Melhoria de métodos de trabalho**: por meio de reuniões do pessoal com as respectivas chefias, discussões de procedimentos e rotinas, grupos de trabalho etc. Dados e registros de produção devem ser discutidos e avaliados para buscar oportunidades de melhorar a qualidade.
- **Aplicações de técnicas de CQ pelos operários**: que devem passar a autocontrolar a qualidade de seu próprio trabalho. Todo o pessoal deve aprender a lidar com técnicas de CQ.
- **Trabalho em equipe**: fazendo com que as pessoas trabalhem em conjunto por meio de times, círculos de qualidade, células de produção. O trabalho em equipe fomenta a discussão e análise dos problemas de produção.

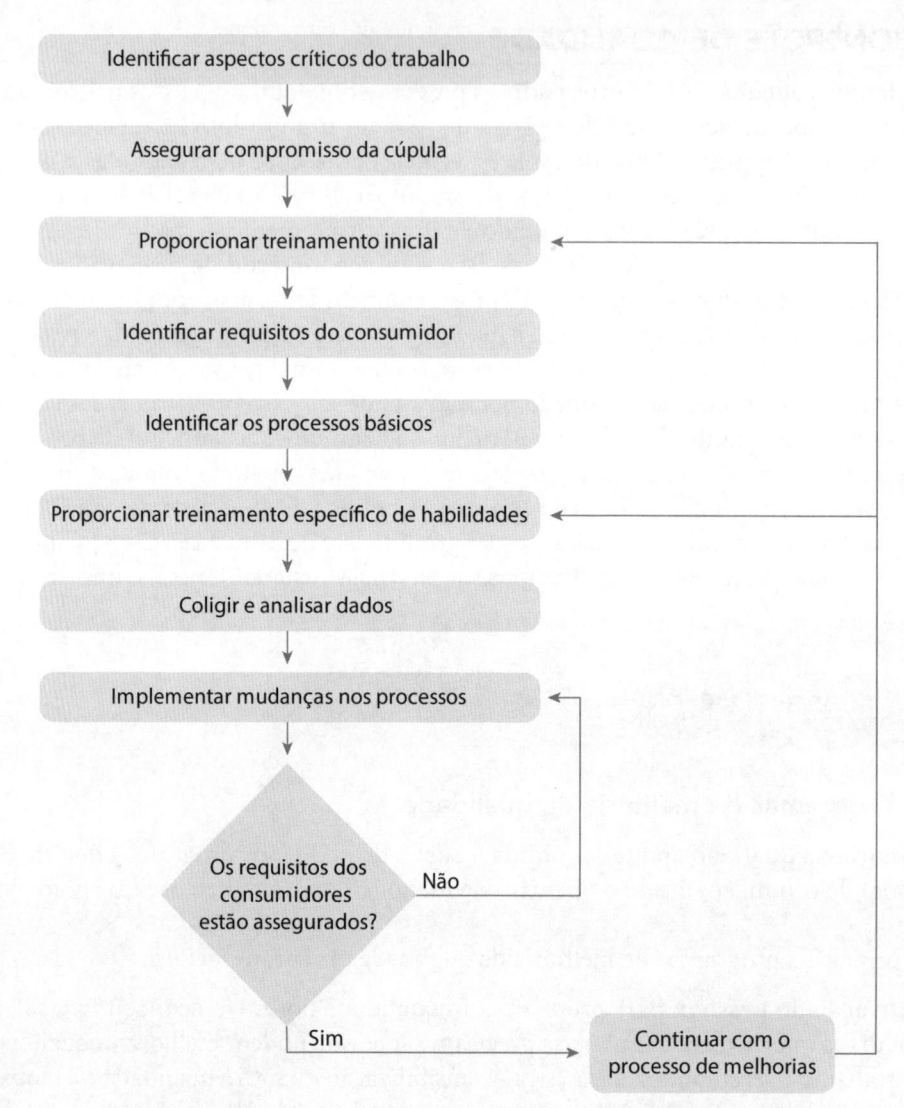

```
┌─────────────────────────────────────────┐
│  Identificar aspectos críticos do trabalho  │
└─────────────────────────────────────────┘
                    ↓
┌─────────────────────────────────────────┐
│     Assegurar compromisso da cúpula      │
└─────────────────────────────────────────┘
                    ↓
┌─────────────────────────────────────────┐
│      Proporcionar treinamento inicial    │ ←──┐
└─────────────────────────────────────────┘    │
                    ↓                           │
┌─────────────────────────────────────────┐    │
│    Identificar requisitos do consumidor  │    │
└─────────────────────────────────────────┘    │
                    ↓                           │
┌─────────────────────────────────────────┐    │
│     Identificar os processos básicos     │    │
└─────────────────────────────────────────┘    │
                    ↓                           │
┌─────────────────────────────────────────┐    │
│ Proporcionar treinamento específico de habilidades │ ←┤
└─────────────────────────────────────────┘    │
                    ↓                           │
┌─────────────────────────────────────────┐    │
│         Coligir e analisar dados         │    │
└─────────────────────────────────────────┘    │
                    ↓                           │
┌─────────────────────────────────────────┐    │
│    Implementar mudanças nos processos    │ ←┐ │
└─────────────────────────────────────────┘   │ │
                    ↓                          │ │
              ╱╲                               │ │
            ╱    ╲                             │ │
          ╱ Os requi-╲    Não                  │ │
         ╱ sitos dos  ╲ ──────────────────────┘ │
         ╲consumidores╱                          │
          ╲ estão    ╱                           │
           ╲assegu-╱                             │
            ╲rados?╱                             │
              ╲╱                                 │
               │ Sim                             │
               ↓                                 │
         ┌──────────────────┐                    │
         │   Continuar com o │ ───────────────────┘
         │ processo de melhorias│
         └──────────────────┘
```

Figura 7.15 Processo de implementação da melhoria contínua.[8]

As empresas, hoje, estão mais preocupadas com orientação para prevenção do que com orientação para detecção de problemas, erros, refugos e retrabalho no processo produtivo. Muitas delas utilizam um processo de melhoria de acordo com suas necessidades. No Quadro 7.3 é apresentado um modelo de oito etapas de melhoria.

Quadro 7.3 Modelo de processo de melhoria contínua em oito etapas[9]

1. Defina o problema no contexto do processo produtivo
2. Identifique, analise e documente o processo
3. Mensure o desempenho atual
4. Compreenda por que o processo está apresentando o desempenho atual
5. Desenvolva soluções alternativas e selecione a melhor delas
6. Desenvolva uma estratégia e implemente a alternativa escolhida
7. Avalie os resultados do novo processo
8. Comprometa a todos na continuidade do processo de melhoria

7.4.2 Círculos de controle de qualidade

Os círculos de controle de qualidade (CCQ) surgiram no Japão logo após a Segunda Guerra Mundial e logo foram copiados pelas empresas ocidentais, em função de seus excelentes resultados e de seu caráter eminentemente participativo e envolvente.

O CCQ é um pequeno grupo de trabalhadores organizados voluntariamente e com três objetivos principais:

1. Estudar e difundir os estudos sobre temas de qualidade juntamente com os colegas.
2. Aplicar os resultados de seus estudos em seu trabalho – seja na oficina, na fábrica ou no escritório – a fim de melhorar o ambiente e o próprio trabalho.
3. Desenvolver as habilidades dos colegas para o trabalho em equipe por meio da solidariedade, cooperação e responsabilidade mútuas.

O CCQ não deve ser imposto pela direção da empresa, pois é um movimento ascendente – de baixo para cima – e voluntário, já que depende da adesão espontânea do pessoal de produção.

7.4.3 Programa de zero defeito

Os programas de zero defeito procuram conscientizar o pessoal que participa direta ou indiretamente do processo produtivo a fazer as coisas bem-feitas desde o início. Envolve, portanto, não somente o pessoal de produção, mas todo o pessoal técnico que cria e desenvolve o produto, o pessoal de administração de materiais (compras e suprimentos), o pessoal da Engenharia Industrial etc. Os programas de zero defeito eliminam a separação entre a produção (orientada para a execução e a produtividade) e o CQ (orientado para a inspeção e a localização de P/S defeituosos).

Os programas de zero defeito apresentam, geralmente, os seguintes objetivos:

- Obter a participação e o envolvimento dos operários, que passam a contribuir com ideias e sugestões sobre seu trabalho.
- Incrementar reuniões frequentes e periódicas para informar sobre o programa, discutir sua forma de implantação, examinar os erros cometidos e apresentar soluções para evitar problemas futuros.
- Familiarizar os operários com o P/S para que compreendam a relação entre seu trabalho individual e a finalidade do P/S, de maneira a avaliar as consequências de uma execução descuidada de seu trabalho.

- Detectar as principais fontes de problemas de qualidade e programar as ações corretivas por meio de treinamento, melhoria de métodos de trabalho, adaptação de máquinas etc.
- Analisar os resultados de inspeção de qualidade a partir dos dados fornecidos pelo CQ. Isso exige uma formação relativamente técnica do pessoal a ser dada por meio de treinamento específico. Exige também estreita colaboração entre o pessoal do CQ e de produção, que quase sempre vivem em situações de confronto. À medida que o programa de zero defeito avança, o pessoal de CQ altera a sua função de inspeção e controle para uma função de adestramento das pessoas para produzir qualidade.

7.4.4 Técnicas de CQ

Como a função do CQ é localizar defeitos e apontar soluções, boa parte das técnicas de CQ está baseada no uso de estatísticas. Geralmente, a apresentação dos dados sobre o CQ é feita por meio de gráficos estatísticos, como histogramas, curva de Pareto (que acabamos de ver na classificação ABC) e outros gráficos descritivos.

- **Histograma**: é um gráfico estatístico baseado em uma figura de dupla entrada. No eixo vertical, coloca-se o assunto controlado, e no eixo horizontal, as frequências ou porcentagens verificadas. Pode também ser utilizado para comparações entre seções, como na Figura 7.16.

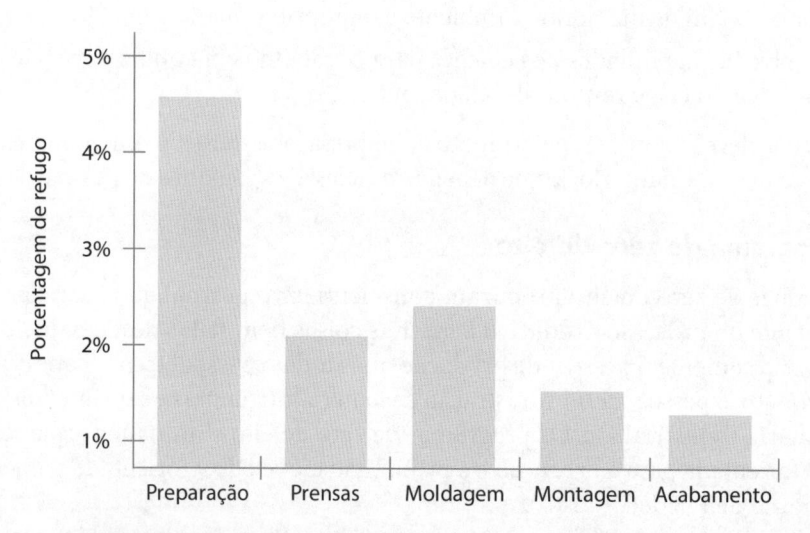

Figura 7.16 Histograma de porcentagem de refugos no mês.

- **Curva de Pareto**: como já vimos, trata-se de uma curva traçada a partir do ordenamento dos dados de acordo com sua importância – da maior para a menor – e que são cumulativos para refletir os dados que realmente merecem atenção especial.

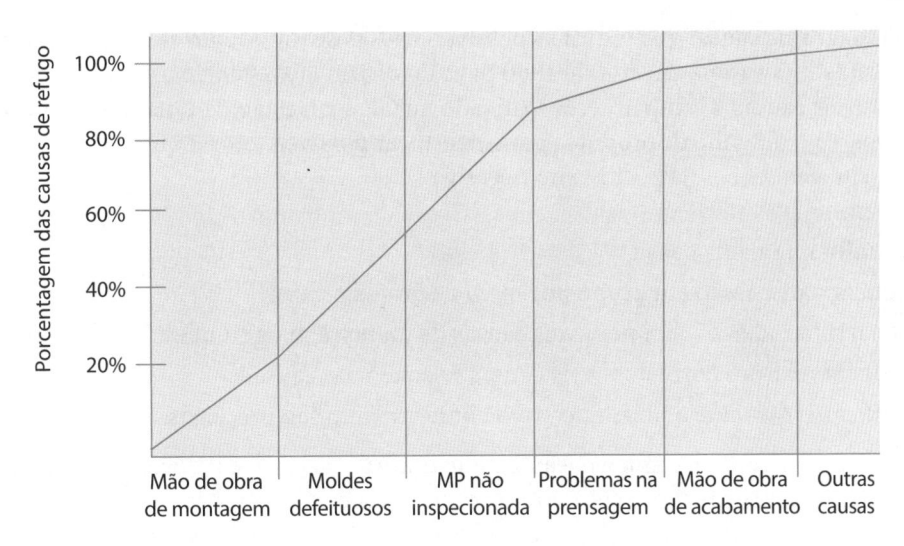

Figura 7.17 Curva de Pareto das principais causas de refugo.

- **Diagrama de causa e efeito ou diagrama de Ishikawa**: quando se trata de identificar e localizar problemas de produção, o diagrama de causa e efeito torna-se uma importante ferramenta. O diagrama tem um formato de espinha de peixe e permite mostrar as causas de problemas de qualidade.

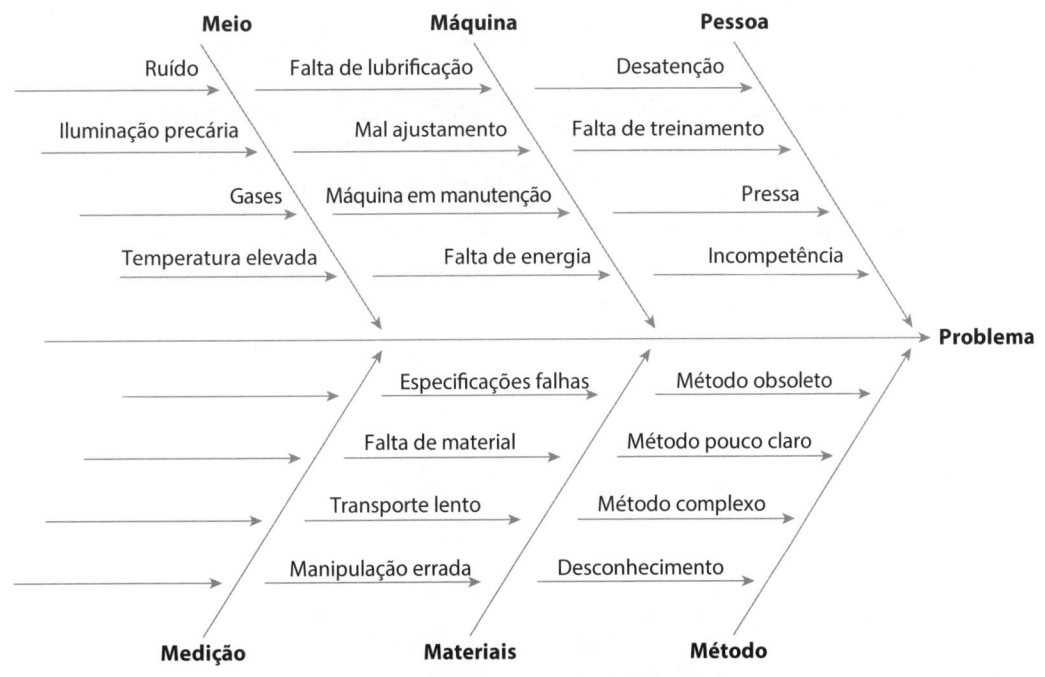

Figura 7.18 Exemplo de diagrama de Ishikawa.

É um diagrama causal que indica as possíveis causas de um evento específico. Foi criado por Kaoru Ishikawa[10] na década de 1960 para ilustrar relações entre um resultado final e suas possíveis causas. É amplamente utilizado na GP, na Gestão da Qualidade (prevenção de defeitos) e no desenho de produtos para identificar possíveis fatores que possam provocar algum efeito genérico, seja positivo ou negativo.

O diagrama permite:

- Determinar a raiz da causa.
- Encorajar a discussão em grupo por meio de *brainstorming*.
- Compartilhar ideias sobre possíveis causas de maneira mais simples.
- Identificar relações entre possíveis causas e sequências causais.
- Identificar áreas onde a informação e o conhecimento são precários.

Cada causa ou razão de imperfeição é uma fonte de variação e o diagrama pode revelar relações entre diversas variáveis e apontar possíveis causas em uma visão integrada do processo produtivo. As causas são apontadas por meio de sessões de *brainstorming* e são geralmente agrupadas em categorias maiores para identificar essas fontes de variação.

As categorias de causas em geral incluem seis M (*man, methods, machines, materials, measurement* e *millieu*):

- ***Man or people***: pessoas envolvidas no processo produtivo.
- ***Methods***: como o processo é desempenhado, e os requisitos, específicos para executá-lo, como métodos, regras, regulamentos, procedimentos e políticas.
- ***Machines***: como equipamentos, tecnologia, ferramentas, computadores requeridos para a execução do trabalho.
- ***Materials***: ou MP, partes, componentes, informação e demais recursos utilizados para produzir o produto final.
- ***Measurement***: são medidas, métricas ou indicadores utilizados na avaliação do processo produtivo ou do PA.
- ***Milieu***: é o meio ambiente dentro do qual o trabalho é realizado.

O diagrama de Ishikawa é criticado por não fazer distinção entre condições necessárias e suficientes para a ocorrência de um evento. Uma condição necessária para a ocorrência de um evento específico é uma circunstância em que sua ausência impede que o evento ocorra. Uma condição suficiente é uma circunstância em que o evento pode ocorrer.[11] O diagrama não atenta para essa distinção.[12]

- **Fluxograma**: é a representação gráfica e teórica de um processo ou algoritmo, estruturada por símbolos geométricos, conectados entre si por setas que demonstram a direção a ser seguida, e mostra a solução para determinado problema ou processo. Essa ferramenta é muito importante, pois permite mapear um processo, identificar gargalos e proceder a melhorias.

Aumente seus conhecimentos sobre **As ampliações de novas categorias no diagrama de Ishikawa** na seção *Saiba mais* GP 7.3

7.4.5 Tipos de CQ

Para localizar desvios, defeitos, erros ou falhas no processo produtivo, o CQ deve comparar o desempenho com o padrão previamente estabelecido. Essa comparação pode ser feita de duas maneiras:

1. **CQ 100%**: corresponde ao controle total da qualidade. Isso significa que a totalidade dos itens deve ser comparada com o respectivo padrão para verificar se há desvio ou variação. Nesse sentido, toda MP recebida e inspecionada, todo trabalho de cada seção é verificado, e assim por diante. A inspeção total ou o controle 100% é imprescindível em determinados tipos de produtos de alto valor unitário, em que a garantia de qualidade é necessária, ou em empresas que adotam o sistema de produção sob encomenda. Porém, a inspeção total exige muito pessoal especializado em CQ, paradas no decorrer de todo o processo produtivo para a devida inspeção e, em consequência, um custo final elevado.

2. **CQ por amostragem**: como o controle total custa caro, muitas empresas adotam o CQ por amostragem, isto é, o CQ por lotes de amostras que são recolhidos aleatoriamente, ao acaso, para serem inspecionados. Esse controle amostral substitui com algumas vantagens o controle total, pois não interfere no processo produtivo, não requer paradas da produção nem muita quantidade de pessoal especializado em CQ. Se a amostra é aprovada pelo CQ, então todo o lote, por extensão, será aprovado. Se a amostra for rejeitada, então todo o lote deverá ser inspecionado. A amostra deve ser uma parte representativa do universo a ser inspecionado. O CQ por amostragem é largamente utilizado por empresas do ramo alimentício (leite, laticínios, sucos de frutas, massas alimentícias), do ramo químico e petroquímico (petróleo, combustível, lubrificantes, tintas e vernizes etc.) e uma infinidade de indústrias que adotam o sistema de produção contínua ou em lotes.

7.5 A QUALIDADE E A INDÚSTRIA 4.0

O desenvolvimento das tecnologias tornou possível importantes transformações nas organizações e na sociedade. Os movimentos, batizados de "Revoluções Industriais", tiveram início em meados do século 18 com o surgimento da máquina a vapor. Seguiu-se, por meio da evolução da tecnologia, entre outros fatores, a Segunda Revolução, caracterizada, no final do século 19 e início do século 20, pela produção em massa e pela eficiência dos processos produtivos. Foi um momento em que a industrialização saiu da Europa, especificamente da Inglaterra, berço da Primeira Revolução, espalhando-se por outros países, como Japão, Estados Unidos etc. Destacaram-se nesse período a invenção do telefone, da lâmpada incandescente, dos antibióticos, entre outras. A Terceira Revolução teve início após a Segunda Guerra Mundial, em meados do século 20. Conhecida também como uma Revolução Técnico-científica, trouxe importantes inovações tecnológicas, entre as quais podemos destacar a evolução da robótica, da genética, das telecomunicações, da eletrônica, dos transportes etc. É um período em que a globalização já é um fator imperativo. A invenção e o uso comercial da internet passaram a mudar a forma com que as pessoas, as organizações e os governos se relacionavam. Atualmente, o mundo vive a Quarta Revolução Industrial ou Indústria 4.0, caracterizada pela integração entre as máquinas, sem interferência humana. A velocidade da comunicação é um ponto de destaque no mundo 4.0, buscando assemelhar a máquina ao diálogo dos seres humanos a partir da Inteligência Artificial (IA). O uso extensivo e intensivo da robótica, os sistemas confiáveis de armazenamento na "nuvem", o uso da internet das coisas (IoT), o monitoramento em tempo real, o *Big Data*, entre outras inovações, passaram a afetar com uma rapidez surpreendente diversos setores das organizações, em particular das empresas.

Evidentemente, os setores produtivos das empresas não poderiam ficar de fora do mundo 4.0, inclusive os relacionados com processos de qualidade, nos processos e/ou serviços. Nesse contexto, a Indústria 4.0 contribui para o desenvolvimento de sistemas inteligentes e modos diversificados de gestão dos processos produtivos. A presença de *softwares* mais dinâmicos e integrados, além da flexibilidade, extremamente necessária em um mundo de incertezas, tornaram os processos produtivos e as ferramentas de qualidade cada vez mais eficientes e eficazes. Nesse contexto, a qualidade é um pré-requisito para o sucesso e para a sustentabilidade da organização, haja vista que, em um mundo onde as mudanças são constantes, a organização, como um todo, deve estar preparada para adequar suas competências às novas necessidades que surgem no dia a dia.

Em todas as revoluções mencionadas anteriormente, houve mudanças significativas nos processos produtivos e na mensuração da qualidade dos produtos e serviços. Todavia, a Indústria 4.0 se diferencia fortemente pela velocidade da comunicação, pelo uso das redes digitais e dos dispositivos inteligentes, possibilitando que as organizações transfiram os problemas de qualidade – antes delegados para o homem e que demandavam horas para serem identificados e corrigidos – para os sistemas inteligentes, realizando esse processo em poucos segundos.

Os aplicativos colaborativos, assim como a IoT, o *Big Data*, a manufatura inteligente e a realidade aumentada, entre outras tecnologias oriundas da Indústria 4.0, estão mudando a maneira com que as empresas produzem, mitigando riscos e aumentando a qualidade dos produtos e a segurança do funcionário, além de melhorar a eficiência, a eficácia e a redução de gastos. Portanto, as novas tecnologias ajudam a melhorar a gestão e, como consequência, a qualidade dos produtos produzidos, fator fundamental para a sustentabilidade da empresa diante de um cenário organizacional altamente competitivo.

Em resumo, tanto o planejamento quanto o controle efetuados sobre produção, estoques e quantidades ressaltam a necessidade de localizar problemas de desperdício, ineficiência, baixa produtividade, baixa qualidade e, consequentemente, baixa competitividade no mercado. A sobrevivência da empresa exige que os controles sejam produtivos, isto é, que funcionem eficazmente no sentido de corrigir as falhas e os defeitos para melhorar o desempenho das empresas. A melhoria da produtividade e da qualidade certamente conduz a programas de formação e motivação das pessoas para colocá-las em condições de empreender um nível de trabalho que permita à empresa desafiar a competitividade internacional.

QUESTÕES PARA REVISÃO

1. Conceitue, novamente, eficiência.
2. Conceitue, novamente, eficácia.
3. Explique a noção popular de controle.

4. Conceitue controle do ponto de vista da Administração.
5. Quais são as duas finalidades do controle?
6. Descreva as quatro fases do controle.
7. Explique o estabelecimento de padrões.
8. O que é um padrão?
9. Explique os quatro tipos de padrões.
10. Explique os padrões de quantidade. Dê exemplos.
11. Explique os padrões de qualidade. Dê exemplos.
12. Explique os padrões de tempo. Dê exemplos.
13. Explique os padrões de custo. Dê exemplos.
14. Explique a avaliação do desempenho.
15. Explique a comparação do desempenho com o padrão estabelecido.
16. Explique a ação corretiva.
17. Por que o controle é um processo cíclico e repetitivo?
18. Represente graficamente o controle como um processo cíclico e repetitivo.
19. O que é um desvio ou variação?
20. Conceitue CP.
21. Quem efetua o CP?
22. Conceitue, novamente, retroação.
23. Explique o CP por meio de padrões de quantidade.
24. Explique o volume de produção como controle de quantidade no CP.
25. Explique o número de horas trabalhadas como controle de quantidade no CP.
26. Explique o CP por meio de padrões de tempo.
27. Explique o tempo-padrão de produção como controle de tempo no CP.
28. O que é estudo do trabalho?
29. Explique o estudo médio do método e a medida do trabalho como duas áreas do Estudo do Trabalho.
30. Explique o tempo-padrão em relação à eficiência.
31. Explique os padrões de rendimento como controle de tempo no CP.
32. Explique o CP por meio de padrões de custo.
33. Explique os custos diretos e indiretos de produção.
34. Conceitue controle de empresas.
35. Quais são as desvantagens de um estoque grande e de um estoque insuficiente?
36. Explique o fichário de estoque ou banco de dados sobre o estoque.
37. Quais são as informações básicas de uma FE?
38. Explique as informações sobre identificação do item.
39. Explique as informações sobre controle do item.

40. Explique as informações sobre rotação de estoque do item.
41. Explique as informações sobre saldo de estoque do item.
42. Explique as informações sobre custo e valor do estoque do item.
43. Conceitue a classificação ABC.
44. Explique a curva de Pareto.
45. Explique os itens da classe A.
46. Explique os itens da classe B.
47. Explique os itens da classe C.
48. Qual é a aplicação prática da classificação ABC?
49. Conceitue qualidade.
50. Conceitue CQ.
51. Quais são os principais programas de melhoria da qualidade?
52. Explique a motivação do pessoal para produzir qualidade.
53. Explique o treinamento do pessoal para produzir qualidade.
54. Explique a melhoria de métodos de trabalho para produzir qualidade.
55. Explique a aplicação de técnicas de controle de qualidade.
56. Conceitue CCQ.
57. Quais são os principais objetivos do CCQ?
58. Por que o CCQ é participativo?
59. Conceitue o programa zero defeito.
60. Quais são os objetivos do programa de zero defeito?
61. Explique as técnicas de CQ.
62. Por que as técnicas de CQ são, basicamente, estatísticas?
63. Explique histograma.
64. Explique a curva de Pareto em CQ.
65. Quais são os tipos de CQ?
66. Explique o CQ total ou 100%.
67. Explique o CQ por amostragem.
68. Qual é a importância dos controles quanto à eficiência e à produtividade das empresas modernas?

REFERÊNCIAS

1. DORNIER, P.; ERNST, R.; FENDER, M.; KOUVELIS, P. *Logística e operações globais*: textos e casos. São Paulo: Atlas, 2000.
2. KATZENBACH, J. *How to cut costs* – and get your employees to help. Booz Allen & Co. Disponível em: http://www.booz.com/media/uploads/How_to_Cut_Costs.pdf. Acesso em: 09 set. 2013.
3. CHIAVENATO, I. *Administração*: teoria, processo e prática. Rio de Janeiro: Elsevier/Campus, 2005.
4. CHIAVENATO, I. *Introdução à Teoria Geral da Administração*: uma visão abrangente da moderna administração das organizações, *op. cit.*

5. CHIAVENATO, I. *Administração nos Novos Tempos*: os novos horizontes em Administração. 4. ed. São Paulo: Atlas, 2020. p. 309.
6. Adaptado de: OAKLAND, J. S. *Gerenciamento da qualidade total*: TQM. São Paulo: Nobel, 1994. p. 38.
7. CHIAVENATO, I. *Administração*: teoria, processo e prática, *op. cit.*
8. Adaptado de: DAVIS, M. V. *Operations management*: concepts in manufacturing and services. St. Paul: South-Western College Publ., 1995. p. 742.
9. Adaptado de: TENNER, A. R.; DETORO, I. J. *Total quality management*: three steps to continuous improvement. Reading: Addison-Wesley, 1992. p. 109.
10. ISHIKAWA, K. *Guide to quality control*. Tokyo: JUSE Press, Ltd, 1968.
11. COPI, I. M. *Introduction to logic*. New York: Macmillian, 1968. p. 322.
12. GREGORY, F. H. Cause, effect, efficiency and soft systems models. *Journal of the Operational Research Society*, v. 44, n. 4, p. 333-344, 1992.

BIBLIOGRAFIA

AMNER, D. S. *Administração de material*. Rio de Janeiro: Livros Técnicos e Científicos, 1979.

BUFFA, E. S. *Administração da produção*, I e II. Rio de Janeiro: Livros Técnicos e Científicos, 1972.

CHIAVENATO, I. *Administração de materiais*: uma abordagem introdutória. Rio de Janeiro: Elsevier, 2004.

CHIAVENATO, I. *Administração nos Novos Tempos*: os novos horizontes em Administração. 4. ed. São Paulo: Atlas, 2020.

CHIAVENATO, I. *Introdução à Teoria Geral da Administração*: uma visão abrangente da moderna administração das organizações. 10. ed. São Paulo: Atlas, 2020.

CHIAVENATO, I.; CERQUEIRA NETO, E. P. *Administração estratégica*: em busca do desempenho superior. São Paulo: Saraiva, 2003.

CHIAVENATO, I.; SAPIRO, A. *Planejamento estratégico*: da intenção aos resultados. 4. ed. São Paulo: Atlas, 2020.

CORRÊA, H. L.; GIANESI, I. G. N.; CAON, M. *Planejamento, programação e controle da produção*: MRP II/ERP. São Paulo: Atlas, 1997.

DAVIS, M. V. *Operations management*: concepts in manufacturing and services. St. Paul: South-Western College Publ., 1995.

EVANS, J. R. *Production/operations management*: quality, performance and value. Minneapolis: West Publishing, 1997.

HARDING, H. A. *Administração da produção*. São Paulo: Atlas, 1987.

HARMON, R. L.; PETERSON, L. D. *Reinventando a fábrica*. Rio de Janeiro: Campus, 1991.

HILL, T. *Manufacturing strategy*. London: McMillan, 1995.

KRAJEWSKI, L. J.; RITZMAN, L. P. *Operations management*: strategy and analysis. New York: Addison-Wesley, 1998.

LEME, R. A. S. *Controles na produção*. São Paulo: Pioneira, 1967.

MACHLINE *et al. Manual de administração da produção*. Rio de Janeiro: Fundação Getulio Vargas, 1976.

MAGEE, J. F. *Planejamento da produção e controle de estoques*. São Paulo: Pioneira, 1967.

MARTINS, P. G.; LAUGENI, F. P. *Administração da produção*. São Paulo: Saraiva, 2005.

MAYER, R. *Administração da produção*, I e II. São Paulo: Atlas, 1972.

PORTER, M. E. *Vantagem competitiva*: criando e sustentando um desempenho superior. Rio de Janeiro: Campus, 1989.

REIS, D. A. *Administração da produção*. São Paulo: Atlas, 1978.

RIGGS, J. L. *Administração da produção, planejamento, análise e controle*. São Paulo: Editora S. Paulo, 1976.

SCHONBERGER, R. J. *Japanese manufacturing techniques*. New York: The Free Press, 1982.

SCHROEDER, R. G. *Operations management*: decision making in the operations function. New York: McGraw-Hill, 1993.

WHEELEN, T. L.; HUNGER, J. D. *Strategic management and business policy*. Upper Saddle River: Prentice Hall, 2002.

ZACARELLI, S. B. *Programação e controle da produção*. São Paulo: Pioneira, 1987.

ÍNDICE ALFABÉTICO

A

Abacaxi, 37
Abastecimento, 114, 115, 141, 149
Aceitação, 149
Acompanhamento do fornecimento e da entrega das ordens de compras (*follow-up*), 122
Adequação às especificações do produto, 145
Administração
　Científica, 15
　de materiais, 17
Advanced planning and scheduling, 108
Almoxarifado, 48
Análise
　crítica do processo de gestão de materiais, 135
　das ordens de compras recebidas, 121
Aplicações de técnicas de CQ pelos operários, 153
Área
　de Gestão da Produção, 9
　financeira, 96
Armazenagem, 133
Arranjo físico, 77, 81, 84
Aspectos
　conceituais ou abstratos, 66
　físicos ou concretos, 66
Ativos tangíveis e intangíveis, 6
Automatização, 69
Avaliação do desempenho, 141

B

Benchmarking, 58
Bens, 26
　de consumo, 26
　　duráveis, 27
　　perecíveis (ou não duráveis), 27
　de produção, 27
Bill of material (BOM), 128

C

CAD/CAM, 59, 83
Cadeia(s)
　de consumidores, 130
　de fornecedores, 130
　de valor, 132
Capacidade
　de cada máquina, 100
　de produção, 75
　instalada, 75, 76
Células de produção, 59
Centralização da gestão logística, 130
Ciclo de vida dos produtos/serviços, 33, 35
Círculos de controle de qualidade, 155
Classe
　A, 151
　B, 152
　C, 152
Classificação
　ABC, 151
　de materiais, 117
　dos produtos/serviços, 26
　dos produtos/serviços concretos ou abstratos, 28
　em bens ou serviços, 26
Clientes, 19
Coerência, 19
Coleta de informações, 100
Combinações de produto × tecnologia, 70
Comparação do desempenho com o padrão, 141, 149
Comparativo entre os três sistemas de produção, 52
Competências essenciais da empresa, 10
Competição baseada no tempo, 60
Componentes
　do sistema logístico, 130
　dos produtos/serviços, 29

internos da Gestão da Produção, 16
Composição do P/S, 30
Compras, 114, 115, 120, 128
Compromissos
  da Gestão da Produção, 19
  internos, 20
  públicos, 19
Comunicação, funções de, 30
Conformidade, 149
Conhecimento, 15
Consórcio modular, 61
Consumidores, 19
Contribuição japonesa aos sistemas de produção, 54
Controle(s), 95, 135, 142
  da produção, 106, 142
  de estoque, 101, 128, 150
  de produção, 139
  de qualidade, 17, 55, 153, 159
    100%, 159
    por amostragem, 159
  do item, 151
  Estatístico da Qualidade, 54
  objetivos do, 140
  total da qualidade, 55
Correção das falhas ou erros existentes, 140
Crescimento, 34
Criação de valor, 2
Curva de Pareto, 151, 156
Custo(s), 32
  diretos de produção, 32
  e valor do estoque, 151
  indiretos de produção, 32

D

Declínio, 34
Depósito de produtos acabados, 48
Desenvolvimento
  de produtos/serviços, 38
  do produto, 16
Design de escritórios, 81
Diagrama(s)
  de causa e efeito, 157
  de fluxo de processos, 84
  de Ishikawa, 157
Dimensões
  intangíveis, 29
  tangíveis, 29
Disciplina no posto de trabalho, 89
Disponibilidade de mão de obra no local, 74
Disponível à mão, 107
Distribuidores, 19
Downsizing, 57

E

Eficácia, 12
Eficiência, 12
Embalagem(ns), 30
  convencionais de vidro, 31
  de madeira ou de papelão, 31
Empresa(s), 3
  como sistemas abertos, 44
  de classe mundial, 11
  do ramo industrial, 8
  do terceiro setor, 4
  na Era Digital, 4
  primárias ou extrativas, 3
  secundárias ou de transformação, 3
  terciárias ou prestadoras de serviço, 4
Engenharia Industrial, 17, 25, 96
Entradas (*inputs*), 44
Entrega de valor, 2

Envolvimento das pessoas, 59
Era
  da Informação, 15
  Industrial, 14, 24
Esquema de incentivos de produção, 101
Estabelecimento dos padrões, 140
Estoques, 123, 124, 126
  de materiais
    acabados ou componentes, 127
    em processamento, 126
    semiacabados, 127
  de matérias-primas, 126
  de produtos acabados, 127
  de segurança, 107
  em mãos, 107
Estrela, 36
Estrutura de implementação mais simples, 59
Estudo
  de trabalho, 145
  do método, 145
Ética, 16
Excelência, 19
Execução, 135
  do plano de produção por meio da emissão de ordens, 105

F

Facilidades logísticas, 75
Fases do controle, 140
Fatores de produção, 5
Fenômeno da produção, 1
Ferramentas mais profundas, 59
Finalidade e funções do planejamento e controle da produção, 95

Finanças, 2, 18
Flexibilidade dos estoques, 124
Fluxo de materiais, 115
Fluxograma, 158
Foco
  em serviços, 16, 61
  no cliente, 15
Ford, Henry, 15, 25
Formulação do plano de produção, 102
Fornecedores, 19, 57
Fornecimento, 114, 115
Forte vinculação com a saúde financeira dos negócios, 59
Funções
  de comunicação, 30
  logísticas, 30
  técnicas, 30

G

Gestão
  da Produção, 11, 14
  de materiais, 113, 114, 115
  da Produção, objetivos da, 12
Globalização, 15
Grau de liberdade, 53

H

Histograma, 156
Homens-horas trabalhadas, 144
Horário de trabalho, 101
Housekeeping, 88

I

Idade Média, 24
Identificação do item, 150
Impacto da tecnologia, 65
Incentivos fiscais, 75
Indústria 4.0, 61

Inexistência de desvios ou falhas no processo produtivo, 145
Informações, 62
Infraestrutura, 75
Inovação, 19
Insumos, 44
Intercâmbio eletrônico de dados, 60
Interface entre fornecedores, manufatura e consumidores, 130
Internet das Coisas, 62
Intervenção, 135

J

Just-in-Time, 56

K

Kaizen, 54
Kanban, 56, 57

L

Leiaute, 57, 77
  celular, 80
  objetivos do, 80
  por processo, 78
  por produto, 78
  posicional, 80
Liberação da ordem, 107
Localização, 74
  geográfica próxima aos mercados consumidores, 74
Logística, 114, 128, 129
  como fluxo de materiais e produtos, 130
Lote, 107

M

Machines, 158
Maior amplitude da aplicação, 58

Man, 7
Man or people, 158
Management, 7
Manufacturing resources planning, 60, 107
Manutenção, 17, 85, 86
  corretiva, 87
  preventiva, 86
  total, 86
Mão de obra, 97
  especializada, 68
  não qualificada, 68
  qualificada, 68
Maquetes ou gabaritos bidimensionais ou tridimensionais, 83
Máquinas e equipamentos, 97
Marketing, 2, 7, 18
Materiais, 114
  acabados, 118
  em processamento, 118
  semiacabados, 118
Material requirement planning, 128
Materials, 158
Materials & machinery, 7
Matriz BCG, 35, 36
Maturidade, 34
Measurement, 158
Mecanização, 69
Medida(s)
  de tempo, 76
  de trabalho, 145
Meios de reduzir a incidência de mão de obra, 68
Melhoria
  da qualidade, 55
  das pessoas, 86
  de métodos de trabalho, 153
  dos equipamentos, 86

Mercadorias, 26
Methods, 158
Métodos
   de trabalho, 97
      de cada operário e tempo-padrão para cada tarefa executada, 101
   e procedimentos de trabalho, 100
Métricas para medir a capacidade de produção, 76
Milieu, 158
Modernização dos sistemas de produção, 59
Money, 7
Motivação do pessoal, 153
Movimentação de materiais, 115
MP, 117
Mudança, 15

N

Necessidade
   de produção projetada, 107
   líquida de produção, 107
Negociação das ordens de compras com o fornecedor selecionado, 122
Noção de controle, 140
Número de horas trabalhadas, 144

O

Operação
   de mão de obra intensiva, 66
   de média tecnologia, 67
   de tecnologia ou de capital intensivo, 67
   produtiva, 66
Ordem
   de Compra, 106
   de Montagem, 105
   de Produção, 105
   de Serviço, 106
Organização vista como um sistema humano, 47
Outsourcing, 130

P

P/S
   como sujeito da produção, 40
   em si mesmo, 40
P&D, 18
Padrões
   de custo, 141, 146
   de qualidade, 141, 145
   de quantidade, 141, 143
   de rendimento, 146
   de tempo, 141, 145
Papel do gestor de produção, 20
Participação do produto no mercado, 36
PCP, 17
Períodos consecutivos de planejamento, 107
Pesquisa, identificação e seleção dos fornecedores, 122
Planejamento, 95, 135
   da produção, 101
   da qualidade, 55
   do sistema de produção sob encomenda, 49
   e controle da produção, 93
   e o sistema de produção adotado pela empresa, 97
   na Era da Indústria 4.0, 108
Plano
   de produção, 103
   de produção por meio da programação da produção, 103
   mestre, 56, 128

Ponto de interrogação, 36
Prevenção de futuras falhas ou erros, 140
Previsões de produção, 50
Processamento (*throughput*), 44
Processo de produção, 49
Produção, 96
   contínua, 53, 85
   em lotes, 53, 84
   por encomenda, 53, 84
   propriamente, 17
Produtividade, 14
Produto(s), 23, 97
   abstrato, 28, 70
   acabados, 118
   concreto, 28, 70
   data definida de entrega, 50
   único e específico, 49
   variedade de
      máquinas e equipamentos, 49
      operários especializados, 50
Programa(s)
   de melhoria da qualidade, 153
   de zero defeito, 155
Programação de materiais, 120
Projeto
   de produção, 99
   do produto/serviço, 24
Proximidade, 19
   das fontes de matérias-primas ou de fornecedores, 74

Q

Qualidade, 57, 153
   de vida no trabalho, 16
   do P/S, 31, 76
   e a Indústria 4.0, 159
   extrínseca, 32
   intrínseca, 31

total, 86
Quantidade
    de pessoal disponível, 100
    e características das máquinas e dos equipamentos, 99
Quatro fases do planejamento e controle da produção, 99

R

Racionalização, 14, 68
Reação norte-americana às inovações japonesas, 57
Realimentação, 44
Recebimento(s)
    do material das ordens de compras, 122
    previstos, 107
Recipientes plásticos, 31
Recursos, 114
    administrativos, 7
    empresariais, 5
    financeiros, 6
    físicos ou materiais, 6
    humanos, 6, 96
    intangíveis, 9
    materiais, 114
    mercadológicos, 7
    organizacionais, 9
    patrimoniais, 114
    tangíveis, 9
    terceirizados, 9
Rede de relações do Planejamento e Controle da Produção, 96
Redução
    do desperdício, 59
    dos defeitos, 59
Reengenharia de processos, 58

Registros de estoque, 150
Rejeição, 149
Relação
    da mão de obra especializada, 49
    das matérias-primas necessárias, 49
Relacionamentos
    da Gestão da Produção, 16
    externos da Gestão da Produção, 19
    internos da Gestão da Produção, 18
Requisição de materiais, 106
Responsabilidade pelo estoque, 124
Responsabilidade social, 16
Resultados, 44
Retroação (*feedback*), 44
    negativa, 44
    positiva, 44
RH, 18
Ritmo de produção, 97
Rotação do estoque, 151

S

Saídas (*outputs*), 44
Saldo de estoque, 151
Satisfação do cliente ou consumidor, 145
Seiketsu, 89
Seiri, 88
6-Sigma, 58
Seiso, 89
Seiton, 88
Senso
    de asseio e saúde, 89
    de disciplina e apoio, 89
    de limpeza, 89
    de organização, 88

de uso e liberação de áreas, 88
Sequência do processo de produção, 101
Serviços, 23, 28
Shikari-Yaroh, 89
Shitsuke, 89
Simulação, 83
Sistema(s)
    abertos, 45
    Cyber-Físicos (SCF), 62
    de PCP, 98
    de produção, 43, 47, 84, 98
        contínua, 51, 52
        em lotes, 50
            características, 51
        sob encomenda, 49, 50
    fechados, 44
    Just-in-Time, 56
    MES na Era Digital, 53
    produtivo na Indústria 4.0, 61
Sociedade de organizações, 2
Subsistemas do sistema de produção, 48
Sucesso do processo produtivo, 97
Supply Chain Management, 133
Suprimento(s), 114, 115
    e compras, 96

T

Tamanho da localização, 75
Tambores metálicos, 31
Taxa de crescimento do mercado, 35
Taylor, Frederick Winslow, 15
Técnicas de controle de qualidade, 156
Tecnologia, 71
    da Informação, 15
    em elos de sequência, 72
    fixa, 69

e produto abstrato, 70
e produto concreto, 70
flexível, 69
   e produto abstrato, 71
   e produto concreto, 70
intensiva, 73
mediadora, 72
Tempo(s), 32
   de atendimento, 107
   de preparação, 57
Tempo-padrão de produção, 145
Trabalho em equipe, 57, 153
Traçado do sistema de produção, 65
Transformação, 44
Treinamento do pessoal, 153

U

Unidade(s)
   de manufatura, 130
   monetárias, 77
Uso da internet, 130

V

Vaca leiteira, 36
Valores, 19, 132
Vendas, 2, 96
Versatilidade da tecnologia utilizada, 69
Vocação de serviço, 19
Volume
   de estoque, 101
      e tipos de MP, 100
   de produção, 143